Mannheimer Geschichtsblätter

Herausgeber
Prof. Dr. Hermann Wiegand
Prof. Dr. Alfried Wieczorek
Prof. Dr. Ulrich Nieß
Dekan i. R. Günter Eitenmüller

Vorwort der Herausgeber

Dem historisch forschenden Blick ist jede materielle Hinterlassenschaft menschlichen Tuns eine Quelle möglicher Erkenntnis, vom steinernen Prunkbau bis zum einfachen Blatt beschriebenen Papiers. Der glücklicherweise erhaltene Brief einer Putzmacherin aus Mannheim, adressiert an Goethe in Weimar, berichtet vom mühsamen Leben einer alleinstehenden Frau „aus dem Volke", von den engen Schranken, in die Geschlechtszugehörigkeit und Standesgrenze sie verweisen. Und er wirft ein Licht auf ihre Wünsche und Hoffnungen und nicht zuletzt auf ihren Mut.

Mut, erwachsen aus Status und Verpflichtung seines Amtes, zeigte auch Johann Georg Hörner, Bürgermeister von Seckenheim, im hier geschilderten Kampf um das Wohlergehen seiner Gemeinde und die Freiheit seines Landes.

Ein hoher sozialer Status überwindet die Grenzen von Geschlechterrollen, wie am Beispiel von Kaiserin Cixi zu sehen. Künstlerische Betätigung, für Frauen lange Jahrhunderte verpönt, wurde von ihr geradezu erwartet; die Reiss-Engelhorn-Museen bewahren einige ihrer Werke, hier werden sie vorgestellt.

Drückt sich finanziell abgesichertes Statusbewusstsein eines stolzen Bürgertums im Stadtbild aus, wie dies für Mannheim im 19. Jahrhundert der Fall war, stößt man auf Architekten wie Bruno Schmitz. Seiner aufs Repräsentative gerichteten, kaum begrenzten Imagination gelangen Gebäude wie der Rosengarten, dessen ursprüngliche Gestalt hier unter anderem in Bildern festgehalten ist.

Einer, dessen bürgerschaftlichem Engagement Mannheim und die Rhein-Neckar-Region viel verdankt, ist hochbetagt im vergangenen Jahr verstorben, wir gedenken des Förderes und Mäzens Curt Engelhorn.

Mannheim, im Februar 2017

Prof. Dr. Hermann Wiegand   Prof. Dr. Ulrich Nieß

Prof. Dr. Alfried Wieczorek   Dekan i. R. Günter Eitenmüller

Editorial

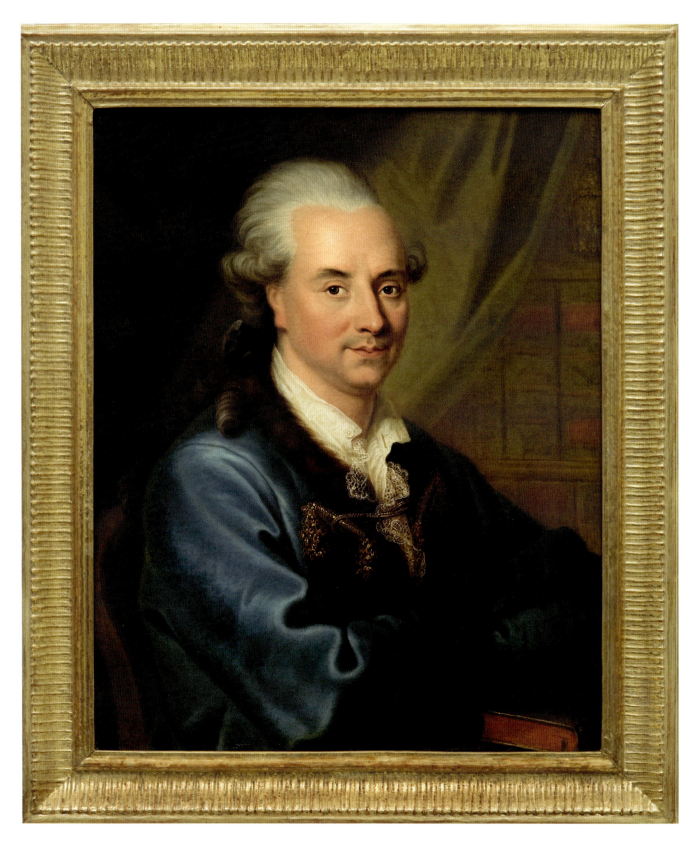

Abb. 1
Stephan Freiherr von Stengel (1750-1822)
Gemälde von Heinrich Carl Brandt (1724-1787)
1776
Öl auf Leinwand
rem
Foto: rem, Jean Christen

Monika Groening

Wer war das geheimnisvolle Fräulein N. von Torck?
Anmerkungen zum guten Herkommen und zum Berufsstand des bayerischen und kurpfälzischen Beamtentums am Beispiel der Familie von Stengel

Einleitung

Noch im Jahr 1740 erinnerten sich die Verfasser der Urkunde, die den pfälzischen Geheimen Rat Franz Joseph Stengel (1683-1758), den Großvater von Stephan Freiherr von Stengel (1750-1822; Abb. 1)[1], in den begehrten Adelsstand erhob, an das geheimnisvolle Fräulein N. von Torck, dessen Vorname unbekannt ist und das ich Anna nennen möchte. Anna von Torck hatte etwa einhundertfünfzig Jahre zuvor, um 1590, Johann Friedrich Stengel (um 1553 - um 1608), den Urgroßvater von Franz Joseph Stengel, geheiratet und war von den Niederlanden ins Hohenzollernsche eingewandert. Die Verfasser der Urkunde erwähnten sie nach so langer Zeit offenbar mit der Absicht, das gute Herkommen der Familie Stengel hervorzuheben.[2] Immerhin war das Fräulein von adligem Stand und es war keine Einheimische, was es vielleicht zusätzlich interessant machte.

Im Archiv der Familie v. Stengel, das im Geheimen Hausarchiv der Wittelsbacher in München eingelagert ist, sind umfangreiche Aufzeichnungen zur Geschichte der Familie von Torck hinterlegt.[3] Diese sind erst mit Einrichtung des Stengel-Archivs Anfang des 20. Jahrhunderts von Emil v. Stengel (1842-1925) angefertigt worden. Eine frühere Beschäftigung der Stengels mit der Familie Torck ist nicht zu vermuten. Franz Joseph Stengel (1683-1758) informierte damals die pfälzischen Beamten, die seinen Adelsbrief formulieren sollten, auch nur kurz und knapp über seine Vorfahrin von Torck. Er schrieb in seinem Promemoria vom 18. März 1740: „Meine Urgroßmutter war eine von Torck, aus dem Herzogtum Geldern gebürtig."[4]

Die aufschlussreichste Quelle, die Emil v. Stengel für seine Nachforschungen zur Familie Torck benutzte, war „Johann Diederich von Steinen's Westfälische Geschichte, Erster Teil" aus dem Jahr 1757. Darin sind ausführliche genealogische Angaben zur Familie Torck enthalten. Johann Diederich von Steinen nennt seine Quellen (Teschenmacher,

Hinsen, Mapp), so dass eine Vertiefung in weitere Urkunden möglich ist.

Des Weiteren zitiert Emil v. Stengel: „Theodor Joseph Lacomblet, Urkundenbuch von der Geschichte des Niederrheins, Teil 4", Düsseldorf 1858 sowie „Die Chronik des Johannes Turk" aus dem Jahr 1607, veröffentlicht in den „Annalen des Historischen Vereins für den Niederrhein", Heft 58, aus dem Jahr 1894. Angaben zu Einzelpersönlichkeiten der Familie Torck sind zu finden im Hueter-Archiv im Staatsarchiv Düsseldorf, im Fürstl. Salm-Salm'schen Archiv in Anholt sowie bei Isaak A. Nyhoffs „Gedenkwaardigheden uit de Geschiedenis van Gelderland", Arnheim 1862.

Wer aber war nun das geheimnisvolle Fräulein von Torck? Es ist an der Zeit, ein wenig Licht in das Dunkel zu bringen, zumal die Familie Torck mehr und mehr in den Fokus der Forschung gelangt ist und die bisher unbekannte Verbindung zur Familie v. Stengel weiteren Aufschluss über die Torcks geben könnte.

Zunächst aber wäre zu klären, was Franz Joseph Stengel (1683-1758) ganz grundsätzlich dazu bewogen haben könnte, die pfälzischen Beamten zu veranlassen, den Namen der Torcks in seinem Adelsbrief zu erwähnen? Es könnte doch sein, dass sich über die Jahrzehnte zwischen 1590 und 1740, dem Jahr der Abfassung der Adelsurkunde, eine Art selbstbewusstes Denken über den Berufsstand hochgestellter und befähigter Berufsbeamter erhalten hätte, das insbesondere die Familie v. Stengel zu immer größeren Anstrengungen in ihrer beruflichen Entwicklung angehalten hat? Dazu gehörten eben auch die richtigen Heiraten in angesehene, möglichst adlige Beamtenfamilien wie die Torcks, mit breiter Vernetzung, wie sie die Familie Stengel offenbar über spätere Generationen praktiziert hat.[5] Der Name „von Torck" und andere Namen hochgestellter Beamter in der 1740 verfassten Urkunde deuten in diese Richtung. Es ist

Wer war das geheimnisvolle Fräulein N. von Torck?

also die Frage zu stellen, ob der Kontakt der Familie Stengel zu der niederländischen Familie Torck Einfluss auf die Entwicklung der Familie Stengel als Beamte genommen hat.

Im Folgenden ist die Rede von zwei Brüdern, von Gregor Stengl und vom oben zitierten Johann Friedrich Stengel, die beide als Beamte zu gleicher Zeit Karriere machten. Gregor Stengl (um 1550 - 1609) stieg vom Stadtschreiber im bayerischen Schärding zum Vizekammerpräsidenten der herzoglichen Regierung in München auf. Johann Friedrich Stengel (um 1553 - um 1608) heiratete das geheimnisvolle Fräulein von Torck und kam wohl über habsburgische Dienste in den Niederlanden nach Hohenzollern-Hechingen.[6] Gab es Parallelen im beruflichen Werdegang der beiden Brüder, und welche Rolle spielten beispielsweise die Erfahrungen von Johann Friedrich mit der Familie von Torck, um für die Nachkommen eine wirklich nachhaltige und sichere Grundlage für ihr späteres Weiterkommen zu erreichen?

Gregor Stengl in Oberösterreich und Bayern

Die Familie Stengel stammte ursprünglich aus Freistadt in Oberösterreich, wo Erhard Stängel (1489-1544) Mitglied des Stadtrats, also ein sogenannter Ritterbürger war und später das Amt des Pflegers,

das heißt eines Verwaltungsbeamten mit richterlichen Befugnissen, in Scharnstein – ebenfalls in Oberösterreich gelegen – ausübte.[7] Die Familie war begütert in Freistadt/OÖ und in Neuhaus im Innviertel (Abb. 2). Sie ließ sich Anfang des 16. Jahrhunderts in Bayern und auch in München nieder. Es spricht für das Selbstbewusstsein der Familie, dass sie bereits 1515 um eine Adels- oder Wappenbestätigung bzw. Standeserhöhung nachsuchte, die ihr von Kaiser Maximilian I. (1459-1519) auch gewährt wurde.[8] Von den Kindern von Erhard Stängel ist leider nichts bekannt. Dagegen offenbaren die Geschichtsquellen interessante Details zu den Karrieren der beiden Enkel von Erhard Stängel.

Sein ältester Enkel, Gregor Stengl (um 1550 - 1609), war Inhaber der Hofmark Neuhaus im Innviertel sowie der Sitze Rainbach, einem Dorf im Bezirk Freistadt in Oberösterreich, und Ritzing in der Nähe von Passau. Gregor Stengl war ferner seit 1587 Stadtschreiber im bayerischen Schärding, dann dort 1592 Stadtrat sowie schließlich Salzfaktor und Mautner von Hallein und Schärding.[9]

Gregor Stengl stand seit etwa Mitte der achtziger Jahre des 16. Jahrhunderts in den Diensten des bayerischen Herzogs Wilhelm V. (1548-1616; Abb. 3), der Bayern von 1579 bis 1598 regierte. Herzog Wilhelm zog ab 1591 seinen Sohn Maximilian

Abb. 2
Schloss Neuhaus im Innviertel
Sitz der Familie von Stengel von 1588 bis 1694
Kupferstich von Michael Wenig (1645-1718) aus Historico Topographica Descripto
München 1721
Bayerische Vermessungsverwaltung München

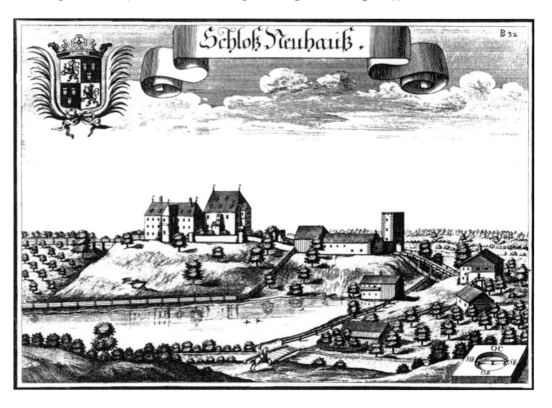

Monika Groening

(1575-1651) zur Mitregierung heran und dankte 1598 zu dessen Gunsten ab. Als Grund für seine Abdankung wird unter anderem sein Unvermögen gesehen, mit den Staatseinnahmen und insbesondere den Staatsausgaben korrekt und vernünftig umzugehen.[10]

Als Stadtschreiber im bayerischen Schärding stand Gregor Stengl seit 1587 zunächst als oberster Beamter der städtischen Kanzlei vor, hielt den ein- und ausgehenden Schriftverkehr des Stadtrats aufrecht und führte die Stadtbücher und das Ratsprotokoll. Schärding, unmittelbar am Inn gelegen, war damals ein bedeutender Handelsplatz für Salz, Holz, Tuche, Felle, Erze und Vieh. Es war bekannt für seine hohen Maut- und Salzmaut-Einnahmen[11], die dem bayerischen Staat willkommene Einnahmen bescherten. Als Mautner und Salzfaktor von Schärding und Hallein, wo er als eine Art Kommissionär für den Landesherrn im Salzhandel auftrat, wird Gregor Stengl – zumindest bis zur Finanzreform ab 1598 unter Herzog Maximilian I. (1576-1651; Abb. 4) – sein Vermögen nicht unbeträchtlich erhöht haben.[12]

Seit dem 23. August 1594 bis zum Jahr 1609 war Gregor Stengl bayerischer Hofkammerrat in München. Das war ein bedeutender Karrieresprung. 1609 wurde er zum Vizekammerpräsidenten ernannt, ein Amt, das er seit 1601 zur Entlastung des damaligen vielbeschäftigten Hofkammerprä-

sidenten bereits interimsmäßig innehatte.[13] Als er 1594 das Amt des Hofkammerrats übernahm, steckte Bayern in einer schweren Finanzkrise. Alle Kreditmöglichkeiten waren ausgeschöpft, die Hofkammer, in der Gregor Stengl bald eine führende Rolle übernahm, fürchtete um das Ansehen des regierenden Herzogs Wilhelm V., „wenn die Gläubiger aufgescheucht würden"[14] und die geliehenen Gelder zurückforderten.

Mit Dekret vom 19. Juni 1597 der beiden bayerischen Herzöge Wilhelm V. und Maximilian I. wurde den Herren von Pollweil, Obermarschall Guidobon, Landschaftskanzler Herwarth, Hofkammerpräsident Neuburger und den Hofkammerräten Amaßmair, Schrenk und – Gregor – Stengl befohlen, sich zusammenzusetzen und das schon oft geplante Gutachten auszuarbeiten, dessen Kernstück die Abdankung Herzog Wilhelms V. bilden sollte![15] Einer der Hauptgründe hierfür war, den Weg für die dringende Sanierung der Finanzen der Hofkammer endlich frei zu machen. Das Gutachten der sieben Herren verfehlte nicht seine Wirkung. Am 4. Februar 1598 dankte Herzog Wilhelm V. zugunsten seines Sohnes Maximilian I. ab.

Entscheidend für den Werdegang Gregor Stengls war gewesen, dass es dem Hofkammerpräsidenten Neuburger durch Verhandlungen gelungen war,

Abb. 3
Herzog Wilhelm V. von Bayern (1548-1616), Inhaber des Salzhandelsmonopols in Bayern
Gemälde von Hans van Aachen (1554-1615)
Um 1589
Landshut, Burg Trausnitz
Foto: Fotoarchiv der Bayerischen Verwaltung der staatlichen Schlösser, Gärten und Seen

Abb. 4
Maximilian I. Herzog von Bayern (1576-1651), seit 1598 Regent von Bayern, der Dienstherr von Gregor Stengl
Gemälde von Joachim von Sandrat (1606-1688)
Um 1643
Öl auf Leinwand
Kunsthistorisches Museum Wien
Foto: KHM-Museumsverband

Wer war das geheimnisvolle Fräulein N. von Torck?

das Salzhandelsmonopol zu verstaatlichen und ganz in die Verfügungsgewalt des regierenden bayerischen Herzogs zu legen.[16] Um dieses Monopol ausreichend zu verwalten, musste eine Unterabteilung der Hofkammer gebildet werden, denn Salzgewinnung, Salztransport und Salzverkauf waren ein vielverzweigtes Geschäft, das schlecht von München aus bewerkstelligt werden konnte (Abb. 5). Dieses bedeutende Salzreferat wurde mit Dekret vom 23. März 1598 Gregor Stengl übergeben und von ihm – offenbar von Ort zu Ort reisend – von Reichenhall, Schärding und Hallein aus mit großem Fleiß verwaltet.[17] Das war keine einfache Aufgabe.

So beklagte sich Gregor Stengl mit einem Gesuch von 1599 über diverse aufgetretene Benachteiligungen im Vergleich zu anderen herzoglichen Räten, die möglicherweise selbstbewusster auftraten als er. Er schrieb an Herzog Maximilian, er habe ihm und seinem Vater Wilhelm bereits zehn Jahre in Salzsachen gedient und dabei etliche 1.000 fl von seinem eigenen Vermögen im herzoglichen Dienst aufgewendet und starke Vertröstungen erhalten.

Seit er die Leitung des Salzwesens bekommen habe, habe er viele Bürden, Reisen usw. „auf sich gehabt". Es seien aber „derentwegen nit die geringste e. drt. Räthe feindlich gegen mir bewegt worden [...]".[18] Gregor Stengl bat um die ihm schon längst versprochene Landsesserei, das heißt die Edelmannsfreiheit für seinen Landsitz Schloss Neuhaus, das seit 1588 im Besitz der Familie Stengl war; ferner um eine Addition seiner Besoldung, um weitere Kutschpferde und einen Schreiber. Alle Wünsche wurden ihm erfüllt.

Gregor Stengl war verheiratet mit Margarethe Raindorf auf Sigenbach. 1593 wurde ihm der Adel verliehen[19], der wohl eine Voraussetzung für die Belehnung Gregor Stengls mit der Edelmannsfreiheit der Hofmark Neuhaus war. Er nannte sich Stengl zu Neuhaus, Rainbach und Ritzing. Er gehörte dem niederen Adel an, der im 16. Jahrhundert in Bayern an Bedeutung gewonnen hatte. Ausschlaggebend hierfür war der Ausbau der inneren Verwaltung des Staates gewesen, insbesondere der Finanzverwaltung, wodurch sich den niederadligen

Abb. 5
Mit Salz beladene Zillen vor der Stadt Burghausen
Aus der „Instruction des Zols zu Burckhausen vom 27. Mai 1538"
BayHStA, GL Burghausen 29 1/2

Monika Groening

Familien neue Betätigungsfelder und Aufstiegschancen boten.[20] Auch die Familie Stengel folgte
diesem Trend, was aus dem oben geschilderten
Werdegang von Gregor Stengl deutlich wird. In nur
einer Generation war es ihm immerhin gelungen,
aus der „Provinz" in die Finanzverwaltung der bayerischen Regierung in München aufzusteigen.

Der Sohn von Gregor Stengl, ebenfalls Gregor
Stengl, war seit dem 1. Juli 1601 Mautner in Brau-
nau/OÖ[21] und verheiratet mit Margarethe Auer von
Winkl und Gessenberg.[22] Deren Sohn, Johann Rudolf
Stengl, war verheiratet mit Regina von Maiming. Im
Jahr 1694 verkaufte Achille Rudolph Ignatius Stengl
die Hofmark Neuhaus an Heinrich Freiherr von
Gemel und Fischbach.[23] Die Familie Stengel besaß
neben anderen Besitzungen ein Haus am Rinder-
markt in München. Ihre Spur verliert sich.

Johann Friedrich Stengel in habsburgischen Diensten in den Niederlanden

Der zweite Enkel von Erhard Stängel war jener oben
erwähnte Johann Friedrich Stengel (um 1553 - um
1608), der wohl in habsburgischen Diensten stand
und möglicherweise eine Zeitlang in den Niederlanden tätig war. Johann Friedrich Stengel war seit
etwa 1590 mit dem geheimnisvollen Fräulein N. von
Torck verheiratet.

Um Johann Friedrichs Lebenssituation und Werdegang richtig einschätzen zu können, erscheint
ein kurzer Rückblick auf den historischen Zustand
der Niederlande, insbesondere in der Provinz Geldern (Abb. 6), in der zweiten Hälfte des 16. Jahrhunderts angebracht.

Zu der hier in Frage kommenden Zeit befand
sich das Land am Beginn des sogenannten Acht-
zigjährigen Kriegs, der von 1568 bis 1648 dauerte.
Der Krieg hatte die Unabhängigkeit der nördlichen
calvinistischen Provinzen vom spanischen, katholischen König Philipp II. (1527-1598) zum Ziel. Spani-
en wie auch die Niederlande waren in jenen Jahren
Teil des Habsburger Reiches. 1579 zerbrach die Einheit der Niederlande: Die nördlichen Provinzen mit
überwiegend calvinistischer Bevölkerung schlossen
sich zur Utrechter Union zusammen, einige süd-
liche Provinzen zur katholischen Union von Arras.
Die Trennung der Niederlande ging quer durch die
Provinz Gelderland, die Heimat unserer Protagonis-
tin Anna von Torck.

Geldern im 17. Jahrhundert

- Spanisch Geldern
- Staatische Provinz Gelderland
- Spanische Niederlande
- Vereinigte Niederlande
- Grenze der Republik der Vereinigten Niederlande 1648
- Brandenburgisches Territorium
- Pfalz-Neuburgisches Territorium
- Umstrittenes Gebiet
- Kleinere weltliche Territorien
- Geistliche Territorien

0   20 km

Entwurf: I. Hantsche; Kartographie: H. Krähe

Da Johann Friedrich Stengel offenbar in österrei-
chisch-habsburgischen Diensten stand, ist zu vermuten, dass er die katholische Seite vertrat und
deshalb auch im katholischen Teil des Gelderlandes
mit der Hauptstadt Roermond tätig wurde. Da
die Quellen zu seinem Werdegang hauptsächlich
schweigen, müssen im Folgenden die Lebensdaten
seiner Gemahlin, ihrer Geschwister und Vorfahren zur Schilderung seines historischen Umfeldes
herangezogen werden.

Die Familie von Torck war, wie Johan Friedrich
Stengel, ebenfalls katholisch und schon immer
österreichfreundlich gewesen. Als im Jahr 1493
Goddert von Torck (1454-1507), der Urgroßvater

Abb. 6
Geldern im 17. Jahrhun-
dert
Mit freundlicher Geneh-
migung der Autorin aus:
Irmgard Hantsche: Atlas
zur Geschichte des Nie-
derrheins, Bd. 2, Bottrop
2008, S. 43

Wer war das geheimnisvolle Fräulein N. von Torck?

von Anna von Torck, in einer nicht ganz standesgemäßen Ehe Margarethe Gräfin von Egmont (1459-1496), Nichte des regierenden Herzogs Arnold von Egmont-Geldern (1410 Schloss Egmond - 1473 Schloss Grave), geheiratet hatte[24], stand er der Familie Egmont-Geldern als juristischer Berater und Moderator zur Verfügung, wobei er die habsburgisch-burgundische Seite in den Erbauseinandersetzungen um das Gelderland vertrat. Seit 1480 bekleidete Goddert von Torck die Ämter eines Droste zu Goch und eines Rates des Herzogs Johann II. von Kleve (1458-1521; Abb. 7), für den er – als Mitglied eines gewählten Ständerats – in hoher diplomatischer Funktion tätig war.

Abb. 7
Johann II. Herzog von Kleve und Graf von der Mark (1458-1521)
Ausschnitt aus „Die sechs Klever Herzöge"
Unbekannter Maler
17. Jahrhundert
Sammlung Museum Kurhaus Kleve
Foto: Sammlung Museum Kurhaus Kleve, Bernhard Dautzenberg

Mit der Heirat Goddert von Torcks in die regierende Familie Egmont-Geldern, deren politischer Hintergrund im Anhang ausführlich beschrieben wird, wuchs die politische Bedeutung der Familie von Torck für die Niederlande beträchtlich. Dadurch erhält auch die Geschichte der Familie v. Stengel eine besondere, bislang unentdeckte Note.

Man kann sich gut vorstellen, dass Johann Friedrich es seinem Bruder Gregor gleich tun und in den Niederlanden ebenso Karriere machen wollte wie jener in Bayern. Als Ausländer wird es Johann Friedrich in einem fremden Land, das zu jener Zeit vom Freiheitskampf der Niederländer gegen die Spanier erschüttert wurde, nicht leicht gehabt haben. Andererseits boten die reichen Niederlande mit ihren internationalen Beziehungen zu den Großmächten Frankreich, England, Spanien und Habsburg besondere Aufstiegsmöglichkeiten. Aus den Geschichtsquellen geht hervor, dass es insbesondere die Heirat mit Anna von Torck war, die ihn an den damaligen Machtverhältnissen teilhaben ließ und Aufstiegschancen, in welchen Diensten auch immer, in Aussicht stellte.

Anna – ihr richtiger Vorname ist unbekannt – war die Tochter von Friedrich von Torck (1520-1559), Herr zu Hemert, Delvijnen und Sinderen, und seiner Gemahlin Maria von Wittenhorst zu Horst (1530 in Nijmwegen - 1604). Anna war die Jüngste von sechs Geschwistern. Sie hatte zwei Brüder, Lübbert (um 1551 - 1586) und Johann (um 1556 in Goch - um 1607 in Kleve) sowie drei Schwestern, Heilwig, Margret und Sandrina (Alexandrina). Der Vater von Friedrich von Torck war der kaiserliche Oberst im Dienst Kaiser Karls V., Lübbert von Torck (1493-1546), und Sohn des oben erwähnten klevischen Rats Goddert von Torck (1454-1507) und der Margarethe, Gräfin von Egmont-Geldern (1459 Ijsselstein - 1496).[25]

Johann Friedrich Stengel heiratete mit Anna von Torck in eine aus der Gegend von Dortmund stammende uradlige Familie[26], die bereits seit vielen Generationen in den Diensten – zumeist als Droste und Amtmänner – der Grafen und Herzöge von der Mark, von Kleve und von Geldern stand. Diese Positionen waren teilweise ausgestattet mit wehrhaften Burgen und Schlössern und umfangreichem Grundbesitz, die unter anderem den Lebensunterhalt der Torck-Familien sichern sollten. Voraussetzung für den Erhalt des Lebensstandards war, dass die nachgeborenen Söhne und Töchter wieder in ähnliche standesgemäße und vermögende Familien einheirateten. Dies war mit der Heirat von Anna von Torck mit Johann Friedrich Stengel nicht der Fall. Anna heiratete um 1590 – ganz im Gegensatz zu ihren Geschwistern – einen „no-body" aus dem fernen Bayern, einen Bürgerlichen, wie die Quellen etwas einschränkend besagen.[27] In der im Traditionellen verhafteten alten Gesellschaft der niederländischen Provinzen war dies kein guter Start ins

Monika Groening

Leben, der Wegzug Annas aus ihrer Heimat war eigentlich von Anfang an vorprogrammiert.

Johann Friedrich Stengel wird unter den gegebenen Umständen nicht lange in den Niederlanden gelebt haben. Vermutlich wird er im österreichischen Auftrag für einige Jahre (1583-1590) in Roermond gearbeitet haben, das – nach der Abtrennung der drei nördlichen, calvinistisch orientierten Quartiere des Gelderlandes mit den Verwaltungsstädten Zutphen, Nijmwegen und Arnheim – die Hauptverwaltungsstadt des vierten Quartiers (Amtsbezirks) im südlichen, katholisch dominierten Teil Gelderns geworden war. Dieses sogenannte vierte oder auch Oberquartier Gelderns war unter spanisch-österreichische Herrschaft gekommen. Nach Roermond hatte man im Jahr 1581 die Rechts- und Finanzverwaltung, soweit sie das Oberquartier des Gelderlandes anging, von Arnheim aus verlegen lassen.[28] Es ist vorstellbar, dass Johann Friedrich ähnlich wie sein Bruder Gregor in der Kammer- bzw. Finanzverwaltung des Landes tätig gewesen ist.

Anna von Torck und ihre Geschwister
Die Familie von Torck kam zu Reichtum und besonderem Ansehen, als es Goddert von Torck (1454-1507), dem Urgroßvater von Anna von Torck, gelang, im Jahr 1493 in die regierende Familie der Herzöge von Egmont-Geldern einzuheiraten.[29] Damit wurde ein Teil der Familie zum ersten Male in den Niederlanden ansässig. Nach dieser spektakulären Heirat blieben die Torcks – auch in den Niederlanden – ihrem bisherigen Berufsstand als Droste größerer Amtsbezirke treu, stiegen aber insbesondere im Kriegsdienst auf.

Seit etwa 150 Jahren hielten sich die Torcks vorwiegend in den Städten Goch und Kleve auf, und von ca. 1480 bis ca. 1900 auch auf ihren verschiedenen niederländischen Adelssitzen, wie Nederhemert, Delwijnen und Sinderen sowie Rosendaal. Diese Edelsitze gingen nach und nach durch Kriegseinflüsse und Erbauseinandersetzungen wieder verloren, wobei der älteste Bruder von Anna, Lübbert von Torck, während der hier infrage kommenden Zeit die Hauptanteile an Nederhemert mit Schloss Hemert und Delwijnen hielt.[30] Lübbert von Torck wurde als Kommandant der Feste Grave berühmt; sein Bruder Johann stand in alter Familientradition als Rat im Dienst des Herzogs von Kleve.

Dieser Johann von Torck, Herr zu Sinderen, der jüngere Bruder von Anna von Torck, wurde um 1553 in Goch geboren und nach dem juristischen Studium[31] – als gelehrter Rat – Sekretär des Herzogs Wilhelm V. von Jülich, Kleve, Berg (1516-1592; Abb. 8) in Kleve, wo er um 1607 starb.[32]

Johann von Torcks Stellung als gelehrter Rat in der Regierung des Herzogs wird in den schwierigen achtziger Jahren des 16. Jahrhunderts nicht ohne Einfluss gewesen sein. Johann von Torck nahm im Auftrag seines Herzogs 1591 am Reichstag in Regensburg teil[33], was seine besondere Rolle für das herzogliche Haus dokumentiert.

Seit 1566 erlitt der Herzog mehrere Schlaganfälle, die ihm die Regierungsgeschäfte zunehmend erschwerten. Als Ende der achtziger Jahre der einzig überlebende Sohn Johann Wilhelm (1562-1609) schwer erkrankte, gingen die politischen Geschäfte mehr und mehr an die herzoglichen Räte, also auch an Johann von Torck, über.[34]

Man könnte den Aufenthalt Johann von Torcks im relativ sicheren Kleve auch als Flucht vor den ständigen Durchzügen der spanischen Truppen durch das Gelderland deuten, in dem das 1473 klevisch gewordene Goch lag. Seit 1568 wurde Geldern von der politischen und militärischen Auseinanderset-

Abb. 8
Wilhelm V., Herzog von Jülich-Kleve-Berg, ("der Reiche"; 1516-1592), Dienstherr von Johann von Torck
Kupferstich von Heinrich Aldegrever (1502-1555/1561)
Museum Zitadelle Jülich
Inv.-Nr.: 1998-0572
Aus: Otto Redlich, Mülheim a.d. Ruhr, seine Geschichte von den Anfängen bis zum Übergang an Preußen 1815, Mülheim a.d. Ruhr, (Selbstverlag), 1939

Wer war das geheimnisvolle Fräulein N. von Torck?

zung zwischen den nördlichen und den immer wieder von den spanischen Truppen zurückeroberten südlichen, niederländischen Provinzen heimgesucht. Andererseits war auch das klevische Herzogtum durch die ständigen Durchzüge der spanischen und der staatischen Truppen der abgefallenen Provinzen betroffen. Es war eine Zeit, in der jede Familie nach Auswegen und Sicherheiten suchte. Es werden dies auch die Zeiten gewesen sein, die Johann Friedrich Stengel und Anna von Torck bewogen haben, die Niederlande zu verlassen.

Das Ehepaar fand Aufnahme im Herzogtum Hohenzollern-Hechingen, wo im Jahr 1602 vermutlich auch ihr Sohn Johann Georg Stengel (1602-1652) geboren wurde. Dass Hechingen als Zufluchtsort gewählt wurde, lag auf der Hand. Herzog Wilhelm V. von Bayern (1548-1616, siehe Abb. 3), in dessen Diensten Gregor Stengl, der Bruder von Johann Friedrich Stengel, zeitgleich als Kammerrat stand, war sein Leben lang eng befreundet mit Eitelfriedrich von Hohenzollern-Hechingen (1545-1605), bei dem das Paar Aufnahme fand. Eitelfriedrich hatte seinen Fürstensitz zu einem prächtigen Renaissanceschloss nach dem Vorbild der Burg Trausnitz seines Freundes Herzog Wilhelm V. von Bayern aus-

bauen lassen. Dort beschäftigte er einen Hofstaat von über einhundert fest besoldeten Personen.[35] Johann Friedrich Stengel erhielt den Posten eines Obervogts, wahrscheinlich ähnlich wie sein Bruder in der Finanzverwaltung. Es kann vermutet werden, dass verwandtschaftliche und freundschaftliche Verbindungen zwischen den Höfen Einfluss auf den weiteren Lebensweg von Johann Friedrich Stengel und Anna von Torck genommen haben.

Die Tendenz, den von den ständig wechselnden Kriegszügen heimgesuchten Gebieten im Gelderland auszuweichen, kann man auch an den Heiraten von Annas Bruder Johann von Torck und von ihren Schwestern festmachen. Johann war mit Ermgardt Scheiffart von Merode[36] (Abb. 9) verheiratet, deren Familienbesitz Horrem mit der Burg Hemmersbach – heute ein Stadtteil von Kerpen – im damaligen Herzogtum Jülich lag.

Zwei ihrer drei Schwestern heirateten ebenfalls in die Familie von Merode. Heilwig heiratete Johann Vlatten von Merode. Dessen Familienbesitz war die Burg Vlatten bei Heimbach in der Nähe von Düren im Herzogtum Jülich. Sandrina ehelichte Werner Schloßberg von Merode, mit der Burg Schloßberg[37] bei Kerpen, und Margret war

Abb. 9
Schloss Merode um 1860, seit 1174 bis heute im Besitz der Herren, der späteren Grafen und der heutigen Fürsten von Merode
Kupferstich von Alexander Duncker (1813-1897)
Aus: Alexander Duncker (Hrsg.): Die ländlichen Wohnsitze, Schlösser und Residenzen der ritterschaftlichen Grundbesitzer in der preussischen Monarchie : nebst den königlichen Familien-, Haus-Fideicommiss-Schatull-Gütern in naturgetreuen, künstlerisch ausgeführten, farbigen Darstellungen; nebst begleitendem Text.
Berlin: Duncker, (1857/83)
Digitalisiert durch die Zentral- und Landesbibliothek Berlin, 2006. URL:
http://nbn-resolving.de/urn:nbn:de:kobv:109-1-7652803urn:nbn:de:kobv:109-1-7652803

Monika Groening

verheiratet mit Seger von Rechtern, gen. Voorst mit dem Besitz Dorenberg nördlich von Erkrade. Alle Landsitze lagen nicht in Geldern bzw. in den Niederlanden, in denen ein gnadenloser Krieg tobte, sondern im Herzogtum Jülich.

Der älteste Bruder unserer Anna von Torck, Lübbert von Torck (um 1551 - 1586 in Utrecht), hat als einziges der Geschwister offenbar für kurze Zeit auf der Seite der antispanischen Koalition gestanden. Er war verheiratet mit Josine von Sallandt, Herrin von Parck (1560 - 1612 in Arnheim), Tochter von Johann von Sallandt, Droste von Wageningen.

Die Enthauptung von Lübbert von Torck

Lübbert von Torck war Militärgouverneur der Festung Grave in Nordbrabant während der Belagerung der Stadt durch die Spanier im Jahr 1586. Die Festung war bereits neun Jahre in den Händen der Aufständischen, als Alessandro Farnese (1545-1592), Herzog von Parma, versuchte, die Festung im Auftrag König Philipps II. von Spanien zurückzuerobern.[38] Alessandro Farnese war der Sohn von Herzog Ottavio von Parma und Margarethe von Parma, der unehelichen Tochter Kaiser Karls V. (1500-1558) und ehemaligen Statthalterin der Niederlande.

Lübbert von Torck, Annas Bruder, verteidigte die Stadt mit aller Macht. Unter dem Druck des schweren Beschusses, der Gefahren weiterer Angriffe und der Panik unter der Besatzung in der Stadt gab Torck schließlich auf und übergab am 7. Juni 1586 die strategisch wichtige Festung an Alessandro Farnese, den Statthalter des spanischen Königs in den habsburgischen Niederlanden, und damit an den Erzfeind der von Spanien abgefallenen nördlichen niederländischen Provinzen!

Lübbert und seinen Männern wurde zunächst freies Geleit in die niederländische Gemeinde Zaltbommel mit den Schlössern Nederhemert und Delwijnen zugestanden, die im Besitz von Lübbert von Torck waren. Von den Generalstaaten wurden sie jedoch für das Verbrechen, die Festung zu früh aufgegeben zu haben, vor ein Kriegsgericht gestellt und zum Tode verurteilt. Wegen seiner edlen Geburt – Lübbert von Torck war Baron von Hemert und Delwijnen und der Urenkel von Margarethe Gräfin von Egmont-Geldern – wurde er mit 31 Jahren auf dem Marktplatz von Utrecht „nur" enthauptet.[39] Zwei seiner Männer wurden gehängt. Lübbert von Torck

galt von da an als Verräter und seine Familie möglicherweise mit ihm.

Die Ereignisse des Jahres 1586 wären wohl zwischenzeitlich aus den Geschichtsbüchern verschwunden, wenn nicht eine der bekanntesten Persönlichkeiten der Zeit, Robert Dudley, Earl of Leicester (1532-1588; Abb. 10), seine Hände mit im Spiel gehabt hätte. Robert Dudley war der Liebhaber Elisabeths I. von England (1533-1603) und galt lange als ihr Heiratskandidat. Er hatte den Posten eines Stallmeisters ihrer Majestät inne, war also zuständig für die Beweglichkeit und Reisefähigkeit des Hofes und das Arrangement aller Hoffeste. Er galt als einer der engsten Berater der Königin.

Eine Intervention des ebenfalls calvinistisch orientierten Englands erschien unvermeidlich, als Wilhelm von Oranien (1533-1584), der Anführer der niederländischen Rebellen, 1584 ermordet wurde, und Antwerpen von Alessandro Farnese 1585 im Auftrag der spanischen Krone erobert worden war. Schon lange hatte Robert Dudley einen Feldzug in den Niederlanden geplant, um die Rebellen zu unterstützen. Kurz nach seiner Ankunft setzten ihn die 1573 gegründeten Generalstaaten gegen den ausdrücklichen Willen Elisabeths als ihren Statthalter ein.[40] Vergeblich wartete Lübbert von Torck auf die militärische Unterstützung zur Befreiung der Festung Grave, die sich Dudley wünschte, aber

Abb. 10
Robert Dudley, Erster Earl of Leicester, Befehlshaber der englischen Truppen in den Niederlanden, er verfügte die Enthauptung von Lübbert von Torck. Steven Van der Meulen zugeschrieben (tätig 1543-1568)
Um 1564
Öl auf Leinwand
Waddesdon, The Rothschild Collection (Rothschild Family Trust), Inv. 14.1996
Waddesdon Manor
Aylesbury, Bedfordshire MK17 9WA/U.K.
Foto: The National Trust, Waddesdon Manor

Wer war das geheimnisvolle Fräulein N. von Torck?

an deren Durchführung er durch Elisabeths (Abb. 11) undurchsichtige Befehle gehindert wurde. Als Lübbert von Torck dann am 7. Juni 1586 von sich aus die Festung aufgab (Abb. 12), richteten sich Zorn und Hass[41] des Earls gegen ihn.[42] Trotz der Fürsprache einiger Freunde ließ er Lübbert hinrichten.

Der niederländische Adel war bestürzt: Selbst der Prinz von Oranien hätte eine solche Verletzung von Anstand, Moral und Ehre nicht gewagt. Leicester war gewarnt, aber er schrieb an einen Vertrauten, er würde sich nicht einschüchtern lassen durch die Tatsache, dass Lübbert von Torck, Baron von Hemart „was of a good howse, well allied and of great freindshipp"[43]. Lübbert gab seinen Fehler zu, verneinte aber entschieden den Verrat, was man ihm aber nicht glaubte.

den dramatischen Ereignissen in Grave in Gefahr und es war auch deshalb ratsam, die Niederlande zu verlassen. Die „Namenlosigkeit" beider Persönlichkeiten in den Quellen könnte als fluchtartiges Verlassen des Kriegsgebietes gedeutet werden. Die Quellen deuten ferner darauf hin, dass Anna als letztes von sechs Geschwistern relativ mittellos war. Es galt also, sich in einem deutschen Fürstentum eine neue Lebensgrundlage aufzubauen.

Die Nähe der beiden Schwäger Johann Friedrich Stengels, Lübbert und Johann von Torck, zu den regierenden Häusern des Herzogs von Jülich, Kleve und Berg sowie von Großbritannien und dem habsburgischen Spanien wird ihre Wirkung nicht verfehlt und Maßstäbe für seinen eigenen

Abb. 11
Elisabeth I., Königin von England und Irland, (1533-1603) unterstützte im englisch-spanischen Krieg die Niederländer.
„Armada-Porträt"
George Gower (um 1546-1596) zugeschrieben
Um 1588
Woburn Abbey and Gardens
Woburn, Bedfordshire
MK17 9WA/U.K.
Foto: Woburn Abbey and Gardens

Auch wenn die Entwicklung der Karriere von Johann Friedrich Stengel in den Niederlanden unbekannt bleiben muss, so ist doch davon auszugehen, dass er einerseits vom Ansehen der Familie seiner Gemahlin profitiert hat, andererseits werden die berühmt-berüchtigten Ereignisse im Leben seines Schwagers auch sein und das Leben seiner Gemahlin beeinflusst haben. Möglicherweise waren beide nach

Lebensweg und den Werdegang seiner Nachkommen gesetzt haben.

Die Heiraten seiner Schwägerinnen in die Häuser der Barone und Grafen von Merode und Voorst gen. Rechteren gehörten ebenso dazu wie die Tatsache, dass die Familie von Torck nur wenige Generationen zuvor die Grundlage zu ihrem eigenen spektakulären Aufstieg hat legen können, was sich sicherlich auf

Monika Groening

Abb. 12
Die Belagerung der
Festung Grave durch
Alessandro Farnese 1586
Kupferstich von Jan
Luyken (1649-1712)
1679
Amsterdam Museum,
Amsterdam
Aus: Gesch. der Ver.
Nederl. 4e staat

die eigenen politischen Erfahrungen und Pläne von Johann Friedrich Stengel positiv ausgewirkt hat.

Zusammenfassende Betrachtung

Die beruflichen Karrieren der beiden Brüder Gregor und Johann Friedrich Stengel ähnelten sich. Beide heirateten in adlige Familien. Beide veränderten der Karriere zuliebe ihr Lebensumfeld: Der eine stellte sich in München neuen Aufgaben und einem besonderen Konkurrenzdruck durch „e. drt. ihm feindlich gesonnene Räthe". Der andere kam in Kontakt zu einem ihm bis dahin unbekannten Land, in dem die Großmächte Spanien, England, Österreich und sieben niederländische Provinzen gegeneinander Krieg führten. Beide arbeiteten an ihrem gesellschaftlichen Status. Gregor erstrebte seine Erhebung in den Adelsstand, Johann Friedrich heiratete in eine Familie, die sich auf ihre Abstammung von zwei regierenden Häusern, nämlich den Grafen und Herzögen von Egmont und den Herzögen von Geldern, berufen konnte.

Die Unterschiede bestanden darin, dass die Zukunft von Gregor Stengl im beschaulicheren Bayern gesichert zu sein schien, während auf Johann Friedrich und seine Gemahlin eine unsichere Zukunft wartete. Die Lebensgrundlagen mussten im Dienst der Grafen und Fürsten von Hohenzollern erst noch erarbeitet werden. Vielleicht wurde auch die Erfahrung, in einem fremden Land nicht willkommen gewesen zu sein, bisweilen zu einem Problem.

Insgesamt gesehen hatte Johann Friedrich Stengel, was die tiefere Kenntnis von internationalen Beziehungen und von den Gefahren unsicherer diplomatischer Verflechtungen angeht, das große Los gezogen. Es scheint so, als ob die Erfahrungen, die er im Umkreis der illustren Verwandtschaft seiner Gemahlin machen konnte, Maßstab für den eigenen beruflichen Werdegang und den Werdegang seiner Nachkommen geworden waren. Er selbst ließ sich mit seiner Gemahlin Anna von Torck, wie beschrieben, in der Grafschaft Hohenzollern nieder und bekleidete dort in der Regierung des Grafen Eitelfriedrich IV. (Abb. 13) von Hohenzollern-Hechin-

Abb. 13
Graf Eitelfriedrich IV. von
Hohenzollern-Hechingen
(1545-1605), einen Plan
mit skizziertem Gebäudeensemble haltend,
Gönner von Johann Friedrich Stengel (um 1553 -
um 1608)
Gemälde eines unbekannten Künstlers
Um 1580
Hohenzollerisches Landesmuseum, Inv. Nr. 84/78
Foto: Hohenzollerisches
Landesmuseum, Stefan
Schmidt-Lawrenz

Wer war das geheimnisvolle Fräulein N. von Torck?

gen (1545-1605) und von dessen Sohn Johann Georg von Hohenzollern-Hechingen (1577-1623) die Stellung eines Obervogts, das heißt eines Verwaltungsbeamten in höherer Funktion. Sein einziger Sohn Johann Georg Stengel (1602-1652) war während des Dreißigjährigen Kriegs Offizier im kurbayerischen Regiment Franz von Mercy und im anschließenden Zivildient Hofmeister beim Fürsten Eitel Friedrich II. von Hohenzollern-Hechingen (1601-61). Sein Enkel Paul Anton (von) Stengel (1646-1725) studierte auf Kosten des Fürstenhauses Jura und leitete als Kanzler über fünfzig Jahre die äußerst schwierigen Amtsgeschäfte eigenverantwortlich und in Vertretung der zumeist nicht anwesenden Mitglieder des Hauses Hohenzollern (Abb. 14). Seine Nachkommen erreichten als Juristen und Staatsräte zunächst in der kurpfälzischen, dann in der pfalz-bayerischen Regierung unter Kurfürst Carl Theodor (1724-1799) und später unter den bayerischen Königen bis zu deren Abdankung im Jahr 1918 hohe und verantwortungsvolle Regierungsämter.

Unter den geschilderten Umständen erscheint es durchaus gerechtfertigt, dass das geheimnisvolle Fräulein von Torck in besagter Adelsurkunde erwähnt wurde und damit Anlass zu weiteren Forschungen über ihren und den Lebensweg ihres Gemahls Johann Friedrich Stengel gab. Die Verdienste der Familie von Torck haben offensichtlich noch lange segensreich in die Familie von Stengel hineingewirkt.

Anhang Nr. 1
DIE TORCKS[44]
(von den Anfängen bis zur Heirat von Anna von Torck mit Johann Friedrich Stengel)
Die Torcks waren ursprünglich ein westfälisches ritterbürtiges Uradelsgeschlecht, das sich im Münsterschen, in Holland, Jülich, Kleve und Ostfriesland ausbreitete und erstmals 1201 urkundlich in Dortmund genannt ist. Sie gehören zu den ältesten Rittern der damaligen Grafschaft Mark mit deren Residenz Hamm und den Orten Iserlohn, Kamen, Lünen, Unna, Neuenrade, Soest und der Burg Volmarstein. Durch die ständigen Änderungen der Besitzverhältnisse innerhalb der Grafschaften standen sie aber auch in den Diensten der Grafen von Arnsberg, Limburg und Kleve.

Abb. 14
Stammschloss der Grafen von Hohenzollern-Hechingen mit Hechingen und dem Rathaus, dem späteren Amtssitz von Paul Stengel
Kupferstich von Mathias Merian aus Martin Zeiller: „Topographia Germaniae"
Um 1643
Digitale Bibliothek der Bayerischen Staatsbibliothek München

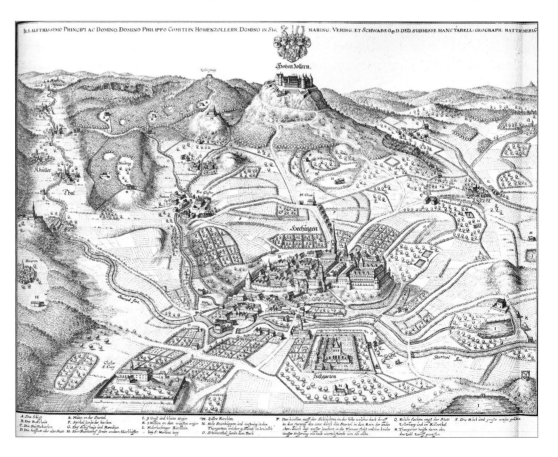

Monika Groening

Abb. 15
Schloss Hovestadt bei
Soest um 1860
Die ehemalige Burg aus
dem Jahr 1276 wurde um
1563 zu einem Schloss
umgebaut.
Kupferstich von Alexan-
der Duncker (1813-1897)
Aus: Alexander Duncker
(Hrsg.): Die ländlichen
Wohnsitze, Schlösser und
Residenzen der ritter-
schaftlichen Grundbesit-
zer in der preussischen
Monarchie : nebst den
königlichen Familien-,
Haus-Fideicommiss-
Schatull-Gütern in natur-
getreuen, künstlerisch
ausgeführten, farbigen
Darstellungen; nebst
begleitendem Text.
Berlin: Duncker, (1857/83)
Digitalisiert durch die
Zentral- und Landesbibli-
othek Berlin, 2006. URL:
http://nbn-resolving.de/
urn:nbn:de:kobv:109-1-
7652803urn:nbn:de:ko
bv:109-1-7652803

Sie waren Kriegsmannen, sogenannte miles, und wehrtüchtige Verwaltungsbeamte.

I. Albert de Torche

Er erscheint im Jahr 1204 als officialis (wehrtüchtiger Beamter) des Kaisers Otto IV. (1177-1218).

II. Stephan Ritter von Torck (*um 1238),

er und sein Bruder Gottschalk von Torck waren unter anderem Zeugen in einer Urkunde von Heinrich und Berthold von Soest, ausgestellt in Hamm. 1283 waren sie Kastellane der Burg Hovestadt bei Soest (heute ein Renaissanceschloss; Abb. 15), die die Kölner Erzbischöfe zum Schutz des Lippeübergangs errichten ließen. Soest ist damals arnsbergisches Lehen.

III. Bertold Ritter von Torck (um 1268 - 1297)

war wie sein Vater einer der Burgmänner von Hovestadt bei Soest. 1305 ist Berthold Torck Kastellan der Burg „borchus" bei Soest (vermutlich Hovestadt). 1320 wurde er vom Kölner Domherr Gerhard von Virneburg mit dem Schultheißenamt zu Ore (heute: Oer-Erkenschwick bei Recklinghausen) belehnt.

IV. Albert Ritter von Torck (*um 1294),

Ritter zu Kleve. Er besaß um 1311 ein Dienstmannengut in Opphusen in der Grafschaft Arnsberg und einen Hof in Werne als Lehen. Aus der Bewirt-

schaftung beider Höfe bezog er für sich und seine Familie seinen Lebensunterhalt.

V. Hermann Ritter von Torck (*um 1320)

war 1347 Dienstmann auf der Burg Hovestadt bei Soest. – Etwa zur selben Zeit, 1349, war ein Theodor von Torck arnsbergischer Lehnsmann. – Hermann erhielt für seine Dienste auf der Burg Hovestadt ein Haus in Opphusen bei Soest und Dienstmannengüter in Hemmerede bei Unna. 1361 verpfändete er für 44 Mark eine Rente von je vier Malt Roggen und Gerste aus seinem Land zu Hovestadt. Hermann von Torck besaß 1363 außerdem ein Haus in Kamen. 1371 war ein Hunold von Torck arnsbergischer Lehnsmann und Burgmann zu Hovestadt.

VI. Albert Ritter von Torck (*um 1346)

kämpfte 1388 unter dem Befehl des Bischofs von Münster in der großen Fehde des Grafen Engelbert III. von der Mark und seiner Verbündeten, unter anderem der Erzbischof von Köln, gegen die Reichsstadt Dortmund und deren Verbündete. Keine der Parteien obsiegte.

VII. Albert Ritter von Torck (*um 1372),

erwähnt um 1394. 1403 war er Herr zu Edinckhusen (Edinghausen). Das Gut liegt im Kirchspiel Flierich bei Unna. 1401 erhielt er von Wilhelm Graf von Lim-

Wer war das geheimnisvolle Fräulein N. von Torck?

burg an Dienstmannsstatt das Gut Beyerinch im Kirchspiel Sendenhorst. 1403 besaß er in der Grafschaft Arnsberg ein Haus und drei kleinere Häuser in Hemmerede bei Unna sowie einen Hof in Opphusen bei Soest als Dienstmannengut. Beide Orte waren Arnsberger Lehen und offensichtlich ererbt von Vater, Großvater und Urgroßvater. – 1401 und 1414 war bereits ein Goddert von Torck Amtmann von Unna.

VIII. Gerrit Ritter von Torck (*um 1398), Herr zu Brüggen. Das Gut Brüggen liegt südlich von Bönen, nordöstlich von Unna an dem Flüsschen Seseke im Kirchspiel Flierich. Früher gehörten etliche Bauernschaften zum Gut. Noch 1507 ist Casper von Torck, der Bruder von Goddert von Torck, als Besitzer und Herr von Brüggen genannt. 1579 ist der Besitzer Gert von Ketteler. (1398 kam Kleve an die Grafschaft Mark. Adolf III. von der Mark war ab 1368 Graf von Kleve und ab 1391 Regent der Grafschaft Mark).

IX. Dietrich Ritter von Torck war Herr zu Edinckhausen von 1426 bis1433. Das Gut Edinghausen oder auch Edinckhausen war noch 1507 im Besitz von Goddert von Torck. Es lag in unmittelbarer Nähe von Brüggen und existiert heute nicht mehr. – Dietrich von Torck war mit N. von Pryns aus einer Soester Familie verheiratet. Edinghausen ging auf den ältesten Sohn über.

X. Lübbert von Torck (1430-1467), Herr zu Brüggen, 1461 Droste zu Unna, Kamen und Schloss Mark (Ortsteil von Hamm), verheiratet mit N. von Gemen, gen. Pröbsting (siehe Haus Pröbsting in Hoxfeld-Borken; Abb. 16). Lübbert von Torck wurde 1445 im Soester Krieg gefangen genommen. Vermutlich kämpfte er auf der Seite von Johann I. von Kleve-Mark (1419-1481), denn dieser übertrug 1451 ihm und seinem Brügger Nachbarn Konrad Stecke gemeinschaftlich das Schloss Volmarstein zur Pfandnutzung. – Brüggen ging auf den erstgeborenen Sohn Caspar von Torck, 1473 Droste zu Unna und klevischer Rat, über. Caspar von Torck, Herr zu Brüggen, kaufte Haus Heyde in Uelzen. Er vererbte es an seine Tochter, die mit Thies von Altenbockum verheiratet war. Der zweitgeborene Sohn war:

XI. Goddert von Torck (1454-1507). Goddert war Oberstallmeister bei Wilhelm II. von Egmont, seinem Schwiegervater; er war ferner Kastellan zu Buren, klevischer Droste (Amtmann) zu Goch (1489) sowie Hofmeister und Marschall des Herzogs von Kleve Johann II. von Kleve-Mark (siehe Abb. 7), und zwar von 1479 bis 1502. 1490 gehörte er zu den „fürnehmen reten" des Herzogs Johann II. von Kleve-Mark (1458-1521). Goddert war seit 1493 verheiratet mit Margarethe von Egmont (1459-1496), Nichte von Arnold, regierendem Her-

Abb. 16
Haus Pröbsting (Haupthaus) war von 1345 bis 1550 im Besitz der Familie von Gemen-Torck.
Foto: Probsting, 2012

Monika Groening

zog von Geldern, und Tochter von Wilhelm II. von Egmont (1412-1483, siehe Abb. 22), Statthalter des Herzogtums Geldern für Karl den Kühnen, Herzog von Burgund (1433-1477). Goddert starb 1507 in Middelaar und ist gemeinsam mit seiner Gemahlin Margarethe von Egmont (1459-1496) im Kloster St. Agatha in Cuijk begraben. Deren Sohn

XII. Lübbert von Torck (1493-1546)

war kaiserlicher Befehlshaber, 1528 Oberst im Dienst Kaiser Karls V., eroberte 1516 Dokkum mit 1.500 Mann. Durch seine Heirat wurde er Besitzer der niederländischen Herrensitze Nederhemert, Delvijnen und Sinderen. Er wurde 1539 belehnt mit vorstehenden Gütern, dem Erbteil seiner Frau, und 1516 bereits mit dem Schloss zu Nederhemert (Abb. 17), wo die Familie bis 1655 wohnte. Er heiratcte 1516 Hadewig von Nederhemert, Tochter des Ritters Jobst von Hemert, Droste von Baer, und der Anna von Flohtorp, Tochter von Gerard von Flohdorp und der Elisabet Haeften van Erdgename van Varik. Die Flohdorps nahmen hohe Positionen in Holland und Geldern ein und waren an der Maas und in Roermond reich begütert.

XIII. Friedrich von Torck (1522-1559),

Herr zu Hemert, Delvijnen und Sinderen (1548 belehnt), war verheiratet mit (1549) Maria von Wittenhorst zu Horst (1530 in Nijmwegen - 1604), Tochter des Johann von Wittenhorst zu Horst und der Josina von Weeze (1497-1572), Witwe des Johann von Rechtern gen. Voorst. Friedrich von Torck und seine Gemahlin Maria von Wittenhorst hatten sechs Kinder, zwei Söhne und vier Töchter:

XIV.a Lübbert von Torck (um 1551 - 1586), verheiratet (1573) mit Josine von Salland, Herrin von Parck (1560 - 1612 in Arnheim). Der Bruder von Anna von Torck, verheiratete Stengel, wurde am 28. Juni 1584 enthauptet, weil er als Kommandant die Festung Grave nach der Eroberung durch Alessandro Farnese, Herzog von Parma, zu schnell aufgegeben hatte.

XIV.b Johann von Torck (um 1553 in Goch - um 1607 in Kleve),

Jurist, klevischer Rat und Sekretär, verheiratet mit Ermgard Scheiffart von Merode;

XIV.c Heilwig von Torck (um 1555 - 1584), verheiratet mit Johann Vlatten von Merode;

XIV.d Margret von Torck, verheiratet mit Seger von Rechtern, gen. Voorst;

XIV.e Sandrina von Torck, verheiratet mit Wennemar von Merode, sowie

XIV.f Anna von Torck (*um 1560), verheiratet mit Johann Friedrich Stengel (um 1553 - um 1608), der wohl nach habsburgischen Diensten in den Niederlanden Obervogt bei Graf Eitelfriedrich I. von Hohenzollern-Hechingen (1545-1605) wurde.

Abb. 17
Schloss Nederhemert/NL war von 1546 bis 1655 im Besitz der Familie von Torck.
Es wurde 2005 restauriert und von Königin Beatrix wiedereröffnet.
Foto: Kastelbeer, 2010

Wer war das geheimnisvolle Fräulein N. von Torck?

Anhang Nr. 2
DIE EGMONTS
(von den Anfängen bis zur Heirat von Margarethe von Egmont mit Goddert von Torck)

Die Egmonts nannten sich nach der bedeutenden Abtei Egmond, im äußersten Nord-Westen Hollands in der Nähe von Alkmaar gelegen, die sie als Vögte in erblicher Amtsfunktion verwalteten. Sie erbauten ihre Residenz in der unweit gelegenen Stadt Egmont aan den Hoef (Abb. 18) und trugen den Titel „Herren von Egmont". Von ihrem Schloss ist heute nur noch eine Ruine zu sehen.

Während des Mittelalters waren sie neben den Arkels und Brederodes eine der einflussreichsten Adelsfamilien in der Grafschaft Holland. Durch Beteiligung an Kriegszügen erweiterten sie ihren Besitzstand und ihren politischen Einfluss im Verlauf der Jahrhunderte beträchtlich. Durch strategisch wichtige Heiraten wurden sie die Herren von Ijsselstein (1331) und von Arkel (1423), letzteres mit einer Burg bei Gorkum, sowie Vianen und den heutigen Städten und Gemeinden Leerdam, Arkel. Heukulum, Lingewaal sowie Asperen, Hagestein und Haastrecht.

Der Aufstieg begann mit Johann I. von Egmont (1310-1368), der durch seine Heirat mit Wida von Amstel die Baronie und Stadt Ijsselstein in der holländischen Provinz Utrecht erbte und zeitweilig das Amt des Statthalters der Grafschaft Holland innehatte. Er gehörte zu den Unterzeichnern des Cod (Haken- und Kabeljau-Krieg)-Friedenvertrages von 1350 zwischen den progressiven Städten Hollands und dem einflussreichen Adel Hollands. Die Ahnenreihe beginnt mit seinem Vater, Walther von Egmont.

I. Walter von Egmont (1283-1321)
war verheiratet mit Beatrice van der Doortoge van Brederode (1290 Naaldwijk - 1323), Tochter von Dirk van Brederode, Herr von Doortoge (1250-1306) und von Irmingard von Naaldwijk.

II. Johann I. von Egmont (um 1310 - 1368)
heiratete in Ijsselstein 1331 Wida von Amstel (um 1314 - 1377), Erbin von Ijsselstein, Tochter von Arnold von Amstel, Herr von Ijsselstein (Abb. 19), und Marie d'Avesnes, Tochter von Guy d'Avesnes, Bischof von Utrecht (1253-1317) und (unbekannt).

III. Arnold von Egmont (1340 - 1409 Utrecht),
seine Ehefrau war Jola Gräfin von Leiningen (1350 Leiningen - 1434 Hague), Tochter des Grafen Friedrich VIII. von Leiningen-Dagsburg (†1387) und der Yolanda von Jülich (†1397), Tochter von Gottfried von Jülich und Elisabeth von Kleve-Hulchrath.

IV. Johann II. von Egmont und Arkel (1385-1451),
Graf seit 1423, Regent von Geldern. Er war verheiratet mit Maria von Arkel (1385-1415), der Erbin Gelderns. Sie war die einzige Tochter von Johann V. von Arkel und der Johanna von Geldern. Die

Abb. 18
Schloss Egmond in Egmond aan den Hoef (Ausschnitt)
Gemälde von Claes Jacobsz. van der Heck
Um 1638
Collection Rijksmuseum Amsterdam
Foto: Rijksmuseum Amsterdam

Monika Groening

Mutter von Maria von Arkel, Johanna Prinzessin von Geldern, war die Schwester der Herzöge Wilhelm IX. und Rainald IV. von Geldern, die ohne legitime Erben starben. Maria erbte alles und machte dadurch ihren Ehemann zum Regenten der niederländischen Provinz Geldern. Die Söhne von Johann II. von Egmont und Maria von Arkel waren:

V.a Arnold von Egmont, (1410-1473),
Regierender Herzog von Geldern, verheiratet mit Katharina von Kleve, und

V.b Wilhelm II. von Egmont (1412-1483),
Herr von Ijsselstein, Harstrecht, Leerdam; Ritter vom Goldenen Vlies, seit 1473 verheiratet mit Walpurga (1415-1459), Gräfin von Moers, Baer und Latum, Tochter von Graf von Moers, Graf von Saarwerden, und der Engelberta von der Mark; Urgroßvater von Lamoral Graf von Egmond (1522-1568; Abb. 20); 1473-1476 Statthalter des Herzogtums Geldern für Karl den Kühnen, Herzog von Burgund (1433-1477).

Wilhelm II. von Egmont und Walpurga von Moers hatten sieben Kinder. Das siebte Kind von Wilhelm II. von Egmont war

VI. Margarethe von Egmont (1459-1496).
Sie war verheiratet in erster Ehe mit Johann Baron von Merode (1453-1484) und seit 1493 in zweiter Ehe mit Goddert von Torck (1454-1507). Margarethe von Egmont war die Urgroßmutter von Anna von Torck, verheiratete Stengel.

Anhang Nr. 3
DIE GRAFEN UND HERZÖGE VON GELDERN[45]
(von ihren Anfängen bis zur Heirat der Johanna von Geldern mit Johann V. von Arkel und deren Tochter Maria von Arkel mit Johann II. von Egmont)

I. Gerhard I. Flamens (*um 1010)
gehörte vermutlich zur Familie der Grafen Arnold von Valenciennes. Im Jahr 1021 wurde er von Kaiser Heinrich II. (973-1027) mit Gebieten in und um Wassenberg am Niederrhein (15 km von Roermond entfernt) und Gebieten bei Kleve ausgestattet.

II. Gerhard II. (um 1010 - 1082),
Graf in der Betuwe, im Teisterbant, im Ruhrgau und im Maasgau.

III. Heinrich von Wassenberg (um 1035 - vor 1085),
verheiratet mit Adelheid von Geldern, Tochter des Vogtes Wichard III. von Geldern aus dem Hause der Herren von Pont.

IV. Gerhard III. (I. von Geldern) (um 1060 - um 1129),
Graf von Wassenberg, 1096 erstmals als Graf von Geldern erwähnt, verheiratet mit Clementia von Poitou (1046/59 - nach 1129), Tochter des Grafen Wilhelm Aigret von Poitou (1023-1058), Herzog von Aquitanien.

V. Gerhard IV., der Lange (II. von Geldern), (um 1090/1095 - um 1131),
begraben in der Kirche zu Wassenberg, verheiratet

Abb. 19
Eingangstor zum Turm des Kastells Ijsselstein (heute eine Ruine), Sitz Wilhelms II. von Egmont, Herr von Ijsselstein (1412-1483)
Foto: G. Th. Delemarre für Rijksdienst für das kulturelle Erbe, 1958

Abb. 20
Lamoral Graf von Egmont, Fürst von Grave (1522-1568)
Er wurde wegen Verschwörug 1568 enthauptet.
Kupferstich von H. Jacobsen
Aus: Emanuel van Meteren: Historie der Nederlandsche ende haerder Naburen oorlogen en Geschiedenissen, 1614
Collection Peace Palace Library, Den Haag
Foto: Bert en Lilian Mellink

Wer war das geheimnisvolle Fräulein N. von Torck?

mit Ermgard von Zutphen, der Erbtochter des Grafen von Zutphen und der Judith von Supplingburg, einer Schwester des deutschen Kaisers Lothar von Supplingburg.

VI. Heinrich I. (um 1117 - 1182),
begraben im Kloster Kamp, Graf von Geldern, seit ca. 1138 auch Graf von Zutphen, verheiratet mit Agnes von Arnstein, Tochter des Grafen Ludwig von Arnstein.

VII. Otto I. (um 1150 - nach 1207),
begraben im Kloster Kamp, Graf von Geldern von 1182 bis 1207, verheiratet seit 1185 mit Richardis von Scheyern-Wittelsbach (1173-1231), Tochter des Herzogs Otto I. von Bayern (1117-1183).

VIII. Gerhard V. (um 1185 - 1229),
begraben in der Münsterkirche zu Roermond, Graf von Geldern 1207 bis 1229. 1206 Heirat zu Löwen mit Margareta von Brabant, Tochter des Herzogs Heinrich I. von Brabant und der Maria von Flandern-Boulogne. Ihre Schwester Maria heiratete 1214 Kaiser Otto IV. (1198-1218), Sohn Heinrichs des Löwen und der Mathilde von England.

IX. Otto II. der Lahme (um 1215 - 1271),
begraben im Kloster Graefenthal (Abb. 21), Graf von Geldern, verheiratet mit Philippa de Dammartin, Tochter von Simon von Dammartin, Graf von Ponthieu und der Maria von Ponthieu-Aumale.

X. Rainald I., der Streitbare (um 1255 - 1326),
begraben im Kloster Graefenthal, Graf von Geldern von 1271 bis 1326, 1318 abgesetzt, Herzog von Limburg 1280 bis 1288, 1317 Erhebung in den Reichsfürstenstand durch den deutschen Gegenkönig Friedrich den Schönen von Österreich, seit 1286 verheiratet mit Margareta von Flandern, Tochter von Guido von Dampierre, Graf von Flandern und Naumur und der Isabella von Luxemburg.

XI. Rainald II., der Rote/Schwarze (um 1295 - 1343),
begraben im Kloster Graefenthal, Graf von Geldern 1326 bis 1343, 1339 Erhebung in den Reichsfürstenstand als Herzog von Geldern und Graf von Zutphen, seit 1311 verheiratet mit Sophie de Berthout, Erbin der Herrschaft Mechelen, Tochter von Floris de Berthout, Herr von Mechelen und der Mathilde von Mechelen.

XII. Maria, Erbin von Geldern, (†1397),
seit 1362 verheiratet mit Herzog Wilhelm II./VI. von Jülich, Sohn des Herzogs Wilhelm I./VI. von Jülich und der Johanna von Hennegau-Holland. Maria erbte das Herzogtum Geldern, weil sowohl ihre drei älteren Schwestern Margareta, Mechtild und Elisabeth aus erster Ehe ihres Vaters Rainald II. als auch die beiden Halbbrüder Herzog Rainald III., der Dicke, und Herzog Eduard aus der zweiten Ehe des Vaters kinderlos blieben. Mit den beiden kinderlo-

Abb. 21
Kloster Graefenthal
(Kreis Kleve)
Grabstätte des geldrischen Herrscherhauses bis 1376
Zeichnung von Jan de Beijer (1703-1780)
Um 1758
www.heimat-kleve.de/geschichte/graefenthal

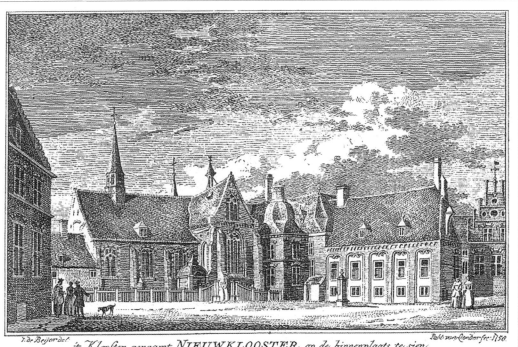

't Klooster genaamt NIEUWKLOOSTER op de binnenplaats te sien.

Monika Groening

sen Brüdern endete das alte geldrische Grafenhaus der Flamenses.

Maria, Prinzessin von Geldern, hatte mit ihrem Gemahl Wilhelm II. von Jülich zwei Söhne:

XIII.a Wilhelm I. (1363-1402),
begraben in Monikhuizen, Graf von Geldern. Er wurde 1372 nach dem Tod seiner beiden kinderlosen (Halb)-Onkel Rainald III. und Eduard von Kaiser Karl IV. mit dem Herzogtum Geldern belehnt. 1393 folgte er seinem Vater auch im Herzogtum Jülich. Im Jahr 1402 starb Wilhelm I. jedoch kinderlos. Ihm folgte sein Bruder

XIII.b Rainald IV. (1365-1423),
der 1423 ebenfalls kinderlos starb.

Maria von Geldern und Wilhelm II. von Jülich hatten jedoch noch eine Tochter. Diese war:

XIII.c Johanna von Jülich, Erbin von Geldern (†1414 in Ijsselstein), verheiratet mit Johann V. von Arkel (1362 in Gorinchem - 1428 in Leerdam), Statthalter von Holland-Seeland-Friesland, Sohn des Klever Thronprätendenten Otto von Arkel und der Elisabeth von Bar-Pierrepoint.

Der gemeinsame Sohn von Johanna von Geldern und Johann von Arkel, Wilhelm von Arkel, starb 1417 ebenfalls kinderlos. Glücklicherweise rettete nunmehr zum dritten Mal eine Tochter die Ahnenfolge. Diese gemeinsame Tochter von Johanna von Jülich und Johann V. von Arkel war:

XIV. Maria von Arkel, Erbin von Geldern (1385-1414), seit 1409 verheiratet mit Johann II. von Egmont (1385-1451), von 1423 bis 1436 Regent des Herzogtums Geldern, Sohn des Arnold, Herr von Egmont (1340-1409) und der Jolanthe, Gräfin von Leiningen (siehe oben unter Egmont).

Maria von Arkel und Johann II. von Egmont hatten zwei Söhne:

XV.a Arnold von Egmont-Geldern (1410-1473), beigesetzt in der St. Elisabeth-Kirche zu Grave, seit 1423 Herzog von Geldern und Graf von Zutphen. 1472 verpfändete er sein Herzogtum für 300.000 Gulden an Karl den Kühnen, Herzog von Burgund (1433-1477). Durch die Vermählung von dessen Tochter Maria von Burgund (1457-1482) mit Maximilian I. von Habsburg (1459-1519) im Jahr 1477 fiel der Großteil der reichen burgundischen Länder an das Deutsche Reich. Maria von Burgund war von 1477 bis 1482 Herzogin von Geldern. Ihr Gemahl war gemeinsam mit seinem Sohn Philipp der

Schöne (1478-1506) von 1482 bis 1492 Herzog von Geldern.

Arnold von Egmont war seit 1423 verheiratet mit Katharina von Kleve (1417-1479). Das Paar hatte einen überlebenden Sohn, Adolf von Egmont-Geldern (1438-1477), und einen Enkel, Karl von Egmont-Geldern (1467-1538). Dieser war in einer Art Zwischen-Interregnum von 1492 bis 1538 Herzog von Geldern. Dies konnte nur durch die Unterstützung der einflussreichen Landstände Gelderns geschehen. Nach militärischem Eingreifen von Kaiser Karl V. (1500-1558) im Jahr 1538 setzten sich die Habsburger jedoch endgültig durch und es folgten als Herzöge von Geldern: von 1538 bis 1555 Kaiser Karl V. und von 1555 bis 1598 sein Sohn König Philipp II. von Spanien (1527-1598).

Im Jahr 1578/79 löste sich unter dem Statthalter Johann I. Graf von Dillenburg der größte Teil des Herzogtums Geldern, nämlich die drei nördlichen Quartiere Nimwegen, Zutphen und Arnheim, von Habsburg und schloss sich den neu gegründeten Generalstaaten als Provinz Gelderland in der Utrechter Union vom 23. Januar 1579 an. Das Oberquartier Gelderns, Roermond, blieb jedoch spanisch. Am 26. Juli 1581 setzte die Utrechter Union König

Abb. 22
Wilhelm II. von Egmont, Statthalter von Geldern (1412-1483)
Vater von Margaretha von Egmont, verheiratete von Torck
Miniatur aus dem „Statuten- und Wappenbuch des Ordens vom Goldenen Vlies"
1473
Königliche Bibliothek Den Haag, KB 76 E 10, fol. 80v

Wer war das geheimnisvolle Fräulein N. von Torck?

Philipp II. von Spanien ab und schloss sich mit den Generalstaaten zu einem losen Staatenbund zusammen (Republik der Vereinigten Niederlande). Seitdem war das Herzogtum Geldern geteilt.

Der zweite, nachgeborene Sohn von Maria von Arkel und Johann II. von Egmont war

XV. b Wilhelm von Egmont (1412-1483; Abb. 22, siehe weiter oben die Egmont-Ahnenreihe), Herr von Egmond, Leerdam, Ijsselstein, Schoenwoerd und Haastrecht. Wilhelm von Egmont war von 1473 bis 1476 Statthalter des Herzogtums Geldern im Auftrag von Karl dem Kühnen von Burgund (1433-1477). Er war seit 1437 verheiratet mit Walburga Gräfin von Moers (†1459), der Tochter von Friedrich Graf von Moers und der Engelberta von Kleve. Das Paar hatte sieben Kinder. Das siebte Kind war

XVI. Margarethe von Egmont (1459-1496), die im Jahr 1493 Goddert von Torck (1454-1507) heiratete.

Die Urenkelin des Paares (siehe die Ausführungen unter „Die Torcks" weiter oben) war

Anna von Torck, die um 1590 Johann Friedrich Stengel heiratete und mit ihm in den Wirren des Befreiungskampfes zwischen Habsburg und den Vereinigten Niederlanden Geldern verließ. Die Torcks und Egmonts wie auch Johann Friedrich Stengel sind stets habsburgtreue Untertanen gewesen.

1   Stephan Freiherr v. Stengel (1750-1822) war der juristische Enkel des Franz Joseph Stengel (1683-1758). Wegen seiner Abstammung von Kurfürst Carl Theodor von Pfalz-Bayern (1724-1799) war er nicht blutsverwandt mit Franz Joseph Stengel (1683-1758), galt aber rechtlich als verwandt mit der Familie v. Stengel, weil seine Mutter Christine v. Hauer bereits mit seinem „Vater" Johann Georg v. Stengel verheiratet war, als er geboren wurde (siehe M. Groening: Karl Theodors stumme Revolution, Ubstadt-Weiher 2001, S. 28ff.). Für seine Halbgeschwister und deren zahlreiche Nachkommen gelten jedoch die in diesem Aufsatz beschriebenen verwandtschaftlichen Beziehungen zu den Torcks und damit zu den Egmont-Geldern.

2   „Ferner dessen Urgroßvater Johann Friedrich Stengel bei weyland Grafen Eitel Friedrich und dessen Sohn, Grafen und nachgewiesenen Fürsten Georg von Hohenzollern, als Obervogt in Diensten gestanden, seine Urgroßmutter eine von Torck aus dem herzoglichen Gelderland[...] gewesen", Adelsdiplom von Karl Philipp, Pfalzgraf bei Rhein etc., für Franz Joseph Stengel (1683-1758), vom 26. September 1740, als Abschrift (Wiederausfertigung bzw. Erneuerung) eingefügt im Original Freiherrn-Diplom des Kurfürsten Carl Theodor von Pfalz-Bayern für Geh. Staatsrat Johann Georg von Stengel, perg. gebund., vom 18. Juni 1788, Bayerisches Hauptstaatsarchiv München, Geheimes Hausarchiv, Stengel-Archiv, Va5.

3   Die Verfasserin dankt Frau Archivoberrätin Dr. Elisabeth Weinberger, Bayerisches Hauptstaatsarchiv München, Abt. III. Geheimes. Hausarchiv, für ihre freundliche Unterstützung bei der Einsichtnahme des Stengel-Archivs, Ia.

4   Auszug aus der Abschrift des Promemoria des Franz Joseph Stengel vom 18. März 1740, Bayerisches Hauptstaatsarchiv, Geheimes Hausarchiv, Stengel-Archiv, Ia.

5   Siehe hierzu Abschrift vom 18. Juni 1788 des Adelsdiploms vom 26. September 1740, Bayerisches Hauptstaatsarchiv München, Geheimes Hausarchiv, Stengel-Archiv, Va5., dort die Namen der Großeltern und Eltern von Franz Joseph Stengel mit kurzem Lebenslauf und Berufsangaben zu den jeweiligen angeheirateten Beamtenfamilien.

6   Genealogisches Hb des in Bayern immatrikulierten Adels , Bd IX 1967, S. 264.

7   Wie Anm. 6.

8   Wie Anm. 6.

9   Karl Bosl: Bosl's Bayerische Biographie, Regensburg 1983, S. 752f.

10 Heinz Dollinger: Studien zur Finanzreform Maximilians I. von Bayern in den Jahren 1598-1618, Göttingen 1968, S. 38ff.

11 Dollinger, wie Anm. 10, S. 231f.

12 Dollinger, wie Anm. 10, S. 243.

13 Dollinger, wie Anm. 10, S. 117: „Durch Dekret vom 15. April 1601 wurde verfügt, ‚nachdem der cammerpräsident yetziger zait mit leibsschwachait beladen und seiner gesundtheit nothwendiglich abzuwarten' so daß er dem Kammerrat sobald nicht werde beiwohnen können, währenddessen aber das Kammerwesen ordentlich zu versehen sei, wolle der Herzog „interim", bis es mit dem Kammerpräsiden-

Monika Groening

ten wieder besser sei,,die direction der cammersachen dem Stängl an des präsidenten statt' hiermit kommittiert und aufgetragen haben."

14 Dollinger, wie Anm. 10, S. 43.n 1.

15 Dollinger, wie Anm. 10, S. 48.

16 Dollinger, wie Anm. 10, S. 115ff.

17 Dollinger, wie Anm. 10, S. 370ff. und 382.

18 Dollinger, wie Anm. 10, S. 375f.

19 Bavarikon. Kultur und Wissensschätze Bayerns.

20 Dieter Albrecht: Staat und Gesellschaft. Zweiter Teil: 1500-1745. Adel, Städte und Bürger, Bauern, in: Max Spindler (Hrsg.): Hb der Bayerischen Geschichte, 2. Bd, 2. verbesserter Nachdruck 1977, S. 566.

21 Dollinger, wie Anm. 10, S. 414.

22 Kneschke: Neues allg. Deutsches Adelslexikon, Leipzig 1859, Bd 1, S. 138.:„Altes, in Ober- und Niederbayern reich begütertes, doch erst 1348 zum erstenmale vorkommendes Adelsgeschlecht, welches sich nach dem Schlosse und der Hofmarch Winkl am Chiemsee nannte ... ".

23 Michael Wening: Historico-Topographica Descripto. Das ist: Beschreibung deß Chrufürsten- und Herzogthums Ober- und Nidern Bayrn, München 1723, S. 66.

24 Siehe Anhang 1. bis 3, dort auch weitere Anmerkungen zu den historischen Hintergründen.

25 Siehe die ausführlichen Stammreihen der Familien Torck, Egmont und Geldern im Anhang.

26 Siehe die ausführliche Stammfolge der Familie Torck im Anhang.

27 Johann Dietrich von Steinen: Westfälische Geschichte, Erster Theil Lemgo 1755, Theil 3, Stück 18, Historie der Kirchspiele im Amt Hamm 1757, S. 1015-1031, hier: S. 1025: „N. Fr. N. Bürgerstandes". Siehe hierzu auch die Ausführungen im Stengel Archiv Ia, S. 61, wonach eine Tochter von Friedrich von Torck, nämlich N. von Torck, einen Bürgerlichen, nämlich Johann Friedrich Stengel, geheiratet hat.

28 G.H.A. Venner: Das Oberquartier von Geldern in den Jahren 1543-1795, in: Johann Stinner et al (Hrsg): Gelre, Geldern, Gelderland, Geldern 2001, S. 75-80, S. 75.

29 Siehe die ausführlichen Stammreihen der Familien Egmont und Geldern bis zur Verheiratung von Goddert von Torck mit Margarethe von Egmont im Anhang.

30 Rheinisches Archiv- und Museumsamt, Archiv Schloss Schönstein, Urkunde Nr. 1663 von 10. Oktober 1573.

31 Ferdinand Schröder: Die Chronik des Johannes Turck, in: Annalen des Historischen Vereins für den Niederrhein 58, Köln 1894, S. 24.

32 Von Johann Torck sind Aufzeichnungen zu seiner Familie in seiner Chronik aus dem Jahr 1607 überliefert, siehe Schröder, wie Anm. 31, S. 1-37.

33 Schröder, wie Anm. 31, S. 4.

34 Olaf Richter: Wilhelm V., genannt „der Reiche, (www.rheinischegeschichte.lvr.de/persönliichkeiten).

35 Linda Maria Koldau: Frauen-Musik-Kultur: Ein Handbuch zum deutschen Sprachgebiet der Frühen Neuzeit, Köln, Weimar 2005, S. 159.

36 Merode ist eine ursprünglich aus Kerpen stammende, seit dem 11. Jahrhundert bezeugte Familie mit den drei Hauptlinien 1) Scheffart von M. (erloschen 1852), 2) heutige Fürsten von M sowie 3) Vlatten von M. (erloschen 1776) jeweils mit vielen späteren Nebenlinien.

37 Das Schloss Schloßberg wurde erbaut von Catharina von Gymnich, die mit Werner von Merode, Herr zu Buir (heute ein Stadtteil von Kerpen) verheiratet war. Sie war die Mutter von Werner von Schloßberg Merode, dem Ehemann von Sandrina von Torck, siehe Arnold Robens: Der ritterbürtige landständische Adel des Großherzogtums Niederrhein, Aachen, Bd 1, 1818, S. 51f.

38 Geschichte der Familie Schenk von Nydeggen, Köln 1860, S. 203.

39 www.bhic.nl/ontdecken/verhalen/de-man-die-Grave-te-vroeg-opgraf: Lubbert Turck (1551-1586).

40 Geschichte der Familie Schenk, S. 207.

41 Geschichte der Familie Schenk, S. 223.

42 Siehe eine Beschreibung des Grafen Leicester in Geschichte der Familie Schenk, S. 221.

43 John Bruce (Hrsg.): Correspondence of Robert Dudley, Earl of Leycester, during his Government of the Low Countries, in the Years 1585 and 1586, Camden Society 1844, S. 309.

44 Die genealogischen Daten sind zu finden bei Ferdinand Schröder: Die Chronik sowie im Torck-Konvolut im Stengel-Archiv, Bayerisches Hauptstaatsarchiv München, Geheimen Hausarchiv, Stengel-Archiv Ia und bei www.genealogy.richardremme.com. – Bilder im Text: ausgewählt und zusammengestellt von Sabine Groening-Shirar.

45 Ralf G. Jahn: Die Genealogie der Vögte, Grafen und Herzöge von Geldern, in: Johannes Stinner et al (Hrsg.), Gelre, Geldern, Gelderland, Geldern 2001, S. 29-50.

Zwölf Zeitlieder

von

Hoffmann von Fallersleben.

Braunschweig, 1848.

Druck von F. M. Meinecke.

Preis 2 Sgr.

3. Der Bürgermeister von Seckenheim.

Mel. Als Adam, als Adam die Eva gesehn.

Der Amtmann, der Amtmann, der schmunzelt und spricht:
Ich bitt' euch, ihr Bauern, o wählt den doch nicht!

Weil's Bessere noch und Gescheitere giebt,
Die sind nur bei unsrer Regierung beliebt.

Doch wenn ihr nach unserem Willen nicht thut,
So geht es euch Bauern wahrhaftig nicht gut.

Es kann die Regierung euch schaden gar viel,
Wenn ihr die Liberalen nicht laßt aus dem Spiel. —

Der Bürgermeister nicht lang sich besinnt,
Antwortet dem Amtmann geschwind wie der Wind:

„Herr Amtmann, Herr Amtmann, ei was Er auch spricht
„Von Nutzen und Schaden, das kümmert uns nicht.

„Wir wählen nach unserem Bauernverstand
„Zum Besten für uns und das Vaterland.

„Wir Bauern wir brauchen zu unserm Gedeih'n
„Nichts weiter als Regen und Sonenschein.

„Und Regen und Sonnenschein gebt ihr uns nicht,
„Und Regen und Sonnenschein nehmt ihr uns nicht."

Benedikt Noe und Dietmar Schmeiser

Johann Georg Hörner
Sozialreformer, Bürgermeister und Revolutionär (1785-1873)

Das Lied von Hoffmann von Fallersleben, geschrieben am 14. November 1844, handelt von Bürgermeister Johann Georg Hörner aus Seckenheim. Zusammen mit dem „Lied der Deutschen", unserer Nationalhymne, und zehn weiteren „Zeitliedern" wurde es zur Zeit der badischen Revolution in Braunschweig bei F. M. Meinecke verlegt (Abb. 1). Es drängt sich die Frage auf: Was brachte den bekannten Dichter des Liberalismus dazu, ausgerechnet dem Bürgermeister des damals noch selbstständigen Ortes Seckenheim ein Lied zu widmen? Wer war dieser Politiker?

Ein Überblick über das Leben Johann Georg Hörners ist schnell gegeben: Er stammte aus einer alteingesessenen, wohlhabenden Bauernfamilie und wurde am 9. Juni 1785 als Sohn von Martin und Elisabeth Hörner in Seckenheim geboren.[1] Von Beruf war er Landwirt. 1806 erhielt er ein Stück Land von der Gemeinde.[2] Am 24. Januar 1809 heiratete er Maria Barbara Volz. Die Ehe bestand nicht lange, da Maria am 12. Januar 1813 im Alter von nur 23 Jahren verstarb. Aus dieser ersten Ehe hatte Georg Hörner drei Kinder, von denen das erste, Georg Philipp, wenige Wochen nach der Geburt starb. Zwei Jahre nach Marias Tod heiratete er Albertina Bohrmann, die ihm fünf weitere Kinder schenkte.[3] 1819 war er Mitglied des Seckenheimer Wahlkomitees, das die Wahlberechtigten für die Wahl zur Zweiten Kammer in Karlsruhe ermitteln sollte. 1849, nach der Niederschlagung der Revolution von 1848/49, wurde Hörner wegen seiner demokratischen Einstellung und seines politischen Engagements aus dem Amt entlassen. Den Rest seines Lebens verbrachte er in Seckenheim, wo er am 3. November 1873 starb.

Angesichts dieser Daten scheint sein Leben wenig bemerkenswert. Wie er die einzelnen Abschnitte seines Lebens jedoch gestaltete, verdient besondere Betrachtung.

Johann Georg Hörner wurde in eine unruhige und einzigartige Zeit hineingeboren. In seiner Kindheit wurde er Zeuge der Wirren der Französischen Revolution und der Machtausbreitung Napoleons. Er sah dessen Truppen als „Befreier" nach Seckenheim kommen und als Besatzer mehrere Jahre lang bleiben. Während der Befreiungskriege kamen die „Befreier" dann aus der anderen Richtung, auch sie forderten wieder Mithilfe und Abgaben von der Bevölkerung.

In der Folgezeit entwickelten sich liberale Ideen. Es war eine Zeit im Spannungsverhältnis von Verfassungsgebung und Mitbestimmung einerseits sowie Repression und Restaurationspolitik andererseits. Der Liberalismus drang tiefer ein, bis in die untersten Schichten der Gesellschaft. Am Ende eines langen Prozesses stand schließlich eine neue Gemeindeordnung. Sie ermöglichte es Johann Georg Hörner, sich für seine Gemeinde einzusetzen, was er in seinen 17 Jahren als Bürgermeister tat.

Doch dem Höhepunkt der liberalen Bewegung folgte am Ende der 1840er Jahre die Katastrophe: Zunächst war Großherzog Leopold (Abb. 2 und 3) vertrieben worden. In Karlsruhe wurde das erste freie Parlament begründet, Freischärler zogen durchs Land, mehrmals wurde die Republik ausgerufen. Das Eingreifen der Preußen, die dem Großherzog zu Hilfe kamen, beendete die Revolution und den Traum von einer Demokratie in Baden. In seinem langen Leben erlebte Hörner all diese Umwälzungen nicht nur mit, sondern er beteiligte sich aktiv an ihnen. Im Folgenden sollen seine

Abb. 1 (gegenüberliegende Seite)
Hoffmann von Fallerslebens Gedicht (unten) über Johann Georg Hörner, den Bürgermeister von Seckenheim, in den „Zwölf Zeitliedern" (oben das Titelblatt) Braunschweig 1848

Abb. 2
Großherzog Leopold I. von Baden (1790-1852) Gemälde von Franz Xaver Winterhalter (1805-1873) 1831
Badisches Landesmuseum Karlsruhe
Foto: Badisches Landesmuseum Karlsruhe

Johann Georg Hörner – Sozialreformer, Bürgermeister und Revolutionär (1785-1873)

Abb. 3
Sophie Wilhelmine,
Großherzogin von Baden
(1801-1865)
Porträt von Franz Xaver
Winterhalter (1805-1873)
1830
Badisches Landesmuseum Karlsruhe
Foto: Badisches Landesmuseum Karlsruhe

Lebensphasen und seine Werke beleuchtet werden. Dabei stehen weniger die allgemeinen Rahmenbedingungen wie die napoleonische Herrschaft, die Entwicklung des Liberalismus oder die Revolution von 1848/49 im Mittelpunkt, sondern vielmehr die Taten Hörners.

Die Quellenlage zu seiner Jugend bis zu seiner Wahl zum Bürgermeister von 1832 ist spärlich. Eine gute Grundlage bietet „Seckenheim: Geschichte eines Kurpfälzer Dorfes" von Hansjörg Probst,[4] denn die Geschichte von Johann Georg Hörner ist eng verbunden mit der Geschichte Seckenheims. Probst schildert anschaulich die Lebensumstände in Seckenheim.

Die badische Landesverfassung von 1818 legte den Grundstein für Jahrzehnte. In ihrer Folge entstand nach einem langen Prozess die Gemeindeordnung von 1831, auf deren Grundlage 1832 die ersten Gemeindewahlen stattfanden; Johann Georg Hörner wurde zum ersten Bürgermeister von Seckenheim gewählt. Um die Bedeutung dieser Wahl richtig zu würdigen, ist es unablässig, die lange Entwicklung hin zur Gemeindereform nachzuvollziehen; umfassend äußerte sich hierzu Paul Nolte in „Gemeindebürgertum und Liberalismus in Baden 1800-1850".[5]

Über Hörners lange Zeit als Bürgermeister erzählen die Quellen sehr viel mehr als über seine Jugend. Seine Unterschrift findet sich auf zahlreichen Akten im Stadtarchiv Mannheim - ISG und im Generallan-

desarchiv in Karlsruhe. Besonders zahlreich sind die Akten zum Streit mit dem Schwetzinger Bezirksamt um die Ablösung des Zehnten und die Verlegung des Seckenheimer Friedhofs. Die Akten aus seiner Bürgermeisterzeit verraten am meisten über seine Person, deshalb sollen sie ausführlich zitiert sein. An der Revolution von 1848/49 nahm Seckenheim freudig teil, und auch Johann Georg Hörner unterstützte die Revolutionäre, was ihn nach der Niederschlagung der Revolution sein Amt kostete. Akten hierzu finden sich wieder in den beiden genannten Archiven. Eine besondere Quelle, die hervorgehoben sein soll, bildet der „Nachlass Karl Wolber" im Stadtarchiv Mannheim - ISG. Wolbers Zeitungsartikel über Johann Georg Hörner und die Revolution von 1848/49 in Seckenheim enthalten grundlegende Informationen, besonders weil er Zugang zu Akten hatte, die mittlerweile wegen Schimmelbefalls aus dem Stadtarchiv entnommen wurden oder verschollen sind.

Hörner als Bürgermeister
Ablösung des Zehnt in Seckenheim

Es gab in Seckenheim eine bereits im 18. Jahrhundert eingeführte Regelung zum Einsammeln des Zehnten, die vom Vorgehen anderer Gemeinden abwich. Anstatt den Zehnt durch herrschaftliche Zehntknechte, die die Ernte überwachten, eintreiben zu lassen, war man in Seckenheim dazu übergegangen, noch vor der Ernte den Wert aller Waren abzuschätzen. Dazu wurde nach dem aktuellen Marktpreis der Waren der erwartete Gesamtertrag des Dorfes hochgerechnet. Auf dieser Grundlage wurde der Zehnt versteigert. Der Höchstbietende zahlte dann die gesamte Summe direkt beim Domänenärar, dem der Zehnt zustand, ein. Danach musste er seinerseits den Zehnten von den einzelnen Zehntpflichtigen eintreiben, was einen Spekulationsgewinn mit sich brachte, wenn die Ernte höher als erwartet ausfiel. Die großherzogliche Verwaltung war mit diesem Vorgehen zufrieden, da sie ihr Geld schnell und direkt erhielt und keine zusätzlichen Kosten für die Eintreibung hatte. Sie hatte zwar weiterhin das Recht, Zehntknechte nach Seckenheim zu schicken, machte davon aber keinen Gebrauch.[6]

Seckenheim beantragte 1833 die Ablösung des Zehnten. Nach §32 des Ablösegesetzes war vorgesehen, „die Getreidepreise der einzelnen Fruchtgat-

Benedikt Noe und Dietmar Schmeiser

tungen für jedes Jahr von 1818 bis mit 1832 [...] aus dem Durchschnitt der mittleren Marktpreise"[7] zu bilden. Der in den 15 Jahren so entstandene Betrag wurde dann, abzüglich Steuern, mit 20 multipliziert, um die Ablösesumme zu bilden. Es ergab sich eine Ablösesumme von 79.630 fl, von der die Gemeinde, abzüglich des vom Staat übernommenen Viertels, 63.696 fl zu zahlen hatte.

Im Jahr 1834, in dem die letzte Zehntzahlung hätte stattfinden sollen, kam es aber bei dem für Seckenheim eigenen Verfahren zu Problemen. Bei der Versteigerung für die Rechte der Zehnteintreibung wurde der Schätzwert nicht erreicht. Wieso, ist nicht bekannt. Vielleicht lag es daran, dass ein Spekulationsgewinn aufgrund der genauen Schätzung kaum zu erwarten gewesen wäre. Daraufhin forderte das Domänenärar eine neue Versteigerung. Diese erbrachte auch fast den geforderten Schätzpreis, wurde aber trotzdem nicht anerkannt. So wurden von der Domänenkammer, „ohne die Gemeinde zu unterrichten, fremde Zehntknechte mit der Weisung auf unsere Gemarkung [geschickt], den Zehnten zusammenzutragen und nach Mannheim zu verbringen".[8] Der Steigerer, der den Zehnt in diesem Jahr ersteigert hatte und die Summe direkt in Mannheim begleichen wollte, wurde vom Domänenverwalter abgewiesen, der den Zehnt nun um jeden Preis selbst eintreiben wollte. In Seckenheim aber misslang die Aktion vollkommen: „50 Zehntpflichtigen ließen die Zehntfrucht einfach auf den Äckern liegen, andere fuhren wie gewohnt alles nach Hause."[9] Die Zehntknechte konnten den Zehnt nicht markieren und eintreiben, und die Bauern waren sich keiner Schuld bewusst. Daraufhin warf man der Gemeinde, vor allem der Gemeindeverwaltung, Betrug vor. Ja, man zweifelte sogar daran, dass in den voran gegangenen Jahren die Abgaben richtig abgeführt worden waren. Für die Gemeinde stellte dies einen Affront dar, da ein Gewohnheitsrecht, das seit „Menschengedenken" bestand, gebrochen wurde, ohne dass dies auch nur angekündigt worden wäre. Schließlich hatte das Domänenärar selbst eine zweite Versteigerung angeordnet, war also über die Seckenheimer Praktiken bestens informiert und zufrieden damit. Bürgermeister Hörner und der Gemeinderat versuchten, sich mit allen Mitteln gegen die Vorwürfe zu verteidigen, stießen aber auf taube Ohren.

Mehrere Briefe wurden mit Bitte um Aufklärung versandt, brachten aber kein Ergebnis.[10]

Der Streit zog sich mehrere Jahre hin, bis die Domänenverwaltung 1839 schließlich eine neue Berechnung forderte. Diese neue Berechnung ergab jedoch eine Ablösesumme von 129.874 fl, also fast das Doppelte der vorherigen. Die Seckenheimer erkannten die Summe nicht an und weigerten sich, weiter auf dieser Basis zu verhandeln. Die Hofdomänenkammer in Karlsruhe schickte zur Vermittlung zwischen den beiden aufgebrachten Parteien eine unabhängige Kommission, die den Jahreszehnten erneut berechnen sollte. Das Ergebnis der neuen Berechnung von 1843 war eine Ablösesumme von 120.604 fl. Es kam aber trotzdem nicht zu einer Einigung.[11]

Von Karl Wolber erfahren wir, dass Seckenheim im Prozess vom „persönliche[n] Freund Hörners, de[m] nachmalige[n] Führer der badischen Revolution, Advokat Hecker"[12] vertreten wurde. Von Itzstein half bei der Vermittlung zwischen den beiden Parteien. Mit ihm stand die Gemeinde ständig in Kontakt und hatte ihm sogar eine Vollmacht erteilt, mit der er stellvertretend für die Gemeinde mit dem Bezirksamt verhandeln konnte.[13]

Wiederholt schrieb Georg Hörner dem Bezirksamt mit der Bitte um Aushändigung einiger Akten, die für die Fertigstellung der geforderten Erklärung Seckenheims benötigt wurden, erhielt diese aber nicht. Als er auch nach dem 17. März immer noch keine Antwort hatte („Inzwischen läuft auch die unverlängerte Frist mit dem morgigen Tag ab, und damit wir uns keiner Versäumnis schuldig machen, wiederholen wir die frühere Bitte, uns die erbetene [Wort unleserlich] Abschrift zugehen zu lassen.")[14], schrieb er ein 27-seitiges Gutachten über den Fall, in dem er die Gemeinde ausdrücklich verteidigte und weiter eine gütliche Einigung anstrebte.

Außerdem prangerte er an, dass die Domänenverwaltung ihre eigenhändige, erste Berechnung von 79.630 fl widerrufen und eine fast doppelt so hohe Summe gefordert hatte, die offenkundig auf missgünstigen Annahmen beruhe und wieder nach unten korrigiert werden müsse. Als Vorschlag zur Güte schlug er eine Ablösesumme von 109.000 fl vor. Als Antwort kam wieder nur die Äußerung des Verdachts auf Unterschlagung. Darauf antwortete Hörner am 25. September 1843:[15] „Das gibt uns

Johann Georg Hörner – Sozialreformer, Bürgermeister und Revolutionär (1785-1873)

zugleich das Recht zu bedauern, dass diese Behörde so leichthin an der Rechtlichkeit einer Bürgerschaft zweifelt. [...] Vorderamst wird niemand, selbst nicht die großherzogliche Domänenverwaltung für möglich halten, dass eine Gemeinde jährlich 629 angeblümte Morgen Feld verheimlichen und der Verzehntung entziehen könne, eine Gemeinde, die der Domänenverwaltung so nahe liegt, die eine geschlossene Gemarkung hat, die von den Beamten so oft besucht wird und den in der Nähe wohnenden Schätzern wohl bekannt war."[16]

Gleichzeitig warf er der Verwaltung Willkür bei der Berechnung vor und forderte, nach dem Gesetz behandelt zu werden.[17] „So will es das Gesetz, und als Bürger eines Staates, für welche dasselbe gegeben ist, dürfen wir verlangen danach gerichtet zu werden."[18]

Anfang 1844 versuchte die Hofdomänenkammer in Karlsruhe erneut zu vermitteln, war aber nicht in der Lage, eine Kommission zusammenzustellen. Die Sache war inzwischen zu sehr diskreditiert, und alle berufenen Mitglieder lehnten ab. Noch während sie versuchte, eine Kommission zu bilden, hatte die Domänenkammer in Mannheim Klage gegen Seckenheim (Abb. 4) vor dem Hofgericht eingereicht. Eine Übereinkunft fand letztendlich am 29. Mai 1846 statt:[19] „Das Ablösungskapital wird auf 100.000 fl festgesetzt. Der Zehntbezug fand 1839 letztmals statt. Das Ablösungskapital wird sonach vom 1.1.1840 an verzinst [gemäß des Ablösegesetzes zu 5%]. Zur Abtragung wird zunächst der Staatszuschuss von 20.000 fl an die Domänenkammer abgetreten. Der verbleibende Rest soll am 1.1.1846 vollständig abgetra-

Abb. 4
Mannheim-Seckenheim am Ende des 19. Jahrhunderts
StadtA MA - ISG, KF 035956

Benedikt Noe und Dietmar Schmeiser

gen werden."[20] Aufgrund von Missernten und der Revolution 1848/49 fand die letzte Zahlung erst am 9. August 1851 statt. Der Streit war mit dieser Einigung nach sieben Jahren beigelegt.[21]

In Seckenheim wurde das auf Gewohnheitsrecht beruhende alte Verfahren nicht anerkannt. Die Verantwortlichen hatten dieses jahrelang toleriert. Jetzt überkompensierten sie ihr vorheriges Verhalten, das, bei genauem Hinsehen, wohl als zu „gemütlich" bewertet wurde. Der Ärger blieb an der Gemeinde hängen, die lediglich der Einfachheit halber das bisher abgesegnete System entwickelt hatte. Bürgermeister Hörner stand für die Gemeinde ein und wehrte sich, zusammen mit dem Gemeinderat, gegen das als Willkür empfundene Verhalten der Domänenverwaltung und den Vorwurf der Unterschlagung. Es ist sicher auch ihm und seinen zahlreichen Briefen zu verdanken, dass es letztlich zu einer gütlichen Einigung kam und der Staat sich nicht mit Gewalt durchsetzen konnte. Hörner pochte auf das Gesetz und weigerte sich, Beschlüsse der Verwaltung einfach hinzunehmen, wenn diese die Interessen und vor allem die Rechte der Gemeinde einschränkten.

Verlegung des Friedhofs

Der zweite, sehr umfangreiche und gut dokumentierte Streit zwischen Seckenheim mit seinem Vertreter Georg Hörner und der Regierung ging um die Verlegung des alten Friedhofs an seine heutige Stelle. Er entbrannte 1838 und zog sich mehrere Jahre hin. Auch nach der endgültigen Verlegung weigerten sich die Seckenheimer, ihn zu benutzen und zu pflegen und mussten mehrfach vom Bezirksamt dazu ermahnt werden. Der Streit lief mitten in die Vorunruhen der 48er Revolution hinein und bietet einen guten Einblick in die Gegensätze zwischen der Gemeinde, die auf ihrem Recht beharrte, und der Regierung, die an ihrer Entscheidung festhielt.

Der Bestand im Generallandesarchiv in Karlsruhe zur Verlegung des Friedhofes umfasst über 100 Aktenseiten, die das Hin und Her zwischen Gemeinde, Bezirksamt und Regierung festhalten. Hansjörg Probst hat diese Akten bereits ausführlich ausgewertet.[22]

Alles begann mit einer Rechtsverordnung vom 6. Dezember 1838. Zur Vorbeugung gegen Seuchen verordnete die Gesundheitsbehörde, dass alle dörf-

lichen Friedhöfe, die bislang immer um die oder hinter der Kirche angelegt worden waren, geschlossen und außerhalb des Ortes neu angelegt werden sollten. Die Mindestentfernung vom letzten Haus der Gemeinde sollte dabei 240 Meter betragen. Wegen der vorherrschenden Südwestwinde sollten die neuen Friedhöfe zudem, wenn möglich, nordöstlich der Gemeinden liegen. Um für ausreichend Platz zu sorgen, sollten sie weiterhin eine Fläche von 300 m² pro 100 Einwohner umfassen.

In Seckenheim brachte diese Verordnung zunächst keine großen Änderungen mit sich. Man war der Ansicht, dass der Friedhof durch Kirche (Abb. 5) und Friedhofsmauer genügend vom Großteil des Dorfes abgetrennt sei. Außerdem waren wegen der frischen Neckarluft noch keine durch den Friedhof verursachten gesundheitlichen Probleme aufgetreten. Bis auf die neuen Größenbestimmungen war man der Meinung, dass alle Anforderungen bereits auf den alten Friedhof zutrafen. Um der gewachsenen Einwohnerzahl von nunmehr 1.900 Personen gerecht zu werden, entschied man sich lediglich, den Friedhof durch den Ankauf zweier Grundstücke zu erweitern. Am 11. März 1840 wurden die Erweiterungspläne dem Bezirksamt in Schwetzingen vorgelegt. Das Amt lehnte sie ab, indem es die gerade noch ausreichende Erweiterung des alten Friedhofs bemängelte, die aber bei weiterem Wachstum der Gemeinde bald zu gering sein würde. Das Bezirksamt bestand auf einer Verlegung des Friedhofs.

Dies wollte jedoch niemand in der Gemeinde, zumal eine Verlegung nicht nötig erschien, und so wurden Pläne für eine noch umfangreichere Erweiterung ausgearbeitet. Das Amt hingegen war für keine weiteren Alternativen offen und lehnte auch die neuen Pläne ab, mit der Begründung, wegen des leicht tonigen Bodens der weiteren Grundstücke seien nun mindestens 5.400 m² erforderlich, also knapp 500 mehr. Außerdem wurde darauf hingewiesen, dass die Belegungsdauer der Gräber von 18 Jahren zu kurz sei. Die Seckenheimer fühlten sich nicht ernst genommen und wollten solcher Kompromisslosigkeit nicht einfach nachgeben, so wurde kurzerhand nichts weiter unternommen. Ein gutes Stück Dickköpfigkeit mochte auch dazu beigetragen haben.

Die nächsten zwei Jahre schien die neue Friedhofsverordnung wie vergessen. Den Seckenhei-

Johann Georg Hörner – Sozialreformer, Bürgermeister und Revolutionär (1785-1873)

Abb. 5
Die Hauptstraße in
Mannheim-Seckenheim
mit Blick auf das Rathaus
1898
StadtA MA - ISG,
KF 021902

vollkommen in Privatbesitz war. Einer der Besitzer war Bürgermeister Hörner. Das zweite mögliche Gelände lag auf dem „Bernauer Buckel", dort, wo der heutige Friedhof letztlich liegt. Es war bereits in Gemeindebesitz und stand insofern günstig zur Verfügung. Es war mit 1.000 m Entfernung vom Ort aber ein ganzes Stück weiter weg als der erste Platz.

Als nächsten Schritt mussten die beiden Ortspfarrer Stellung zur Verlegung nehmen. Das geschah Anfang 1843. Der katholische Pfarrer stimmte unter wenigen Auflagen zu. Der evangelische Pfarrer Müller jedoch wollte den Friedhof überhaupt nicht verlegen. Er fürchtete, dass die Teilnahme der Gemeinde an den Beerdigungen wegen des weiten Wegs und des dadurch verursachten Zeitaufwands stark abnehmen würde. Die Meinung des Pfarrers machte in der Gemeinde großen Eindruck und überzeugte die Bürger, sich für die Erweiterung des Friedhofes auszusprechen, wenn keine Wahl bliebe, dann wollten sie wenigstens die ortsnähere erste Variante.

Am 9. März 1843 fand ein Ortstermin in Seckenheim statt, bei dem mehrere Vertreter des Bezirksamts die Plätze besichtigen und die Sache schnellstmöglich entscheiden sollten. Obwohl in Gesprächen mit dem Gemeinderat und den Geistlichen klar zum Ausdruck kam, was die Seckenheimer bevorzugten, empfanden die Vertreter des Amts den Platz auf dem Bernau für „vollkommen tauglich" und die Entfernung für alle Einwohner zumutbar. Bürgermeister und Gemeinderat befanden sich nun in einer schwierigen Lage. Das Bezirksamt bevorzugte klar das Gelände auf dem Bernauer Buckel. Die Seckenheimer Bürger hielten jedoch immer noch an einer Erweiterung des alten Friedhofes fest.

In einem Brief an das Bezirksamt hatte der Wortführer des Bürgerausschusses und späteres Mitglied des Gemeinderats Mathias Eder bereits vorher den Willen der Bürger dargelegt, ohne aber Gehör zu finden. Vielmehr wurde er vom Amt dafür sogar als „geistesschwach und irrenhausreif" bezeichnet. Georg Hörner trat für die Gemeinde ein und einigte sich mit dem Gemeinderat darauf, als Kompromiss für die Bürger den ortsnahen Platz „hinter den Dorfgärten" gegenüber dem Bezirksamt zu vertreten, obwohl diese Möglichkeit die Gemeinde 4.800 Gulden gekostet hätte. Trotz der hohen Summe war die

mern genügte der alte Friedhof weiterhin, so dass ein neuer gar nicht mehr zur Sprache kam. Und von Seiten des Bezirksamtes hatte man es wohl einfach vergessen.

Die Regierung des Unterrheinkreises in Mannheim, die nächsthöhere Stelle über dem Bezirksamt, bemerkte 1842 schließlich den Stillstand und forderte das Bezirksamt auf, die Friedhofsverlegung in Seckenheim voranzutreiben. Gleichzeitig tadelte es die Gemeinde und ordnete Vollzug an. Angesichts dieses Drucks wurden vom Gemeinderat schließlich zwei Plätze außerhalb der Gemeinde für eine mögliche Verlegung ausgesucht und die Pläne dem Amt vorgelegt. Der erste Platz lag in dem Gewann „hinter den Dorfgärten", das rund 120 m vom Dorf entfernt war. Er wäre die Gemeinde teuer gekommen, da das Gelände

Benedikt Noe und Dietmar Schmeiser

Gemeinde zur Entrichtung der Mehrkosten bereit, was sie mit einer ausführlichen Auflistung der notwendigen Gelände und einer entsprechenden Stellungnahme bekundete. Das Bezirksamt ließ jedoch nicht mehr mit sich reden und verwarf jeglichen Kompromissvorschlag. Dies geschah mit einer übermäßigen Arroganz gegenüber der Gemeinde und den Bürgern, denen es reine Bequemlichkeit vorwarf. Am 15. Mai 1843 teilte es dem Bürgermeister schließlich den Beschluss mit, den Friedhof auf dem Bernauer Buckel neu anzulegen, und ordnete sofortigen Vollzug an. Das ließ sich die Gemeinde nicht so einfach gefallen und machte von ihrem seit 1833 bestehenden Recht Gebrauch, Widerspruch gegen Regierungsbeschlüsse einzulegen. Am 12. Juni 1843 legte der Gemeinderat unter der Leitung von Georg Hörner den Willen der Gemeinde gegenüber der Regierung des Unterrheinkreises in Mannheim dar und verteidigte die Pläne, den Friedhof auf den Platz „hinter den Dorfgärten" zu verlegen.

„Auf den Grund bisheriger in rubricirtem Betreff gepflogenen Verhandlungen, bei welchen sich die Nothwendigkeit der Anlegung eines neuen Friedhofs in hiesiger Gemeinde heraus stellte, hat man zum Behelf einer Vereinbarung über die Wahl des hierzu zu verwendenden Platzes einen Situations-Plan fertigen lassen und solchen mit dem Antrag, daß unter den vorgeschlagenen Plätzen der mit der No. 3 [gemeint ist der Platz hinter den Dorfgärten] bezeichnete zur Benutzung für fraglichen Zweck genehmigt werden möge, dem Großherzoglichen Bezirks-Amte Schwetzingen zur Einsicht und gefälligen Entscheidung vorgelegt. Hierauf ist von dieser respectiven Behörde der in Abschrift anliegende Beschluß No. 6743 erlassen worden, daß der neue Gottesacker auf dem Projectionsplatz No. 2 [auf dem Bernauer Buckel] anzulegen sei. Durch diese Verfügung sahen sich die Unterzeichneten veranlaßt, Namens der Gemeinde diese Angelegenheit im Wege des Recurses an hochlöbliche Regierung zu bringen, und bei Hochderselben um hochgefällige Entscheidung ehrerbietigst anzustehen.

Zu unserem Antrag, daß die Begräbnisstätte auf dem Platze No. 3 eingerichtet werde, bestimmen uns Gründe, welche uns so wichtig scheinen, daß wir glauben, es werde nur eine einfache Darlegung derselben bedürfen, um die Ansicht zu rechtfertigen, daß diesem Platze der Vorzug vor allen übrigen und namentlich auch vor dem sub. No. 2 einzuräumen sei. Es seie uns erlaubt dieselben hier vorzutragen, und damit den an Großherzogliches Bezirks-Amt einfach gestellten Antrag ausführlich zu motivieren."[23]

Der Einspruch brachte wenig. Nach Anhörung des Bezirksamts in Schwetzingen wies die Kreisregierung den Widerspruch zurück und ordnete an, dass spätestens im Frühjahr 1844 die Beerdigungen auf dem neuen Friedhof stattfinden sollten. Die Friedhofsverlegung entwickelte sich nun mehr und mehr zu einer Machtprobe zwischen Bürgerwillen und Staatswillen, denn so einfach gaben sich die Seckenheimer nicht geschlagen. Zwei Wochen später, am 26. Juli 1843, legten sie erneut Widerspruch an nächst höherer Stelle, dem Innenministerium in Karlsruhe, ein. Die Gemeinde gab an, dass man sich durch Behördenentscheidungen „beschwert fühle". Aber auch das half nichts. Erneut wurde das Bezirksamt angehört, das die Seckenheimer weiterhin nicht ernst nahm und sich über sie lustig zu machen schien: „Alles nur Bequemlichkeit, weshalb auch die beiden Geistlichen die Rekursschrift unterschreiben, denen es wahrscheinlich am liebsten wäre, wenn man die Leichen nach alter Sitte noch in der Kirche begraben dürfte. Die Seckenheimer übrigens müssen immer Opposition bilden, hinsichtlich der Lebenden wie der Todten!"[24] Daraufhin verwarf auch das Innenministerium in Karlsruhe den Einspruch als unbegründet und befahl Vollzug. Das löste in der Gemeinde einen Sturm der Empörung aus. Mathias Eder organisierte eine Gemeindeversammlung, an der 308 Stimmbürger teilnahmen, die den Platz auf dem Bernau ablehnten. Sie forderten einstimmig eine weitere Rekursschrift an das Staatsministerium in Karlsruhe, also an den Großherzog selbst. Bürgermeister und Gemeinderat hielten sich offiziell zurück, sie unterschrieben nicht. Es fanden sich aber fünf andere Mitglieder der Familie Hörner auf der Liste. Diese inoffizielle Aktion stellte den letzten Versuch der Gemeinde dar, sich gegen die Behörden zu wehren. Man rebellierte nicht gegen die Verordnung an sich. Lediglich die Wahl des Platzes, der für die Friedhofsbestimmungen keinen Unterschied bedeutete, wollte man erreichen. Eder bat im Auftrag der Gemeinde den bekannten Mannheimer Anwalt Alexander von Soiron, der liberaler Landtagsabgeordneter und

Johann Georg Hörner – Sozialreformer, Bürgermeister und Revolutionär (1785-1873)

während der Revolution 1848 auch Mitglied der Nationalversammlung war, um Hilfe bei der Ausarbeitung des Einspruchs.

Am 20. Dezember 1843 überbrachte eine kleine Delegation im Auftrag der Seckenheimer Bürger den neuen Widerspruch dem Bezirksamt. Auch sie wurde abgewiesen und nach Hause geschickt. Das zehnseitige Schreiben samt der Unterschriftenliste mit 308 Unterschriften wurde aber einbehalten. Wenig später wurden Mathias Eder und von Soiron mit je fünf Gulden Strafe belegt, wegen der unrechtmäßigen Versammlung und Unterschriftensammlung. Gleichzeitig wurden auch Bürgermeister und Gemeinderat mit je fünf Gulden Strafe belegt, weil sie mit der Verlegung des Friedhofes noch immer nicht begonnen hatten. Sie hatten natürlich erst das Ergebnis der Bürgeraktion abwarten wollen, bevor sie Weiteres unternahmen.

Der amtliche Renovator Karl wurde daraufhin damit beauftragt, die Vermessung und die Ausarbeitung der Pläne für den Platz auf dem Bernau durchzuführen. Als er sich aber zwei Monate für seine Arbeit Zeit ließ, wurden Gemeinderäte und Bürgermeister erneut mit einer Strafe von einem Gulden und 30 Kreuzern belegt, weil sie für die erneute Verzögerung verantwortlich gemacht wurden. Im März wurde der Plan endlich fertig und dem Schwetzinger Bezirksamt überbracht. Nach einem Monat Bearbeitungszeit wurde er als unbrauchbar zurückgewiesen und ein neuer Plan gefordert, der innerhalb einer achttägigen Frist eingereicht werden sollte. Daraufhin wandte sich die Gemeinde an den amtlichen Bauinspektor in Mannheim, der sich ebenfalls zwei Monate Zeit ließ. Diesmal meldete Hörner den erneuten Verzug direkt beim Bezirksamt und wies darauf hin, dass die Gemeinde keine Schuld daran hatte. Immerhin wurde der neue Plan dann vom Bezirksamt angenommen, und so begannen am 23. Juli 1844 die Arbeiten am neuen Friedhof auf dem Bernau.

Auch wenn der offizielle Streit um die Verlegung beendet war, waren die Seckenheimer doch nicht so richtig glücklich mit ihrem neuen Friedhof und der Leichenhalle. „Sie sieht aus wie ein Gefängnis – ein finsteres schwerfälliges Gebäude"[25], hatte Hörner sie noch im September 1844 beschrieben. Die Folge war, dass der neue Friedhof nicht benutzt wurde, was das Gesundheitsamt erst zwei Jahre später

bemerkte. Auf nochmalige Anordnung des Bezirksamtes meldete Bürgermeister Hörner schließlich am 30. September 1846: „Dem hochlöblichen Bezirks-Amte zeigen wir hiermit gehorsamst an, daß der neue Friedhof seit Montag, den 28.9. eingeweiht und eröffnet, dagegen der alte Friedhof geschlossen worden ist, somit [...] ihre Erledigung gefunden hat."[26]

Mit der Eröffnung des neuen Friedhofes am 28. September 1844 war der Streit nun wirklich beendet. Aus einer einfachen, landesweiten Verordnung war in Seckenheim ein ausufernder Machtkampf zwischen Gemeinde und Staat erwachsen, bei dem die Interessen der Gemeinde vom Staat ignoriert wurden und die Seckenheimer Bürger ihrerseits Sturheit bewiesen und auf ihrer Selbstbestimmung bestanden hatten. Nicht zuletzt durch solche Vorfälle verbreiteten sich in der Gemeinde revolutionäre Strömungen. Die vom radikal liberalen Mathias Eder organisierte Bürgerversammlung gibt dem Ausdruck. Auch die Hilfe des liberalen Anwalts von Soiron zeigt die Richtung, in die Seckenheim sich bewegte. Bürgermeister Hörner verstand es wieder einmal, sich für die Gemeinde einzusetzen. Zusammen mit dem Gemeinderat hatte er Kompromissvorschläge ausgearbeitet und sich der Regierung bis zur höchsten Instanz entgegengestellt. Dabei kam ihm das Widerspruchsrecht von 1833 sehr gelegen.

Studiengeld für den Tierarzt Bechthold

1833 ermutigte Georg Hörner den Seckenheimer Joseph Bechthold, Tiermedizin zu studieren. Die Gemeinde war schon lange daran interessiert, einen eigenen Tierarzt zu haben, der Seuchen vorbeugen und die Gesundheit des Viehs sicherstellen sollte. Mit diesem Wunsch stand die Gemeinde jedoch noch weitgehend alleine da. Joseph Bechthold war kein vermögender Bürger und konnte sich das Studiengeld nicht leisten. Hörner bezahlte ihm daraufhin die Studiengelder, die jährlich 200 fl betrugen, auf Gemeindekosten.[27] Erst einige Jahre später wurde man im Landtag auf den Nutzen der Veterinärmedizin aufmerksam. In einem Rundschreiben des Ministeriums des Innern wollte man von den Gemeinden wissen, welche Maßnahmen zur Vorbeugung von Seuchen bereits praktiziert würden. Seckenheim antwortete, dass bereits seit einigen Jahren der Tierarzt Bechthold, der auf Gemeindeko-

Benedikt Noe und Dietmar Schmeiser

sten studiert habe, als Tierarzt praktiziere. Gemessen an den Antworten anderer Gemeinden war Seckenheim damit sehr fortschrittlich. Ab 1844 wurde das Gehalt Bechtolds dann vom Staat zu einem Drittel bezuschusst. Zwei Drittel der 220 fl Jahresgehalt wurde von der Gemeinde erbracht.[28] Hörner hatte mit seiner Förderung des begabten, aber unvermögenden Bechtold seine soziale Ader bewiesen. Die Gemeinde hatte großen Nutzen durch einen eigenen Tierarzt. Außerdem zeigte es seinen Reformwillen zum Wohle der Gemeinde. Hörner erkannte die Notwendigkeit eines Tierarztes und handelte, auch wenn er damit zunächst alleine dastand.

Förderung des Wohnungsbaus für ärmere Bürger

Ein weiterer Missstand, den Bürgermeister Hörner gleich nach seiner Wahl anging, war die Wohnungsnot in Seckenheim. Sie traf besonders die ärmeren Bürger und Tagelöhner, die sich ihre Miete kaum mehr leisten konnten. Deshalb beschlossen Gemeinderat und Bürgerausschuss 1833 einstimmig „einen Theil des Gemeindeplatzes von den s.g. Hohen Gärten [...] den Wohnungsbedürftigsten Einwohnern zu Erbauung ihrer Wohnungen gegen Erlegung einer Summe von 50 fl. [...] als Eigenthum zu überlassen".[29] Die Oberdirektion für Wasser- und Straßenbau unterstützte das Vorhaben gegenüber dem Bezirksamt, sodass es schnelle Zustimmung fand.[30]

Rodung des Eichwaldes für Tagelöhner

Zwischen den Jahren 1847 und 1854 wurden die Gewanne „Alteichwaldstücke" und „Neueichwaldstücke" abgeholzt, um Ackerland für Tagelöhner zu schaffen. Das so gewonnene Land wurde ebenfalls Tagelöhnern und Landlosen als Allmendland zur Bebauung und landwirtschaftlichen Nutzung zur Verfügung gestellt. So entstanden Heckerstücke, Heckerbrunnen und Revolutionsstücke. Die Bezeichnungen hielten sich nach der Revolution nicht lange und erschienen nicht auf den offiziellen Gemarkungskarten. Die Namen spiegeln aber die Beliebtheit des Revolutionärs in Seckenheim wider.[31] „Daß das Volk diese Tat verstand und durchaus politisch richtig einordnete, zeigt die Bezeichnung „Heckerstücke" für diese Äcker."[32] Hecker war an den Vorgängen in Seckenheim nicht beteiligt. Dass die Seckenheimer die neuen Flurstücke nach ihm benannten, deutet darauf hin, dass sie den Ini-

tiator dieser Aktion, Bürgermeister Hörner, zu dieser politischen Richtung rechneten.

Fischwasser zu Allmendland

Im Winter 1848/49, in einer Phase der Revolution ohne offene Auseinandersetzungen, in der sich die revolutionären Kräfte aber im ganzen Land vermehrten, kam es auch in Seckenheim zu Unruhen. „Arme Leute rotteten sich zusammen, zogen vor die Häuser reicher Bauern und forderten Land. Diese drohten mit Gewehren aus den verrammelten Häusern."[33] Andere verlangten das Fischwasser im Backofenwörth zu enteignen, welches bislang von der aerarischen Domänenverwaltung verwaltet wurde. Bürgermeister Hörner erklärte es zur Gemeindeallmende und teilte es ihnen zu. Als die Domänenverwaltung davon erfuhr, forderte sie in einem Beschluss vom 22. Dezember 1848, die Fischerei in den genannten Teichen zu unterbinden und unter Strafe zu stellen.[34] Georg Hörner sah die Gemeinde dieses Mal aber mehr im Recht als je zuvor. Seiner Antwort vom 13. Januar an das Bezirksamt ist die revolutionäre Stimmung, die in Seckenheim herrschte, förmlich abzulesen. Von der zurückhaltenden Sprache der bisherigen Korrespondenz ist nichts mehr geblieben. Der sowieso sehr angespannte Zustand gab ihm womöglich noch mehr die Möglichkeit, Druck auf die Verwaltung auszuüben.

„Die Großherzogliche Domänenverwaltung Mannheim hat kein eigenthümliches Fischereirecht in den Teichen und Schleußgräben der aerarischen Backofenwiesen hiesiger Gemeinde, sondern nur ein Regalrecht in öffentlichen Flüssen. Hat die Großherzogliche Domänenverwaltung früher dieses Recht willkürlich auf diese in Frage stehende[n] Teiche, welche sich durch die Überschwemmung des Rheins ergeben haben, dem ungeachtet aber deshalb nicht zum öffentlichen Flussgebiet gehören, ausgedehnt, so kann dieselbe, bezüglich des Gesetzes über die aufgehobenen Feudalrechte und der speziell erschienenen Bekanntmachung im Verordnungsblatt pro 1848 No. 22. über die Ausübung der Fischereien, ein solches Recht in solcher fremder Gemarkung nicht mehr ausüben, und hat dasselbe hiesiger Gemeinde als ihr Gemarkungsgebiet gehörig zur Verpachtung zu überlassen, wie solches bereits geschehen ist. Unter dieser Sachlage finden

Johann Georg Hörner – Sozialreformer, Bürgermeister und Revolutionär (1785-1873)

wir uns nicht veranlasst von der Begebung jenes Fischereirechts und die Pächter von der Ausübung ihrer gepachteten Fischerei abzugehen, ersuchen vielmehr hochlöbliche Bezirksamt, die Großherzogliche Domänenverwaltung Mannheim und ihren ungeeigneten Antrag gefällig abweisen zu wollen."[35]

Lange scheint die Gemeinde jedoch nicht die Oberhand behalten zu haben. Nach der Revolution wurden die Besitzverhältnisse wieder umgekehrt, „dem Ansinnen dieser Bauern wurde durch das Bezirksamt rasch entgegengetreten".[36]

Bürgermeister Hörner hat in dieser Sache ein sehr hohes Maß an Einfühlungsvermögen und taktischem Geschick bewiesen. Die Aufständischen forderten das Fischwasser. Indem Hörner es ihnen als Allmende übertrug, hat er ihre Forderung erfüllt, größere Ausschreitungen verhindert und gleichzeitig blieb das Land im Besitz der Gemeinde. Seit seinen frühen Jahren als Bürgermeister hat er die sozialen Bedürfnisse der Bürger seiner Gemeinde erkannt und darauf angemessen reagiert: 1833 Schaffung von Bauland, ab 1847 Rodung des Waldes für Ackerland für Tagelöhner und nun die Regelung im Streit um das Fischwasser.

Probleme als Bürgermeister

Johann Georg Hörner wurde von 1832 bis zu seiner Amtsenthebung 1849 immer wieder neu als Bürgermeister gewählt, was für seine Amtsführung und sein Ansehen in der Gemeinde spricht. Lediglich zwei Unstimmigkeiten während seiner Amtszeit finden sich in den Akten. Der erste Disput beschreibt ein Zusammenprallen zwischen Georg Hörner und Mathias Eder, das zu einem Verfahren wegen Ehrenkränkung des Bürgermeisters führte. Der zweite bezieht sich auf eine direkte Kritik an seiner Amtsausübung als Bürgermeister vonseiten des Gemeinderats von 1847.

Ehrenkränkung

Die Akten von 1843 zur Klage Georg Hörners gegen Mathias Eder wegen Ehrenkränkung sind sehr spärlich. Dennoch soll der Vorfall nicht übergangen werden. „Klage des Bürgermeister Hörner zu Seckenheim [gegen] Mathias Eder daselbst wegen Ehrenkränkung in Ausübung des Dienstes betfd. [betreffend]"[37]

Ausschlaggebend war das Vorhaben „der Gemeinde", einen neuen Wasserbehälter zur Förderung der Landwirtschaft in der „Feldheide" anzulegen. Dazu sollte ein neuer Weg angelegt werden, für den für die Gemeinde Land angekauft werden sollte. Eder war zwar für die Anlegung des Wasserbehälters, aber gegen den Ankauf von Land zum Bau eines Weges. Direkt zu Beginn der allgemeinen Diskussion, noch bevor es zur Abstimmung kam, erhob er sich und hielt einen Vortrag gegen das Vorhaben. Hörner schrieb dazu: „Ja! Derselbe ging in diesem Vortrag soweit, das er den Gemeinderath aufforderte, seinen gefassten Beschluss [...] fallen zu lassen und nicht zur Abstimmung zu bringen, indem die Gemeinde diesen Weg nicht haben wolle."[38]

Nachdem man ihn darauf hingewiesen hatte, dass er nicht als Repräsentant der Gemeinde, sondern nur als Mitglied der Versammlung anwesend war und daher der Gemeinderat nicht davon abweichen würde, die Versammlung zu befragen, wollte man zur Abstimmung schreiten. Daraufhin erklärte Eder, dass die Gemeinde nicht für den Gemeinderat da sei, sondern der Gemeinderat für die Gemeinde, und außerdem „erlaube sich der Bürgermeister in seiner Amtsführung erstens Eigenmächtigkeiten, die ihm nicht zustehen [...]".[39] Der Ausgang des Verfahrens ist nicht bekannt.[40]

Rücktrittsgesuch

1847 kam es aus unbekannten Gründen, wahrscheinlich wegen eines persönlichen oder politischen Zwists, zu Gegensätzen im Gemeinderat, woraufhin zwei Mitglieder ihr Amt niederlegten. Nach den Nachwahlen erklärten die beiden neuen Gemeinderäte, ihr Amt erst annehmen zu wollen, wenn künftig alle Verhandlungen öffentlich sein würden. Dies zeigte großes Misstrauen gegenüber dem Bürgermeister. Bürgermeister Hörner stellte daraufhin eine Art Misstrauensantrag im Gemeinderat, indem er im Februar 1849 sein Entlassungsgesuch beim Rat einreichte. „So ich das Bewußtsein habe, seit meiner Amtsführung stets redlich und in jedwedem Besten, so weit es in meinen Kräften stand, gehandelt zu haben, auch nach meiner Ansicht alle Handlungen innerhalb der Schranken der Gesetze und Verordnungen vollzogen zu haben, was mir nach den obigen Verhandlungen nicht zugestanden wird vielmehr mich künftig mehr vorschriftmäßig und meiner Funktion, besonders mit Rücksicht der Mitwirkung des Gemeinderaths

Benedikt Noe und Dietmar Schmeiser

zu bewegen, so [...] ersuche [ich] den Gemeinderath unter Zuzug des Bürgerausschusses über meine Entlassung verfügen zu wollen [...]."[41]

Das Gesuch sorgte für einige Aufregung im Gemeinderat, soweit wollten seine Gegner dann doch nicht gehen. In einer Bittschrift ersuchten sie ihn, bis zum Ende seiner Amtszeit 1851 zu bleiben. In der folgenden Beratung und Abstimmung wurde sein Gesuch dann offiziell abgelehnt: „Vorstehenden Beschlüsse zufolge haben sich die gegenwärtigen Leute versammelt und nach Würdigung der Erklärungen der beiden Gemeinderäthe Adam Trump und Adam Jacob Bühler [die beiden Auslöser], so wie der Gründe des Antrags vonseiten des Bürgermeisters Hörner, folgendes beschlossen: Da sich die Entlassungsgesuche der beiden Herren Gemeinderäthe Trump und Bühler durch ihre eigene Erklärung und des hieraus gesetzten Beschlusses des Gemeinderaths erledigt haben, so finden wir keinen Grund in den Antrag des Bürgermeisters Hörner zu dessen Gewährung einzugehen, insbesondere deshalb, da die jetzige Zeit sein verbleiben fordert [...]."[42, 43]

Beschwerde über Wahlbeeinflussung und die Eingabe und ihre Behandlung in der Zweiten Kammer

Die Wahllisten der Seckenheimer Wahl zur badischen Zweiten Kammer, die lange Zeit im Stadtarchiv Mannheim - ISG verfügbar waren, sind fast allesamt wegen Schimmelbefall entnommen und wahrscheinlich für immer verloren. So die Listen von 1819 (s. oben), 1824/25, 1830 und 1842.[44] Durch eine Erwähnung im Bericht über die Verhandlungen der Ständeversammlung vom 28. Mai 1842 kann trotzdem belegt werden, dass Johann Georg Hörner 1842 zum Wahlmann in Seckenheim gewählt wurde. „Das Sekretariat zeigt hierauf an, daß eine Eingabe des Wahlmanns Georg Hörner in Seckenheim und 12 anderer Wahlmänner von Seckenheim, Neckarau, Hockenheim, Altlußheim, Philippsburg, Rheinsheim und Neudorf in Betreff der am 18. v. M. Im 31. Aemterwahlbezirke (Philippsburg und Schwetzingen) stattgehabten und auf den Geheimrath Rettig gefallene Deputiertenwahl, eingekommen sei. Diese Petition wird der Abtheilung, welche die betreffenden Wahlacten zu prüfen hat, übergeben."[45] Diese Wahlen fanden statt, nachdem die vorherige Kammer am 19. Februar 1842 vom Großherzog aufgelöst worden war.[46] Für

Seckenheim erfolgte die Abgeordnetenwahl durch die Wahlmänner für den 31. Wahlbezirk, der die Ämter Schwetzingen und Philippsburg umfasste, am 18. April 1842. Gewählt wurde der „pensionierte Geheimrat Rettig" (Abb. 6).[47]

Abb. 6
Friedrich Christian Rettig
(1781-1859)
Aus: Illustrirte Zeitung,
Band 4 (1845), S. 69

Die Eingabe von Johann Georg Hörner und zwölf weiterer Wahlmännern richtete sich gegen die Gültigkeit dieser Wahl. Die Wahlmänner ersuchten die Abgeordneten der zweiten Kammer, die Gültigkeit der Wahl zu überprüfen.[48] Folgende Gründe für diese Forderung werden aufgeführt: „[Es] versammelten die Beamten von Schwetzingen und Philippsburg die Bürgermeister ihrer Bezirke, und suchten sie im Betreff der Wahlen zu bestimmen, insbesondere durch sie dahin zu wirken, daß keines von den 31 Mitgliedern der Opposition der jüngst aufgelösten Kammer gewählt würde. Der Herr Amtmann Fauth sagte dabei in der Absicht, die Wahl des Herrn Itzstein zu hintertreiben, dieser habe das Manifest angegriffen, und dadurch dem Großherzog in's Gesicht geschlagen, ihm gleichsam den Dolch auf die Brust gesetzt."[49]

Auch untergeordnete Beamte hätten versucht auf die Wahl einzuwirken. So wurden den herrschaftlichen Holzfällern, 80 bis 90 an der Zahl, vom Forstbeamten Zipperlin mit Verlust der Arbeit gedroht, wenn sie den Bürgermeister von Oftersheim als Wahlmann wählen würden. Der Amtmann

Johann Georg Hörner – Sozialreformer, Bürgermeister und Revolutionär (1785-1873)

von Philippsburg ließ sich von den Wahlmännern, die er zu sich aufs Amt bestellt hatte, per Handschlag versprechen, von Itzstein (Abb. 7) nicht zu wählen. Er fuhr sogar in die Orte, um auf die Wahlmänner in diesem Sinn einzuwirken. Amtmann Fauth von Schwetzingen lud alle Wahlmänner zu einer Unterredung nach Neulußheim ein. Er sprach während des Essens beinahe mit Allen einzeln und nahm Einzelne mit in eine Stube, wo er, so die Vermutung der 13 Eingebenden, sich mit ihnen über die Wahl unterhalten haben wird.[50] In gleicher Weise sei Herr Bode, Amtsassessor von Schwetzingen, tätig gewesen.[51] Am Wahltag hätte der anwesende „Wahlkommissär" den Wahlmännern, nach § 71 der Wahlordnung, die Eigenschaften eines „würdigen Abgeordneten" nochmals auseinandersetzen sollen. Er hat jedoch hinweisende Betrachtungen angestellt, die unverkennbar auf von Itzstein zielten und dessen Wiederwahl entgegenwirken sollten.[52]

„Der Großherzog habe die Kammer auflösen müssen, weil die Angriffe derselben, obgleich gegen die Minister gerichtet, doch auch den Regenten selbst berührt hätten. Als Beleg dafür verlas er uns dann auch sofort das Manifest Sr. Königl. Hoheit des Großherzogs, und den dasselbe betreffenden Beschluss der zweiten Kammer. Er führte uns weiter zu Gemüthe, daß sich unser allverehrter Landesvater in seinen Rechten durch die Stände gekränkt fühle und deshalb mit dieser Wahl an sein Volk appellire."[53]

Die Wahlmänner seien nicht an die Heiligkeit des von ihnen abgelegten Gelübdes erinnert, nicht vor falschem Gelübde gewarnt worden und es sei ihnen kein Handschlag abgenommen worden. Diese Förmlichkeiten seien jedoch im Regierungsblatt Nr. XXXVI. S. 217, vom 3. Oktober 1807 ausdrücklich vorgeschrieben.[54]

„Da doch der § 72 der Wahlordnung die Wahlmänner anweist, nach ihrer eigenen Überzeugung ihre Stimme abzulegen, wie sie es für das Beste des Landes am dienlichsten erachten, und sie hierauf sogar ein Handgelübde ablegen müssen."[55]

Die Wahlbeeinflussung fand auch in Schwetzingen durch den Amtsvorstand und den Amtsassesor statt: „Sie waren es, durch welche Tisch, Feder und Tinte herbeigeschafft wurden, damit die Wahlmänner in dem Rathhauslocale die Wahlzettel schreiben könnten. Sie stellten sich, als der Wahlkommissar gesagt hatte, die Wahlmänner hätten

eine halbe Stunde Zeit, sich zu bereden und zu schreiben, an die Thüren, ließen Diejenigen, welche sie gewonnen zu haben glaubten, nicht aus den Augen, und so blieben beinahe alle in dem Rathhauszimmer. Wie die Anderen im Herunterkommen sahen, daß die Meisten auf dem Rathaus blieben, kehrten sie um und gewahrten dann, daß dieselben unter den Augen der beiden Beamten schrieben und einige noch Herrn Amtmann Fauth fragten, was der Herr Rettig für einen Charakter besitze, andere ihm die beschriebenen Zettel zeigten, um sich gleichsam bei ihm über die von ihnen getroffene Wahl auszuweisen."[56]

Dadurch, so die 13 Unterzeichner, hätten die Wahlmänner ihr Handgelübde, nach „eigener Überzeugung seine Stimme zu geben"[57], gebrochen. Bei der Eröffnung der Wahlzettel seien vier unleserlich gewesen, auf sechs bis sieben habe nur der Name „Rettig", ohne Titel, gestanden, und den Namen Rettig gäbe es mehrmals. Die Zettel seien jedoch alle für den Kandidaten Rettig gezählt worden.[58] Nach der Wahl des Kandidaten Rettig habe der Wahlmann aus Philippsburg Einwand erhoben und bemerkt: „Der Herr Amtmann von Philippsburg habe mehrere Wahlmänner zu sich auf das Amt berufen, und sich von denselben die Hand darauf geben lassen, daß sie den Herrn von Itzstein nicht

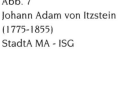

Abb. 7
Johann Adam von Itzstein
(1775-1855)
StadtA MA - ISG

Johann Adam von Itzstein.

Benedikt Noe und Dietmar Schmeiser

wählen würden."[59] Dies habe der Wahlmann Schäfer aus Neudorf bestätigt. Der Einspruch gegen die Wahl sei von den Beamten jedoch nicht in das Protokoll aufgenommen worden.[60] Soweit die Einwände der 13 Unterzeichner der Eingabe.

Sie wurden den Abgeordneten der Kammer vom Abgeordneten Sander, als Berichterstatter der 2. Abteilung, in seiner Berichterstattung zur Wahl des 31. Bezirks vorgestellt. Eine Abteilung der Kammer wurde jeweils mit der Prüfung der Wahlakten betraut.[61] Von den in der Eingabe vorgebrachten Gründen gegen die Gültigkeit der Wahl erschienen der Abteilung zwei Gründe so relevant, dass sie diese der Kammer zur Beratung vorlegte: Die Unterlassung des Handschlags beim Handgelübde[62] und die Einlassungen des „Wahlkommissärs" über die Auflösung der vorherigen Kammer.[63] Die Abteilung glaubte, „daß, wenn erwiesen ist, was in der Petition behauptet wird, dieses Benehmen eine Nichtigkeit der Wahl zur Folge haben müsste".[64] Zum Handgelübde führt Sander aus, warum er den Handschlag als unerlässlich dafür hält. Die Forderung steht im § 72 der Wahlordnung. Die Formel dafür gibt § 39 der Eidesordnung vor.[65] Auf diesen formalen Grund soll hier nicht näher eingegangen werden. Für diese Arbeit ist der zweite, politische Grund relevant: die vorgeworfene Wahlbeeinflussung. Denn die Wahlordnung legt in § 71 fest: „Der landesherrliche Commissar hat im Allgemeinen die Eigenschaften eines würdigen Abgeordneten nochmals auseinanderzusetzen, darf sich aber eben so wenig, wie irgendwie ein anderes Mitglied der Wahlcommission erlauben, durch Empfehlung oder Vorschlag, oder sonst irgend eine Weise auf das Resultat der Wahl einwirken zu wollen."[66]

Sander führte zu diesem Paragraphen aus, dass es dem „Commissär" nicht erlaubt sei, irgendwie auf das Resultat der Wahl einzuwirken. Er müsse unparteiisch sein. Er solle nur auf die Einhaltung der vorgeschriebenen Form achten. Hier sei aber die Wahl vom „Wahlcommissär" mit einem tiefen Eingriff beeinträchtigt worden. Die Kandidaten seien nämlich bekannt gewesen, auch von Itzstein, auf dessen Antrag hin die vorherige Kammer einen Beschluss zum Manifest des Großherzogs fasste, durch das dessen Rechte angegriffen worden seien, so die Erörterung des „Commisärs" dazu. „So legte er unverkennbar das tiefe Gewicht der Würde, welches

unserem Regenten gebührt, in die Waagschale gegen den Kandidaten von Itzstein und konnte nicht wohl irgend etwas thun, um mehr die Wahlfreiheit der Bürger zu beschränken, als daß er sich dieses gesetzwidrigen Benehmens schuldig machte."[67]

Weiter führte Sander juristische Überlegungen an, warum das unerlässliche Handgelübde, durch das Unterlassen des Handschlags, ungültig sei.[68] Es folgte eine längere Debatte, in der beide Gründe diskutiert wurden. Nicht alle Abgeordneten teilten Sanders Meinung. Die Gegner sagten, der „Wahlcommissär" habe nur einen historischen Abriss gegeben, warum neu gewählt werden musste, ohne eine Beeinflussung vorzunehmen. Das Gelübde sei auch ohne Handschlag gültig, da der Sinn schon durch die Eidesformel gegeben sei.[69] Bei der abschließenden Abstimmung sprach sich die Mehrheit der Abgeordneten, 32 gegen 20 Stimmen, für eine Ungültigkeit der Wahl des Abgeordneten Rettig aus.[70] Welche der beiden genannten Gründe letztlich den Ausschlag für das Abstimmungsergebnis, besonders bei der „schweigenden Mehrheit", die nicht in die Debatte eingriff, gegeben hatte, kann nicht gesagt werden. Gemessen an der Zeit, die für die Diskussion beider verwendet wurde, sind sie es gleichermaßen gewesen.

Hätten Johann Georg Hörner und seine Mitstreiter sich nicht beschwert, so wäre die Sache nicht erörtert worden, da im Wahlprotokoll die Einwände unterdrückt worden waren. Übrigens war dies die einzige Beschwerde, obwohl es weitere Missstände, nicht nur im Wahlbezirk 31, gab, welche von besonderem Interesse sind. Diese stellten sich erst im Laufe der Debatte heraus. Der Abgeordnete Gerber führte aus, dass die Schwetzinger Wahl eine der ersten war und daher von Staatsseite besonders beeinflusst wurde. Wenn die Gefahr bestand, dass es zu einem missliebigen Abstimmungsergebnis kommen konnte, wurde auch vor Drohungen nicht zurückgeschreckt.[71] Der Abgeordnete Bassermann berichtete von den zahlreichen Einflussnahmen, die in Mannheim über die Schwetzinger Wahl gehört wurden: von Drohungen über wirtschaftliche Einbußen bis zu Bestechung. „Ein Schrei des Entsetzens ließ sich hören, über die Schwetzinger Vorgänge."[72] Er erklärte zudem, dass eine Regierung, die die Menschen beeinflussen wolle, ihren Überzeugungen nicht zu folgen, unsittlich handle. Der Abgeordnete

Johann Georg Hörner – Sozialreformer, Bürgermeister und Revolutionär (1785-1873)

Knapp erklärte, dass die beschriebenen Vorgänge im ganzen Land geschehen seien.[73] Der Abgeordnete Bissing führte aus, dass es „Wahlumtriebe" noch nach der Wahl gegeben habe.[74] Die wurde auch vom Abgeordneten Gottschalk bestätigt.[75]

Nach der Abstimmung ergriff von Itzstein das Wort und beschuldigte die Beamten des Wahlbezirks der beschriebenen Umtriebe, in dem Bezirk, in dem er, von Itzstein, zwanzig Jahre lang Deputierter war. Er klagte, er sei vor allen Bürgermeistern und Wahlmännern an den Pranger gestellt worden und die Pressezensur habe es ihm unmöglich gemacht sich zu wehren.[76] Den Amtmann und Abgeordneten Fauth von Seckenheim beschuldigte er: „Er [Fauth] erklärt: Ich sei ein Feind der Regierung, ich hätte dem Großherzog den Dolch auf die Brust gesetzt und ihm gleichsam in's Gesicht geschlagen!! Ich wollte der Regierung und der Krone die Rechte rauben; so lange ich in der Kammer wäre, sei keine Ruhe mehr; wer den Großherzog liebe, könne den Itzstein nicht wählen!!"[77]

Fauth wehrte sich: Nur die „erlogenen" Angaben seiner Freunde hätten von Itzstein erreicht. „Ich beziehe mich rücksichtlich dessen, was ich bei der Vorberathung [s.o. in Neulußheim] gesprochen habe, auf jeden Bürgermeister, mit Ausnahme eines einzigen, nämlich jenes von Seckenheim."[78] Er fuhr fort, dass er nichts Schlechtes über von Itzstein gesagt habe, nur, „daß dieses Mal das Interesse des Landes nicht gefördert würde, wenn man ihn wieder wähle".[79] Sein Freund von Seckenheim habe hierauf die Bemerkung gemacht: „Der Herr von Itzstein ist der beste Freund des Großherzogs."[80] Ein Anderer habe dagegen eingeworfen: „Ist der euer Freund, der euch ins Gesicht schlägt?"[81]

Weiterhin bestreitet Fauth eine aktive Beeinflussung der Wahlmänner, besonders in Neulußheim und Hockenheim. Dies sei auch von Itzsteins Freunden bemerkt worden: „Ich hätte mich sehr mäßig verhalten, sie wären, wenn sie gewußt hätten, daß nichts Weiteres vorkomme, nicht nach Neulußheim gekommen."[82]

Johann Georg Hörner wurde hier vom Amtmann Fauth ganz offen als von Itzsteins Freund bezeichnet und ganz eindeutig von Itzsteins liberaler politischer Richtung zugeordnet und als Gegner des Amtmanns dargestellt. Wieder ergriff er das Wort und stellte damit klar, auf wessen Seite er stand.

Nicht alle teilten seine Meinung, wie der andere Zwischenrufer zeigt. Es hatten nur 13 von 61 Wahlmännern die oben beschriebene Eingabe an die Kammer unterzeichnet. Johann Georg Hörner war der erste auf der Liste und derjenige, der die Eingabe eingeschickt hat. Man kann durchaus sagen, dass er der Opposition angehört hat. Aus Fauths Worten kann man entnehmen, dass es „Freunde Itzsteins" gab. Einige von ihnen, die beobachteten und Fauth misstrauten, waren ja nach Neulußheim gekommen. Wie groß dieser Kreis war, lässt sich nicht bestimmen. Johann Georg Hörner hat ihm angehört. Sicher hatte er Einfluss. Er wird als Einreicher der Beschwerdeschrift genannt. Er galt etwas im Amt, war bekannt als einer, der sich einmischte, nicht alles schluckte und der bei Gleichgesinnten gewiss eine Autorität hatte.

Lied „Der Bürgermeister von Seckenheim"
Mit den neuen Erkenntnissen erscheint das zu Beginn angeführte Lied in neuem Licht. Wie dort bereits gesagt, war Hoffmann von Fallersleben (Abb. 8) der Dichter der liberalen Bewegung. „Zwölf Zeitlieder" titulierte von Fallersleben sein kleines Heft. Zwölf Texte beinhaltet es, die aktuelle Themen aus der Freiheitsbewegung aufgreifen und den Zustand des Landes karikieren, darunter auch den, der die spätere deutsche Nationalhymne sein wird: „Das Lied der Deutschen"[83]

Was brachte diesen Dichter dazu, ausgerechnet dem Bürgermeister von Seckenheim, Johann Georg Hörner, ein Lied zu widmen und es in diesen Zusammenhang zu stellen? War es reiner Zufall? Wohl kaum. Entstand das Lied doch schon im November 1844, während das Heft erst 1848 erschien. Am 15. November 1844 wurde von Fallersleben in Offenburg von Abgeordneten aus Lahr abgeholt, mit denen er nach Lahr reiste. Dort wurde er „herzlich bewillkommnet". Der Bürgermeister Baum brachte „ein Hoch" auf ihn aus und er bedankte sich mit dem Lied „Der Bürgermeister von Seckenheim", das er erst am Vortag verfasst hatte. Er schrieb: „Es ist von großer Wirkung, besonders mit dadurch, daß es auf einer Thatsache beruht."[84]

Betrachtet man den Liedtext, so fällt auf, dass der Amtmann nicht die Wahl zum Bürgermeister hintertreiben will, denn der Bürgermeister, nicht der Bürgermeisterkandidat, antwortet ihm. Es muss

Benedikt Noe und Dietmar Schmeiser

sich um eine andere Wahl handeln; ein anderer Kandidat ist gemeint. Es muss sich um eine Sache handeln, die weiter bekannt ist, als nur in Seckenheim. „Eine Thatsache", sagt von Fallersleben. Eine Tatsache, die belegt ist, war der massive Versuch der Wahlbeeinflussung im ganzen Land, die durch die Petition Hörners und seiner Mitstreiter und die daraus folgende Debatte in der zweiten Kammer öffentlich gemacht wurde. Ebenso die Einwirkungen des Amtmannes Fauth (und anderen) gegen den bekannten Abgeordneten von Itzstein, der, laut Fauth, bei der Regierung nicht beliebt war. Hier erklären sich die beiden ersten Verse des Lieds:

„Der Amtmann, der Amtmann, der schmunzelt und spricht:
Ich bitt euch, ihr Bauern, o wählt den doch nicht!
Weil's Bessere noch und Gescheitere gibt,
die sind nur bei unsrer Regierung beliebt."

Es kam zu Drohungen bei unliebsamem Wahlverhalten, wie oben belegt wurde.

„Doch wenn ihr nach unserem Willen nicht thut,
so geht es euch Bauern wahrhaftig nicht gut.
Es kann die Regierung euch schaden gar viel,
wenn ihr die Liberalen nicht laßt aus dem Spiel."

Johann Georg Hörner lässt sich nicht einschüchtern, er antwortet, nimmt sein Recht wahr und reicht die Beschwerde bei der Zweiten Kammer ein. Er will nach seiner eigenen Überzeugung, wie es das Beste für das Land ist, stimmen.[85]

„Der Bürgermeister nicht lang sich besinnt,
antwortet dem Amtmann geschwind wie der Wind:
Herr Amtmann, Herr Amtmann, ei was er auch spricht
von Nutzen und Schaden, das kümmert uns nicht.
Wir wählen nach unserem Bauernverstand
zum Besten für uns und das Vaterland."

Ob die beiden Schlussverse einen realen Bezug haben oder einzig von Fallersleben zu verdanken sind, kann hier nicht abschließend erörtert werden.

„Wir Bauern wir brauchen zu unserm Gedeih'n
nichts weiter als Regen und Sonnenschein.

Und Regen und Sonnenschein gebt ihr uns nicht,
und Regen und Sonnenschein nehmt ihr uns nicht."

Doch zeigte von Fallersleben ganz deutlich die Grenzen der Regierung auf. Er suggerierte den Bauern, der überwiegenden Mehrheit der Bevölkerung: Das, was ihr braucht, kann euch die Regierung nicht geben und nicht nehmen; fürchtet euch nicht vor Drohungen mit wirtschaftlichen Sanktionen. Würdigt man dies, so zeigt sich, dass dieses Lied zu den übrigen „Zwölf Zeitliedern" passt. Wahlmanipulation und Drohungen und der Mut, sich dagegen zu wehren, gehören zu den großen Themen, die von Fallersleben besingt. Er hat Johann Georg Hörner mit diesem Lied ein „Denkmal gesetzt". Die Revolution in Baden war maßgeblich von ihren führenden Persönlichkeiten geleitet. Karl Wolber schreibt folgendes über Johann Georg Hörner: „Bürgermeister Hörner war mit dem Führer der Revolution in Baden, Hecker, persönlich befreundet und stand mit ihm, wie die

Abb. 8
Hoffmann von Fallersleben
(1798-1874)
Stich von Chr. Hoffmeister nach einem Bild von Ernst Fröhlich (1810-1882)
Aus: Das geistige Deutschland im Bild, 1949, S. 380

Johann Georg Hörner – Sozialreformer, Bürgermeister und Revolutionär (1785-1873)

Akten zeigen, in Briefwechsel. Auch andere Persönlichkeiten jener Zeit wechselten Briefe mit ihm. Und gerade diese Briefe zeigen, welch charaktervoller, von Grundsätzen und nicht von Eigennutz, durchdrungener Mann Hörner war."[86]

Hörners Briefe sind leider verschollen und können nichts mehr über seine Gesinnung aussagen. Der einzige Hinweis auf die persönlichen Briefe findet sich im Nachlass Karl Wolbers. Dieser scheint sie selbst studiert zu haben, es gibt keinen Grund, an seinen Aussagen zu zweifeln. Ein Indiz für diese Annahme findet sich in den Akten über die Ablösung des Zehnten. In einem Brief von Hecker an Georg Hörner vom 1. April 1848 spricht er ihn als geehrten Freund an.[87] Hecker und Struve waren bekannte Mannheimer Persönlichkeiten. Hecker setzte sich bereits vor der Revolution als Anwalt ein, und es ist gut möglich, dass er auch Seckenheim bei seinen vielen Auseinandersetzungen mit der Regierung beistand. Eine weitere wichtige Person ist Alexander von Soiron, der Seckenheim bekanntermaßen beim Streitfall über die Verlegung des Friedhofs juristisch unterstützte.

Nach dem Hambacher Fest schien sich die Lage wieder beruhigt zu haben. Größere Proteste und Aufstände blieben aus, was zum Teil auch an der einschneidenden Zensur und der Überwachung auffälliger Personen lag. In der Bevölkerung Badens gärte die liberale und regierungskritische Stimmung aber weiter vor sich hin. Dazu trugen Parteiungen und Vereine einen großen Teil bei.

Durch die liberale Stadtvertretung, die immer mehr oppositionelle Politik betrieb, und die Anzahl vieler herausragender liberaler Persönlichkeiten, die die Stadt magisch anzuziehen schien, entwickelte sich Mannheim in den 1840er Jahren zur „Hauptstadt" der liberalen Bewegung in Baden.[88] Nach dem Tod von Innenminister Winter im März 1838 und dem raschen Rücktritt seines Nachfolgers Nebenius 1839 wurde der entschieden konservative Friedrich Landolin Karl von Blittersdorf zum badischen Innenminister ernannt. Unter ihm verhärteten sich die Fronten zwischen der liberalen Bewegung und der Regierung. Er ließ keine Kompromisse zu und agierte mehrmals direkt gegen den Willen der Zweiten Kammer. Danach gab es kaum mehr ein ruhiges Jahr in Baden. Der „Urlaubsstreit" von 1841, bei dem Blittersdorf zwei liberalen Abge-

ordneten der Zweiten Kammer die Beurlaubung von ihren Dienstgeschäften untersagte, wodurch sie nicht an den Sitzungen teilnehmen konnten, führte 1843 erstmals zur offenen Konfrontation. Die Zweite Kammer kritisierte das Vorgehen der Regierung scharf, was zur sofortigen Auflösung der Kammer führte. Der folgende Wahlkampf nahm ein nie zuvor dagewesenes Ausmaß an. Mehrere ähnliche Konflikte folgten in den kommenden Jahren.[89] 1843 mobilisierte das Verfassungsfest, das an mehreren Orten in Baden gleichzeitig stattfand, die Massen. 1845 sorgte der Besuch des Begründers des Deutschkatholizismus Ronge in Mannheim für Aufregung. Trotz öffentlichem Versammlungsverbot wurde er von den liberalen Anführern Mannheims Itzstein, Struve, Hecker, Soiron, Bassermann und Mathy willkommen geheißen und hielt vor einer beträchtlichen Anzahl von Zuhörern eine Rede.[90]

Angesichts dieser immer wiederkehrenden kleinen Krisen und öffentlichen Auseinandersetzungen zwischen Zweiter Kammer und Regierung radikalisierte sich die liberale Bewegung zunehmend und gewann mehr und mehr an Fahrt. Die wirtschaftliche Krise von 1846 und 1847, die zu hoher Arbeitslosigkeit, Teuerung, Arbeiterprotesten und Hungerkrisen führte, trug weiter dazu bei. Hecker und Struve waren die Leitfiguren der Radikalen, die durch ihre zahlreichen Aktivitäten immer wieder provozierten, aber damit auch eine Spaltung der liberalen Bewegung in gemäßigte Liberale und radikale Demokraten voran trieben.

Johann Georg Hörner auf dem Verfassungsfest von 1843

Den Liberalen des Vormärz gelang es immer wieder, politische Anlässe selbst zu schaffen und mit großer Breitenwirkung zu inszenieren. Ein besonders willkommener Anlass bot das 25-jährige Jubiläum der Verfassung am 22. August 1843. Gegen ein Fest mit dieser Thematik konnte die Regierung kaum etwas einzuwenden haben. Die Feierlichkeiten sollten dezentral an möglichst vielen Orten gleichzeitig stattfinden.[91]

Karl Mathy (Abb. 9) sammelte die Berichte aus verschiedensten Orten Badens und veröffentlichte diese.[92] In seinem Vorwort des Buches schrieb er: „Dies ist kein gemachtes Buch, sondern ein aus dem Volk selbst hervorgegangenes, ein wahres

Benedikt Noe und Dietmar Schmeiser

Volksbuch. Es beschreibt die Feier des fünfundzwanzigsten Bestehens der Verfassung in Baden am 22. August 1843, eine Feier, die aus der Mitte der Bürger entstanden, von hunderttausenden in festlichen Zügen begangen, Zeugnis gab, daß das badische Volk seine freisinnige Verfassung kennt, liebt, und zu schützen entschlossen ist."[93]

Der Mannheimer Bürgermeister Ludwig Jolly sprach zu den „versammelten Tausenden"[94]: „Wir feiern heute ein schönes Fest! Das Fest der 25jährigen Dauer unserer freisinnigen Landesverfassung, welche sich in dieser Zeit auf das Glücklichste ausgebildet hat und zum kostbaren Kleinode für uns geworden ist. Mit uns feiern das gleiche Fest viele Tausende glücklicher Badener, nah und fern, und freuen sich der Wohltaten, welche diese Verfassung ihnen gewährt."[95]

Die Verfassungsurkunde wurde bei der Feier in Mannheim an die anwesenden Schüler verteilt, damit, wie es Obergerichtsadvokat von Soiron formulierte, „sie schon früh begreifen lernen, welche unschätzbaren Rechte den künftigen Staatsbürger als Preis der Übernahme schwerer Pflichten erwarten".[96]

Auch im Amtsort Schwetzingen fand eine Feier statt, bei deren Beschreibung die Seckenheimer, unter ihnen ihr Bürgermeister Hörner, besondere Erwähnung fanden: „Vor allem zeichnete sich Seckenheim aus; auf laubgeschmückten Wagen 200 Schulkinder, von Männern geleitet; zwölf Jünglinge, trefflich beritten, mit grünen Mützen und Binden in den Landesfarben, eröffneten den Seckenheimer Zug, welchen eine große Anzahl Bürger mit ihrem wackeren Bürgermeister Hörner schlossen. Um neun Uhr setzte sich der Zug unter Glockengeläute von dem Rathause durch die Straßen des Städtchens in Bewegung. Voran die Schuljugend, an welche sich die Seckenheimer Reiter anschlossen; dann vier Mädchen, welche die Verfassungsurkunde auf einem Kissen trugen, hinter ihnen, in der Mitte die Bürgermeister Welte von Schwetzingen und Hörner von Seckenheim, - der Abgeordnete Mathy."[97]

Der Abgeordnete Mathy hielt einen Vortrag vor etwa 3.000 Anwesenden. Er erwähnte besonders die Gemeindeordnung: „Baden hat eine Gemeindeordnung, um welche uns große, konstitutionelle Staaten beneiden; sie bewährt sich als vortreffliches Gesetz überall da, wo die Bürger tüchtig und fähig sind, ihren Haushalt zu ordnen und zu führen."[98] Um 13 Uhr versammelten sich 177 Gäste zu einem Festmahl, unter ihnen auch Bürgermeister Hörner. Es wurden Toaste ausgebracht: „Seiner Königlichen Hoheit dem Großherzog Leopold", vom Schwetzinger Bürgermeister, „Dem Andenken des Großherzogs Karl, der die Verfassung gegeben", vom Schwetzinger Altbürgermeister, „Der Verfassung", vom Abgeordneten Mathy und „Allen verfassungstreuen Bürgern, insbesondere den Abgeordneten, welche die verfassungsmäßigen Rechte des Volkes vertheidigen und schützen", vom Bürgermeister Hörner von Seckenheim.[99] Altbürgermeister Helmreich von Schwetzingen drückte am Schluss des Festes sein Bedauern aus, „daß von zwölf Bürgermeistern des Amtsbezirks nur Einer erschienen war [Hörner]. - Das Wetter konnte sie nicht abgehalten haben, denn dies war dem Feste hold."[100]

Hörner war also der einzige auswärtige Bürgermeister, obwohl alle eingeladen waren. Das Fest hatte nicht überall und bei allen, und schon gar nicht bei oberen Dienststellen, den Anklang gefunden, wie bei den oben beschriebenen Besuchern. Diese Vermutung nährt sich aus dem, was in einem Anhang an die Festbeschreibung notiert wurde:

Abb. 9
Karl Mathy (1807-1868)
StadtA MA - ISG

Johann Georg Hörner – Sozialreformer, Bürgermeister und Revolutionär (1785-1873)

„Über Verschiedenes, was der Feier in Schwetzingen vorhergegangen und was sie begleitete, sind uns Desiderien und Fragen zugekommen, wovon wir einige mitteilen: 1) Ist es richtig, daß die elf Bürgermeister der Amtsorte deshalb wegblieben, weil ihnen zu erkennen gegeben wurde, man werde sie nicht gern bei der Feier sehen? Es fehlte nicht an Bemerkungen darüber, daß Einer so viel werth sein könne, wie elf [...]"[101] Diese Bemerkung ist auf Bürgermeister Hörner bezogen, der als aktiver Teilnehmer bei der Feier war. Er wies sich mit dieser Teilnahme als Liberaler aus, dem die Verfassung am Herzen lag und als einer, der über das bürgermeisterliche Tagesgeschäft hinaus tätig wurde, was sich auch aus der starken Seckenheimer Abordnung zum Fest ablesen lässt. Repressalien, die ihm daraus erwuchsen, hat Bürgermeister Hörner in Kauf genommen, weil ihm das „Flagge zeigen" wichtig war. Dies wird klar, durch die weitere Beschreibung der „Desiderien und Fragen": „3) Ist es angemessen, dem wackeren Bürgermeister Hörner von Seckenheim, weil er unterlassen, die bezirkspolizeiliche Erlaubnis zum Läuten und schießen einzuholen (die man bei anderen Gelegenheiten nicht verlangt hatte), bösliche Absicht zu unterlegen, und ihn mit Arrest zu bedrohen?"[102]

„Am Vorabende verkündeten Kanonendonner und Glockengeläute [...]. Morgens 6 Uhr Kanonendonner; um 7 Uhr Choralmusik vom Rathhausthurme [...]."[103] So läuteten die Mannheimer das Fest ein. Bürgermeister Hörner hatte für Seckenheim Ähnliches zuwege gebracht. Welch ein Gegensatz zu der Beschreibung aus Oftersheim und Plankstadt: „2) Ist es richtig, daß die Ortsdiener [...] die Einladung des schwetzinger Comite's den Bürgern auf folgende Weise mittheilten: 'Da ist eine Einladung zum Fest nach Schwetzingen; es geht aber kein Mensch hin, da werdet ihr wohl auch nicht gehen?"[104]

Dass das Fest in Obrigkeitskreisen nicht gerne gesehen wurde, wir haben es nach 25 Jahren mit starken restaurativen Kräften zu tun, zeigt diese Frage: „4) War die Verfassungsfeier wirklich, wie in amtlichen Erlassen gesagt wurde, ein Privatfest?"[105] Wenn Hansjörg Probst über Bürgermeister Hörner schreibt, er sei „ein Demokrat lauterster Gesinnung und größter Uneigennützigkeit"[106] gewesen, dann finden wir hier einen Beleg dafür. In der Aussage Mathys über die tüchtigen und fähigen Bürger, die

ihren Haushalt ordnen und führen können, konnte sich Hörner sicherlich in seiner Amtsführung bestätigt sehen.

Die Revolution in Seckenheim

In Seckenheim fielen die revolutionären Unruhen auf fruchtbaren Boden. Der demokratische Verein hatte gute Vorarbeit geleistet. Das Dorf war bereits größtenteils demokratisch gewesen. Von 420 Stimmbürgern waren bei Abstimmungen in der Regel 280 bis 320 anwesend. Das Verhältnis zwischen Gemeinde und Regierungsbehörden war während der Vormärzzeit ständig strapaziert worden: Bei der Ablösung des Zehnt hatte das Bezirksamt seine Sturheit bewiesen und sich auf einen jahrelangen Bürokratiestreit eingelassen. Bei der Friedhofsverlegung war es unnachgiebig geblieben und hatte die Wünsche der Gemeinde ignoriert, was das Verhältnis der beiden Parteien weiter zerrüttet hatte. So bildete sich in Seckenheim eine große demokratische Basis. Bereits 1843 hatte Mathias Eder vorgeschlagen, das gräfliche Schloss nach dem Tod des Grafen von Luxbourg in Gemeindebesitz zu übernehmen, um es in ein Krankenhaus und Pflegeheim umzuwandeln. Durch die Nähe zu Mannheim befanden sich die Seckenheimer dicht am liberalen Zentrum, und wer wollte, konnte trotz Zensur über alle Neuigkeiten auf dem Laufenden bleiben. Georg Hörner stand in engem Verhältnis zu von Soiron und Hecker und auch mehrere weitere Seckenheimer waren eng mit der liberalen Bewegung verbunden. Mathias Eder war nicht nur Mitglied des demokratischen Volksvereins und Debattenredner für den bekannten Mannheimer Revolutionär Sachs (Abb. 10), sondern auch Mitglied des Bürgerausschusses und des Gemeinderats, wo er ebenfalls ein beliebter Redner war und viel Einfluss auf die Gemeindebürger ausüben konnte. Er war außerdem mit Tierarzt Bechtold auf der Offenburger Versammlung vom 12. Mai anwesend.[107] Georg Heinrich Gund war Anfang der 1840er Jahre bereits in die USA ausgewandert und zur Revolution als amerikanischer Konsul wieder zurückgekehrt. Er war eng befreundet mit Hecker und Struve und von der Regierung als besonders gefährlich eingestuft worden.[108] Nicht zuletzt waren die wirtschaftlichen Unruhen der Zeit nicht an Seckenheim vorüber gegangen, was zu einer

Benedikt Noe und Dietmar Schmeiser

steigenden Zahl von armen Bürgern und Tagelöhnern führte. Durch die Bevölkerungszunahme seit dem Anfang des Jahrhunderts war es auch hier zu typischen Erscheinungen des ländlichen Pauperismus (Verarmung) gekommen. Die Realerbteilung führte zum Schrumpfen der Höfe und Äcker, bis man kaum noch vom Land leben konnte, und ein Überangebot an Arbeitskräften führte zu einer steigenden Anzahl von Tagelöhnern, die bei den Großbauern Arbeit suchten. So entwickelten sich große soziale Unterschiede innerhalb des Dorfes.[109] Bürgermeister Hörner lebte den Charakter der liberalen Bewegung durch seine Amtsführung und seinen Einsatz für die Gemeinde, vor allem für deren ärmere Mitglieder, vor. In ihm hatten die Seckenheimer einen Beamten, der für Durchsetzung der neu errungenen Rechte gegenüber der veralteten Regierung kämpfte. Gerade dadurch zeigte er die Reformbedürftigkeit des alten Systems. „So verwundert es nicht, dass die Seckenheimer beim Maiaufstand von 1849 von ganzem Herzen mitmachten."[110] Auf Gemeindekosten wurde eine 54 Mann starke Bürgerwehr gegründet; bemessen an der Einwohnerzahl der kleinen Gemeinde eine beachtliche Zahl. Zur Ausbildung wurden der Feldwebel Auerbach und der Korporal Thorwarth von außerhalb angeheuert. Die Bewaffnung konnte in Karlsruhe gekauft werden, womit Mathias Eder beauftragt wurde. Zur Verteidigung vor den nahenden Preußen wurden zudem auf dem Neumarkt Barrikaden errichtet. Das alles musste die Gemeinde aus eigener Tasche zahlen.[111] Die Kosten beliefen sich, zusammen mit Kosten für Fourage, auf insgesamt 3857,57 fl.

Der Einmarsch der Preußen erforderte eine schnellstmögliche Reaktion der Revolutionäre. Die Unruhen im übrigen Bund waren schnell niedergeschlagen, und Baden blieb allein mit der bayerischen Pfalz als Verbündeten zurück. Die Preußen rückten schnell vor und eroberten am 15. Juni Ludwigshafen. Die Seckenheimer Freischärler halfen bei der Verteidigung der strategisch wichtigen Neckarübergänge bei Mannheim, Ladenburg und bei Hirschhorn. Auch der Ort selbst sah zu dieser Zeit wohl erneut viele Truppendurchzüge. Der preußischen Übermacht waren das badische Militär und die zum Teil schlecht organisierten und disziplinierten Freischärler nicht gewachsen. Sie wehrten die Preu-

ßen mehrmals ab, die aber konnten anscheinend auf immerwährenden Nachschub zählen. Bei Waghäusel verloren die Revolutionstruppen unter dem Oberbefehl des polnischen Generals Mieroslawski am 21. Juni die erste entscheidende Schlacht (Abb. 11). Am 22. Juni fiel Mannheim und damit auch Seckenheim. Langsam rückte die preußische Armee weiter vor und eroberte Dorf um Dorf. Am 23. Juli kapitulierte die letzte Festung Rastatt vor der Übermacht. Wenig später, am 18. August, kehrte Großherzog Leopold siegreich auf den Thron zurück. Die Republik war endgültig gescheitert.[112]

Die Revolution führte aber auch zu Auseinandersetzungen im Dorf. Nicht alle teilten die liberalen Auffassungen der Mehrheit.[113] Auch die Zusammenrottung von Ärmeren führte zu dem schon oben beschriebenen Konflikt mit reichen Bauern.[114]

Mit dem drohenden Scheitern der Revolution scheint die Stimmung rasch wieder umgeschlagen

Abb. 10
Wilhelm Sachs
(1801-1866)
Porträt von Lambert
Sachs (1818-1903)
1843
Öl auf Leinwand
Privatbesitz
Foto: Mit freundlicher
Genehmigung des Eigentümers

Johann Georg Hörner – Sozialreformer, Bürgermeister und Revolutionär (1785-1873)

Abb. 11
Die Schlacht von Waghäusel am 21. Juni 1849
Kreidelithographie
Landesmedienzentrum
Baden-Württemberg

zu sein. Ein besonders bekannter Vorfall findet sich in der Karlsruher Zeitung Nr. 285 vom 1. Dezember 1849.[115] Dass dieser Vorfall kurz nach der Rückkehr des Großherzogs besonders hervorgehoben wird, diente sicherlich auch der politischen Propaganda: „Mannheim, 29. November. In den ersten Junitagen, zur Zeit der schönsten Blüte unserer Revolution, drang ein Haufe des auf der Straße zu Seckenheim gelagerten sogenannten Volksheeres in das dortige Kronenwirtshaus; als die Helden an der Wand der kleinen Wirtsstube die Bildnisse des Großherzogs und der Großherzogin erblickten, verlangten sie von den Wirtsleuten deren augenblickliche Entfernung, und da diese verweigert wurde, legten sie selbst dazu Hand an. Durch diese Rohheit empört, machte sich die achtzehnjährige Tochter des Hauses, Babette Bühler, mitten durch den Trupp mit Gewalt Platz, hing die Bilder wieder an Ort und Stelle und befahl den bewaffneten Burschen, unverzüglich die Stube zu verlassen. Verdutzt zogen sich die Freischärler zurück, der wiederholten, mit unzweideutigen Gebärden begleiteten strengen Aufforderungen des Mädchens Folge leistend, und die Bilder des Regentenpaares wurden in Ruhe gelassen. Seine königliche Hoheit der Großherzog, von dieser edlen mutvollen Handlung vor Kurzem erst in Kenntnis gesetzt, ließ der Babette Bühler, inzwischen mit einem braven Bürger verheiratet, die auf seinen Regierungsantritt geprägte große silberne Gedächt-

nismedaille mit dem wohlgetroffenen Bildnis des Fürsten, im Etui, als Andenken zustellen, welche der überraschten jungen Frau gestern im Kreis der Familie, im Beisein der geistlichen und weltlichen Vorgesetzten zu Seckenheim durch den Geheimrat Schaaf überreicht wurde. Hätten alle Männer mit loyalen Gesinnungen am rechten Ort und zur rechten Zeit den Mut dieses Mädchens bestätigt, wären sie den falschen Freiheitsaposteln überall offen mit ihrer Herzensmeinung entgegengetreten, wahrlich es hätte den Aufruhr in Baden niederzuwerfen der Bajonette der Hilfstruppen nicht bedurft, und viel Beklagenswertes wäre unterblieben. Unsere Schönen dürfen auf die Schwester in Seckenheim stolz sein, manchem starken Mann mit und ohne Schnurrbart aber mit collegium practicum bei Babette Bühler für etwaige künftige Vorkommenheiten recht nützlich sein."[116]

Nach der Revolution

Nachdem der Großherzog durch Preußens Hilfe mit den alten Mächten in Karlsruhe wieder Einzug gehalten hatte, wurden Fragebögen an alle Amtsbezirke verschickt, um Beteiligte der Revolution ausfindig zu machen. Der Anordnung folgte die schwer leserliche Antwort des Amtsbezirks Schwetzingen vom 28. Juni: Sowohl in Seckenheim, durch Gemeinderat Bühler „und Consorten", als auch in Schwetzingen und weiteren Gemeinden des

Benedikt Noe und Dietmar Schmeiser

Bezirks sei es zu Gründungen von demokratischen Vereinen gekommen. Georg Hörner sei zudem an der Gründung des demokratischen Vereins beteiligt gewesen.[117] Auf einer Liste der Regierung des Unterrheinkreises in Mannheim zur „Reorganisation der Gemeindebehörden" vom 6. Februar 1850 taucht sein Name zusammen mit zwölf weiteren Seckenheimern auf. Wieder wird ihm die Mitgliedschaft im demokratischen Verein vorgeworfen. Außerdem wird er als „Wühler" bezeichnet.[118] Welche Folgen seine Beteiligung an der Revolution hatte, ist nicht bekannt. Informationen über ein gerichtliches Verfahren oder gar Gefängnishaft gibt es nicht. Es ist gut möglich, dass seine Taten dem Bezirksamt nicht gravierend genug erschienen, um ihn zu verurteilen. Karl Wolber zieht daraus die Schlussfolgerung, „man scheint ihn auch auf gegnerischer Seite geachtet zu haben, denn wir hören in den Akten nirgends, daß er nach seiner Amtsenthebung auch eingesperrt worden wäre".[119] Von seiner Entlassung hören wir erst durch einen Bericht von 1853, in dem es heißt, dass der Altbürgermeister Hörner „wegen seines dienstlichen Verhaltens im Jahr 1849 seines Amtes entsetzt worden ist".[120] Seine letzte amtliche Unterschrift findet sich im Amtsbuch auf einer Abrechnung der Gemeindekosten vom 21. Juli 1849.[121]

Eventuell musste er eine Geldstrafe zahlen, wie Hansjörg Probst es in seinem „Seckenheimer Revolutionsspiel"[122] geschehen lässt. Immerhin wurden insgesamt 56 Amtsträger zu einer Zahlung von rund 20.000 fl verurteilt und ihrer Ämter enthoben.[123] Er kam auf jeden Fall noch glimpflich davon. Andere Seckenheimer wurden zu jahrelanger Haft verurteilt oder verloren sogar ihr Bürgerrecht und mussten auswandern.[124] Im März 1850 war Georg Hörner vorgeladen, um in der Verhandlung des wegen Hochverrats angeklagten Verlegers und Revolutionärs Johann Peter Grohe auszusagen. In der Verhandlung ging es um Urkunden, die die Signatur Grohes trugen. Georg Hörner sagte aus, dass er eine Urkunde zwar gesehen habe, jedoch nur bevor diese unterzeichnet war und deswegen nicht wisse, ob sie Grohe unterschrieben habe oder nicht. Genaueres kann nicht gesagt werden.[125]

Die vom Großherzog erwünschte Besatzung schürte den Hass auf die Preußen und die Regierung. Seckenheim hatte besonders unter den Einquartierungen zu leiden. Im Oktober 1849 lagen in Seckenheim preußische Ulanen, im Februar 1850 gar eine ganze Schwadron. Die Gemeinde musste für die Verpflegung aufkommen, wozu sie nur in der Lage war, indem sie einen Vertrag mit einer Ladenburger Firma einging, dank dessen sie die Kosten in überteuerten Raten ableisten konnte. Wegen der Massen an Menschen und Pferden brachen auch bald die Pocken aus, was zu unerträglichen Zuständen geführt haben musste. Seckenheim schien auch mehr unter den Einquartierungen zu leiden als die Nachbarorte, was die Bevölkerung auf ihre stärkere Beteiligung an der Revolution zurückführte. Beschwerdebriefe und dergleichen wurden aber nicht weiter berücksichtigt. Stattdessen kamen weitere Truppen. Als Ausgleich wurde der Gemeinde im März 1850 der Betrag von 72 fl 54 xr zur Verpflegung der Pferde gewährt. Angesichts der Menge an Essen und Futter, im Juni waren 300 Pferde untergebracht, kaum der Rede wert. Als die Gemeinde dann auch noch 2.290 fl Kriegskostenausgleich zahlen musste, war die Situation für sie kaum noch tragbar. Erneut bat die Gemeinde schriftlich um Ausquartierung der Truppen und bekam diesmal 367 Taler und 14 Silbergroschen als Auslage bezahlt. Im August 1850 reisten die preußischen Truppen ab. Eine letzte Einquartierung mussten die Seckenheimer im November 1850 ertragen, als aus dem Ausland zurückkehrende badische Truppen hier untergebracht wurden. Mit der Zahlung von 1.850 fl Kriegskosten waren die Schulden der Revolution endlich beglichen.[126]

Von bürokratischer Seite war die Revolution noch immer nicht aufgearbeitet. So ergaben sich für das Bezirksamt 1851 weitere Fragen zur Aufstellung der Gemeindeausgaben von 1849 für die Bürgerwehr, in denen unter anderem die weiter oben aufgelisteten Kosten selbstverständlich vermerkt waren. Für diese Kosten musste sich die Gemeinde nun rechtfertigen. Weder die Aufstellung der Gemeindeausgaben von 1849 noch der Dialog mit dem Bezirksamt sind im Original enthalten. Aufschluss über den Vorfall gibt abermals Wolber. „Es wurde gefragt, was für Gewehre Riesbach geputzt habe. Die Gemeinde antwortete, daß 31 Militärdienstgewehre gereinigt und bereits abgeliefert seien. Dann kamen die Ausgaben an Eder[127] zur Sprache. Man wollte wissen, wofür dieses Geld gewesen sei, wer ihn nach Karlsruhe gesandt habe und wie sich

Johann Georg Hörner – Sozialreformer, Bürgermeister und Revolutionär (1785-1873)

diese Forderung berechne, worauf die Gemeinde erwiderte, der Bügerausschuß habe den Eder mit der Reise, Fracht usw. bevollmächtigt. [...] Was dies für badisches Militär gewesen sei, wollte man nun wissen. Die Antwort lautete, daß 3 Kavalleriepferde untergebracht worden seien, deren Mannschaften aber unbekannt sei. [...] Man wollte wissen wer die Gürtel empfangen, wo sie hingekommen sind und sich jetzt befinden. Die Antwort lautete: „Die Gürtel erhielt die Bürgerwehr, welche sie beim herannahen der Preußen teils weggeworfen, teils an Hauptmann Scheid am 1. Juni 1849 in Schwetzingen ablieferten. Trommel, Schlegel und Bandelier befinden sich noch auf dem Rathaus." Mit den Blusen ging es wie mit den Gürteln. Die Bürgerwehrleute warfen also die Flinten rasch ins Korn. [...] Ausführlich beschäftigte man sich mit dem Bürger Kreuzer, weil er 4fl. für das Einexerzieren der Bürgerwehr erhielt. Die Gemeinde nahm ihn jedoch gehörig in Schutz, da er von Bürgermeister Hörner mit dem Gemeinderat zusammen beauftragt worden sei. Der Artillerist Bechthold erhielt 5fl., weil er freiwillig zum revolutionären Militär eingerückt war. [...] Die Gemeinde gab zur Antwort, daß Bechthold bereits nach Amerika ausgewandert und ihm das Bürgerrecht entzogen sei."[128]

Über die Folgen der Befragung macht Wolber keine Angaben mehr. Ob das Geld von der Gemeinde zurückgezahlt werden musste, ist unklar. Eventuell war die Befragung ein Teil des Grundes, aus dem Georg Hörner und andere abgesetzt wurden.

Johann Georg Hörner nach seiner Amtsenthebung
Nach der Absetzung Johann Georg Hörners wurde am 22. August 1849 Georg Jakob Seitz zum Bürgermeister von Seckenheim gewählt. Er stand der Gemeinde bis 1870 vor. Wie aus der Bürgermeisterwahl und dem Wahlkampf von 1870 hervor geht, stand Seitz den Revolutionären sehr nahe. „Starke Erregung, alte Gegnerschaften aus 1848/49. Seitz ist liberal und den 48ern verpflichtet, Bühler patriotisch-konservativ."[129] Während seiner Amtszeit scheint die liberale Gesinnung in Seckenheim weiter gelebt zu haben. Georg Hörner war bei der Regierung in Ungnade gefallen und konnte nicht mehr politisch aktiv werden. Nach seiner Entlassung gelangten drei seiner Söhne in die Gemeindegremien. Nach § 13 der Gemeindeordnung von 1831 waren Verwandte des

Bürgermeisters nicht für die Wahl in den Gemeinderat zugelassen. Nun stand ihnen der Zugang offen. Ab 1855 war sein Sohn Johann Georg Philipp Hörner bis 1870 Mitglied des Gemeinderats, ein weiterer Sohn, Georg Jakob Hörner, von 1867 bis 1873 und ein dritter Sohn, Johann Philipp Hörner, bekleidete von 1856 bis 1868 das Amt des Gemeinderechners.[130] Dadurch war Johann Georg Hörner sicherlich nicht komplett aus der Gemeindepolitik ausgeschlossen, konnte sich zumindest informieren und wurde vielleicht sogar konsultiert.

Ein letztes Mal hören wir in einem Polizeibericht vom 2. September 1853 von ihm. Ein „zuverlässiger und gutgesinnter Bürger von Feudenheim"[131] hatte ihn in verschwörerischer Runde im Wirtshaus „Mohrenkopf" in Mannheim gesehen und über Hecker (Abb. 12) sprechen hören. Daraufhin hatte er bei der Polizei Bericht erstattet. Grund des Verdachts war neben dem Gesprächsthema die Anwesenheit von Georg Heinrich Gund. Dieser war während der Revolution von der Regierung als besonders gefährlich eingestuft worden, noch dazu, weil er amerikanischer Konsul in Basel war und nicht direkt belangt werden konnte. „Die Thatsache ist, daß Gund gestern in Mannheim in einem Wirthshause war, wo sich alsbald mehrere Leute aus der Umgegend um ihn versammelten, welche

Abb. 12
Friedrich Hecker
(1811-1881)
StatdtA MA - ISG

Dᴿ HECKER.

Benedikt Noe und Dietmar Schmeiser

entweder sich bei der Revolution im Jahre 1849 wirklich betheiligten oder als Anhänger derselben bekannt waren. Mit Gewißheit kann ich nennen: die Brüder Kienschärf aus Weinheim, einer wegen Zerstörung der Eisenbahn zu Zuchthaus verurteilt, sodann den Gastwirth Witz von Ilvesheim, welcher erst vor mehreren Wochen begnadigt aus der Strafanstalt in Bruchsal entlassen wurde. Ferner der Altbürgermeister Bossert aus Wallstadt, welcher wegen Majestätsbeleidigung bestraft wurde. Endlich der Altbürgermeister Hörner von Seckenheim, welcher wegen seines dienstlichen Verhaltens im Jahre 1849 seines Amtes entsetzt worden ist. [...] Es ist nun auffallend, daß sich diese Leute sobald bei Gund nachdem er kaum in Mannheim eingetroffen war eingefunden hatten und es erscheint eine vorhergegangene Bestellung mehr als wahrscheinlich. In diesem Falle unterliegt es keinem Zweifel, daß die Revolutionsparthei, an deren gründliche Gesinnungsänderung ich nie geglaubt habe, wieder anfängt, sich zu regen, und einigermaßen zu organisieren, [...]."[132]

Der Bericht des Ladenburger Amtsvorstandes wurde wenige Tage später vom Präsident des großherzoglich badischen Ministeriums des Innern an die nächst höhere Stelle weitergeleitet, mit dem Vermerk, dass weitere Erkundigungen, auch zum Gesprächsthema, eingeholt werden würden.[133] Vor allem Gunds Rückkehr nach Mannheim sorgte auch auf höherer Ebene für Unruhe bei der badischen Regierung. Ein lang dauerndes Gespräch über Hecker mit mehreren ehemaligen Revolutionären ist sicherlich ein deutlicher Hinweis darauf, dass Hörner auch nach seiner Absetzung an seiner Überzeugung weiter festhielt. Nach diesem Vorfall schweigen die Quellen zu Hörner. Seinen Lebensabend verbrachte er in Seckenheim und konnte auch noch die deutsche Reichsgründung 1871 miterleben. Was er davon hielt, bleibt ungewiss. Am 3. November 1873 verstarb Johann Georg Hörner im Alter von 88 Jahren. Er wurde auf dem Seckenheimer Friedhof beigesetzt. Lange Zeit schmückte ein eindrucksvolles Grabmal in Form einer klassizistischen, gebrochenen Säule (Abb. 13) sein Grab, das „nach Gemeinderatsbeschluss 'auf ewig' erhalten bleiben sollte, [aber] um 1960, ohne dass sich Protest regte, klammheimlich abgetragen wurde".[134] Karl Wolber merkt an: „Wenn die gebrochene Säule

den gestürzten Bürgermeister darstellen soll, so wäre diesem Grabstein doppelte Aufmerksam zu schenken."[135] Johann Georg Hörner hat dank seiner Langlebigkeit viel erlebt. Er hat aktiv in seiner Zeit gewirkt. Die neuen Errungenschaften auf dem Gebiet des Gemeindeliberalismus erachtete er als großen Fortschritt und kämpfte für ihre Durchsetzung auf Gemeindeebene und nicht zuletzt auch für deren Bestehen überhaupt.

1819 wurde er damit beauftragt, als einer der zehn reichsten Seckenheimer die Wahlberechtigten für die anstehende Kammerwahl zu ermitteln. Das sagt noch nicht sehr viel über sein politisches Interesse aus, da er in der Kommission mitmachen musste. Es gibt aber Aufschluss über seine wirtschaftlichen Verhältnisse, die hier wegen der mangelnden Quellen nicht näher betrachtet werden konnten. Er war befreundet mit Hecker und wohl auch mit mehreren weiteren Revolutionären und wurde von ihnen beeinflusst. Man muss jedoch auch hervorheben, dass er eine Generation älter war als die oben beschriebenen Mannheimer Liberalen und Revolutionäre. Er musste also schon vor seiner Wahl zum Bürgermeister 1832 ein eigenes politisches Profil entwickelt haben. Hingegen war er vor 1832 weder im Gemeinderat, noch im Bürgerausschuss tätig. Als Bürgermeister hatte Johann Georg Hörner immer wieder auf sein Recht plädiert, das ihm durch die Gemeindeverfassung zugestanden wurde und sich für seine Gemeinde eingesetzt. Dabei dauerte es auf bürokratischer Ebene sehr lange, bis diese Rechte tatsächlich umgesetzt wurden. Bei der Betrachtung seiner Amtszeit fällt auf, dass er sich immer wieder für die Ärmeren in der Gemeinde einsetzte. Während seiner Bürgermeisterzeit nahm er eine Vermittlerrolle zwischen Gemeinde und Regierung ein, auch wenn er dadurch selbst unter Druck geriet. Auf der einen Seite setzte er sich für seine liberalen Überzeugungen ein und war in Seckenheim dafür bekannt. Zum anderen beteiligte er sich aber nicht an den gewaltsamen revolutionären Umsturzversuchen von Hecker und Struve. Er unterstützte zwar die Bildung einer Bürgerwehr in Seckenheim, seine Taten scheinen jedoch nicht gravierend genug gewesen zu sein, dass ihm daraus von Regierungsseite größere Probleme erwachsen wären. Nach der Revolution blieb er seiner Gesinnung treu, was sein Tref-

Johann Georg Hörner – Sozialreformer, Bürgermeister und Revolutionär (1785-1873)

Abb. 13
Das Grabmal von Johann Georg Hörner auf dem Seckenheimer Friedhof 1930er Jahre
Foto: Franz Schmeiser

die Ideen von Demokratie auf Gemeindeebene anwandten und verteidigten. Leider sind zahlreiche Informationen verloren. Viele der Angaben von Karl Wolber können nicht mehr überprüft werden, so die zahlreichen Briefe, die er mit Hecker, Struve, von Soiron und von Itzstein gewechselt haben soll. So können nur punktuelle Ereignisse beleuchtet werden, die in den Akten verzeichnet sind. Betrachtet man diese Schlaglichter, kann man davon ausgehen, dass er sich im Alltag ebenso verhalten hat und es zahlreiche weitere undokumentierte Taten dieser Art gegeben hat.

Zuletzt sollen noch einmal andere Stimmen über Johann Georg Hörner zu Wort kommen: „In Johann Georg Hörner tritt uns ein Bürgermeister entgegen, der ein Demokrat lauterster Gesinnung und größter Uneigennützigkeit war und der es verdient, der Vergessenheit entrissen zu werden, verkörpert er doch ein ganz frühes Beispiel demokratischer Kommunalpolitik!"[136] „Er beharrte 1849 als aufrechter Mann auf seinem Posten, obwohl er die Niederlage voraussah, bis zum bitteren Ende seiner Entlassung aus dem Amt. Er blieb stehen, als die schwankenden Gestalten seiner Umgebung alle abfielen. Man scheint ihn auch auf gegnerischer Seite geachtet zu haben, denn wir hören in den Akten nirgends, daß er nach seiner Amtsenthebung auch eingesperrt worden wäre, wie es in vielen ähnlichen Fällen geschah."[137]

Lange Zeit bestand in der Gemeinde Seckenheim, die seit bald 100 Jahren ein Ortsteil Mannheims ist, kein großes Interesse an der Person Johann Georg Hörners. Statt ihn zu würdigen, wie es in ähnlichen Fällen zahlreiche badische Städte mit ihren Demokraten getan haben, wurde sein Grabmal in Seckenheim im Laufe der 1960er Jahre entfernt. Besonders die neuerlichen Aktivitäten der Interessengemeinschaft Friedhof Seckenheim[138] und anderer lässt hoffen, dass in den nächsten Jahren eine Gedenksäule an der Stelle, wo sein Grab war, errichtet wird. Hörner, ein Vorkämpfer für unsere moderne Demokratie, hätte sie wahrhaftig verdient.

fen mit Gund und anderen von 1851 zeigt. Aufgrund der Quellenlage kann auch hierzu nichts Genaueres gesagt werden. Nur durch Leute wie ihn, die sich im kleinsten Teil des Staates organisierten, war es möglich, den Liberalismus auf eine breite Basis zu stellen. Neben den großen Revolutionären und den Liberalen der Zweiten Badischen Kammer brauchte es Menschen wie Johann Georg Hörner, welche

*   Herausgegeben von Dr. Dietmar Schmeiser als Zusammenfassung einer Staatsexamensarbeit am Historischen Institut der Universität Mannheim unter Leitung von Prof. Dr. K. J. Matz 2014.

1   Helmuth Mössinger: Seckenheimer Familienchronik, in: StadtA MA - ISG, Nachlass Karl Wolber, Zug 16/1969, Lfd.-Nr. 9.

2   Vgl. StadtA MA - ISG, Amtsbücher Seckenheim, Zug 10/1900, Lfd.-Nr. 76-78.

3   Vgl. StadtA MA - ISG, Amtsbücher Seckenheim, Zug 10/1900, Lfd.-Nr. 76-78.

4   Hansjörg Probst: Seckenheim. Geschichte eines Kurpfälzer Dorfes, Mannheim 1981.

Benedikt Noe und Dietmar Schmeiser

5   Paul Nolte: Gemeindebürgertum und Liberalismus in Baden 1800-1850. Tradition, Radikalismus, Republik, Göttingen 1994.

6   Vgl. Probst, Seckenheim, wie Anm. 4, S. 637.

7   Ablösegesetz §32.

8   GLA [362/4727] und Probst, Seckenheim, wie Anm. 4, S. 638.

9   Probst, Seckenheim, wie Anm. 4, S. 638.

10 Vgl. ebd. S. 638.

11 Vgl. ebd. S. 638f.

12 StadtA MA - ISG, Nachlass Karl Wolber, Zug 16/1969, Lfd.-Nr. 9, Der Bürgermeister Johann Georg Hörner zu Seckenheim.

13 Vgl. StadtA MA - ISG, Gemeindesekretariat Seckenheim, Zug 45/2008, Lfd.-Nr. 583.

14 GLA [362/4727], S. 99.

15 Vgl. Probst, Seckenheim, wie Anm. 4, S. 639.

16 Ebd.

17 Vgl. ebd.

18 Ebd.

19 Vgl. Probst, Seckenheim, wie Anm. 4, S. 639

20 Ebd.

21 Zum gesamten obigen Abschnitt vgl. Probst, Seckenheim, wie Anm. 4, S. 637-640.

22 Zum ganzen Kapitel vgl. Probst, Seckenheim, wie Anm. 4, S. 246-252. Zusammenfassung aus [GLA 362/1827].

23 GLA [362/1827], S. 55f.

24 Probst, Seckenheim, wie Anm. 4, S. 249.

25 Hörner am 2.9.1844 an das Bezirksamt Schwetzingen, vgl. Probst, Seckenheim, wie Anm. 4, S. 251.

26 GLA [362/1827].

27 Vgl. Probst, Seckenheim, wie Anm. 4, S. 258.

28 Vgl. GLA [376/213].

29 GLA [362/1799].

30 Vgl. ebd.

31 Vgl. Nachlass Karl Wolber: Der Maiaufstand 1849 in Seckenheim I., und Probst, Seckenheim, wie Anm. 4, S. 24.

32 Probst, Seckenheim, wie Anm. 4, S. 620.

33 Ebd. S. 669.

34 Ebd. S. 669.

35 GLA [376/137].

36 Nachlass Karl Wolber: Der Maiaufstand 1849 in Seckenheim I.

37 Untersuchung gegen Mathias Eder wegen Ehrkränkung des Bürgermeisters Hörner 1843, in: StadtA MA - ISG, Gemeindesekretariat Seckenheim, 45/2008 -135.

38 Ebd.

39 Ebd.

40 Vgl. ebd.

41 StadtA MA - ISG, Gemeindesekretariat Seckenheim, 45/2008 – 665.

42 Ebd.

43 Zum ganzen Absatz vergleiche Nachlass Karl Wolber: Der Bürgermeister Johann Georg Hörner zu Seckenheim.

44 StadtA MA - ISG, Gemeindesekretariat Seckenheim, 45/2008-405-409.

45 Verhandlungen der Stände-Versammlung des Großherzogthums Baden im Jahre 1842. Enthaltend die Protokolle der Zweiten Kammer mit deren Beilagen, von ihr selbst amtlich herausgegeben. Erstes Protokollheft, Karlsruhe 1842, S. 8.

46 Verhandlungen der Stände-Versammlung des Großherzogtums Baden im Jahre 1841-42. Enthaltend die Protokolle der Zweiten Kammer mit deren Beilagen, von ihr selbst amtlich herausgegeben. Drittes Protokollheft, Karlsruhe 1842, S. 363.

47 Vgl. Verhandlungen der Stände-Versammlung 1842, S. 135.

48 Vgl. ebd.

49 Ebd.

Johann Georg Hörner – Sozialreformer, Bürgermeister und Revolutionär (1785-1873)

50 Vgl. ebd.

51 Vgl. ebd. S. 135f.

52 Vgl. Verhandlungen der Stände-Versammlung 1842, S. 136.

53 Ebd.

54 Vgl. ebd.

55 Vgl. ebd. S. 135.

56 Ebd. S. 136f.

57 Ebd. S. 137.

58 Vgl. Verhandlungen der Stände-Versammlung 1842, S. 137.

59 Ebd.

60. Vgl. ebd.

61 Vgl. ebd. S. 6.

62 Vgl. ebd. S. 139.

63 Vgl. ebd. S. 138.

64 Ebd.

65 Vgl. ebd. S. 139.

66 Ebd. S. 138.

67 Ebd. S. 138f.

68 Vgl. ebd. S. 139-142.

69 Vgl. ebd. S. 142-165.

70 Vgl. ebd. S. 165.

71 Vgl. ebd. S. 146f.

72 Ebd. S. 149.

73 Vgl. ebd. S. 149f.

74 Vgl. ebd. S. 156f.

75 Vgl. ebd. S. 162.

76 Vgl. ebd. S. 165.

77 Ebd. S. 166.

78 Ebd. S. 166.

79 Ebd.

80 Ebd. S. 167.

81 Ebd.

82 Ebd. S. 177.

83 Hoffmann von Fallersleben, Zwölf Zeitlieder.

84 Hoffmann von Fallersleben, August Heinrich: Mein Lebensgang. Erweiterte Ausgabe, Altenmünster 2012, S. 54.

85 § 2 der Wahlordnung, siehe Anmerkung oben.

86 Vgl. Nachlass Wolber: Der Bürgermeister Johann Georg Hörner zu Seckenheim.

87 Brief Heckers an Hörner in StadtA MA - ISG, Gemeindesekretariat Seckenheim, 45/2008 – 583.

88 Hein: Bürgerlicher Aufbruch, in: Nieß, Ulrich/ Caroli, Michael (Hrsg.): Geschichte der Stadt Mannheim, S. 225f.

89 Ebd. S. 225-227.

90 Ebd. S. 233-235.

91 Hein: Bürgerlicher Aufbruch, in: Nieß, Ulrich/Caroli, Michael (Hrsg.): Geschichte der Stadt Mannheim, S. 230.

92 Vgl. Karl Mathy: Die Verfassungsfeier in Baden am 22. August 1843, in: Vaterländische Hefte über innere Angelegenheiten für das Volk, hrsg. von Mitgliedern der Zweiten Kammer, Mannheim 1843.

93 Ebd. S. V.

94 Ebd. S. 3.

95 Ebd. S. 4.

96 Mathy, Die Verfassungsfeier, wie Anm. 92, S. 6.

Benedikt Noe und Dietmar Schmeiser

97 Ebd. S. 33.

98 Ebd. S. 34-37.

99 Vgl. ebd. S. 44.

100 Ebd.

101 Mathy, Die Verfassungsfeier, wie Anm. 92, S. 45.

102 Ebd. S. 45.

103 Ebd. S. 3.

104 Ebd. S. 45.

105 Ebd. S. 45.

106 Probst, Seckenheim, wie Anm. 4, S. 620.

107 Vgl. Probst, Seckenheim, wie Anm. 4, S. 668.

108 Vgl. ebd. S. 671.

109 Vgl. ebd. S. 667f.

110 Ebd. S. 668.

111 Vgl. ebd. S. 668f.

112 Vgl. Probst, Seckenheim, wie Anm. 4, S. 668f.

113 Vgl. Nachlass Karl Wolber: Der Maiaufstand 1849 in Seckenheim I.

114 Vgl. Probst, Seckenheim, wie Anm. 4, S. 669.

115 Vgl. Nachlass Karl Wolber: Der Maiaufstand 1849 in Seckenheim III.

116 Karlsruher Zeitung Nr. 285 vom 1. Dezember 1849, zitiert in: Nachlass Karl Wolber: Der Maiaufstand 1849 in Seckenheim III und Probst,
     Seckenheim, wie Anm. 4, S. 669f.

117 GLA (376/1304).

118 Vgl. GLA (236/3108).

119 Nachlass Karl Wolber: Der Bürgermeister Johann Georg Hörner zu Seckenheim.

120 GLA (233/34893).

121 Vgl. StadtA MA - ISG, Amtsbücher Seckenheim 10/1900-229.

122 Hansjörg Probst, Seckenheimer Revolutionsspiel, 1999.

123 Vgl. Probst, Seckenheim, wie Anm. 4, S. 667.

124 Zu den Schicksalen weiterer Seckenheimer Revolutionäre vgl. Probst, Seckenheim, wie Anm. 4, S. 671-673.

125 Vgl. GLA (276/3441), S. 74.

126 Vgl. Nachlass Karl Wolber: Das Ende des Maiaufstandes 1849 in Seckenheim IV. Siehe auch: Einquartierung und Verpflegung in- und
     ausländischer Truppen an Mundproviant und Fourage 1849-1860, in: StadtA MA - ISG Gemeindesekretariat Seckenheim, 45/2008 - 159.

127 16,52 fl. wurden an ihn für das Abholen der Gewehre gezahlt.

128 Nachlass Karl Wolber: Der Maiaufstand 1849 in Seckenheim II. Nach: Die Auflistung der Kosten, welche die Gemeinde Seckenheim
     in dem Aufstand pro 1849 aus der Gemeindekasse ausbezahlte. 2. Dezember 1851, in: StadtA MA - ISG, Gemeindesekretariat Secken-
     heim, 45/2008-845.

129 Probst, Seckenheim, wie Anm. 4, S. 621.

130 Auflistung der Mitglieder der Gemeindeverwaltung aus Probst, Seckenheim, wie Anm. 4, S. 625 und 630.

131 GLA (233/34893).

132 Ebd., ebenfalls zitiert in: Probst, Seckenheim, wie Anm. 4, S. 672.

133 Vgl. GLA (233/34893).

134 Heierling: Seckenheimer Vereine und Organisationen, S. 118.

135 Nachlass Karl Wolber: Der Bürgermeister Johann Georg Hörner zu Seckenheim.

136 Probst, Seckenheim, wie Anm. 4, S. 620.

137 Nachlass Karl Wolber: Der Bürgermeister Johann Georg Hörner zu Seckenheim.

138 „Unterdessen wurden auch neue Erkenntnisse über den 1873 verstorbenen Seckenheimer Bürgermeister Johann Georg Hörner und
     sein ehemaliges Ehrengrab in Erfahrung gebracht. Weitere Recherchen laufen, um dem historischen Aspekt des Vereins zu entspre-
     chen." (Mannheimer Morgen 14.2.13).

Abb. 1 (oben)
Außenaufnahme
der St. Pius-Kirche in
Mannheim-Neuostheim
Foto: Reiner Albert

Abb. 2 (unten)
Altar der St. Pius-Kirche
in Mannheim-Neuost-
heim
Foto: Reiner Albert

Reiner Albert

Das Zeitalter von Papst Pius X., dem Patron der St. Piuskirche*

Am 19. März 2016 feierte die St. Pius-Kirche in Mannheim-Neuostheim (Abb. 1) den Tag ihrer Konsekration vor 60 Jahren. Zu diesem Ereignis wurde ein von Günther Saltin und Otto E. Ahlhaus initiierter Band über verschiedene historische Aspekte kirchlichen Lebens von Neuhermsheim und Neuostheim veröffentlicht, der mehr als eine Festschrift sein möchte.[1]

Der vorliegende Artikel nimmt das Jubiläum zum Anlass, sich über das Patronat und das Zeitalter des Namensgebers im Kontext der Mannheimer Kirchen- und Stadtgeschichte einige Gedanken zu machen.

Im ersten Teil wird vorweg der analytische Ansatz des Beitrages beleuchtet. Mit ihm wird ein prinzipielles Schnittmuster bei der Beurteilung der Päpste der ersten Hälfte des 20. Jahrhunderts deutlich.

Im zweiten Teil wird Vordergründiges und Hintergründiges zur Wahl von Papst Pius X. als ersten Kirchenpatron im Jahre 1956 zur Sprache kommen. Dazu zählen kirchengeschichtliche Zusammenhänge des Zeitalters von Papst Pius X., die am Fallbeispiel der Mannheimer Verhältnisse im dritten Teil skizziert werden. Hier spielt insbesondere der soziale und demographische Kontext der ersten Hälfte des 20. Jahrhunderts eine elementare Rolle.

Der vierte Teil setzt sich auf der Grundlage konkreter Fakten zur Person des Papstes mit dem Abwehrkampf Pius´X. gegen innerkirchliche Reformbewegungen auseinander, bevor im abschließenden fünften Teil aktuelle Stimmen zur Anhängerschaft Pius X. mit einem Ausblick auf das Zweite Vatikanische Konzil (1962-1965) und seine Folgen verbunden werden.

1. Ansatz

Die Journalistin Diana Deutsch berichtete von einer „ungewöhnlichen Kombination" und „neuen Stufe der Ökumene", die im Mannheimer Stadtteil Neuostheim mit einer Prozession im Juni 2015 ihren Anfang nahm. Künftig gebe es hier nur noch eine Kirche, in der Katholiken und Protestanten gemeinsam zuhause sind (Abb. 2), nachdem 2009 die Neuostheimer evangelische Thomaskirche in Folge einer geplatzten Wasserleitung einen Totalschaden

erlitt und bereits seit 2010 ihre Gottesdienste in der nahegelegenen katholischen Kirche feierte. Ein brüderliches und schwesterliches Zusammenleben, das in der Geschichte der von Kriegen und Zerstörungen heimgesuchten Stadt schon häufiger praktiziert wurde. Nur dieses Mal handelt es sich nicht um eine provisorische Notlösung, sondern um die dauerhafte Einrichtung der „vermutlich ersten ökumenischen Kirche Badens", namentlich St. Pius.[2]

Demzufolge liegt folgende Frage geradezu auf der Hand: Wäre der vor 100 Jahren lebende Kirchenpatron Pius X. aus heutiger Sicht der rechte Namensgeber dieser ersten ökumenischen Kirche Mannheims?

Nahezu jeder, der auch nur Grundkenntnisse über diesen Papst besitzt, würde diese Frage relativ schnell verwerfen, weil sie sofort als rhetorische Frage zu entlarven ist. Natürlich wäre Pius X., der zwischen 1903 und 1914 das Amt Petri bekleidete, kein geeigneter Namensgeber für eine ökumenische Kirche. Guiseppe Sarto, wie Pius X. mit bürgerlichem Namen hieß, wäre selbst dieser Meinung. Er würde der heutigen Welt und der Weiterentwicklung seiner Kirche, auf deren „Reinheit" er so großen Wert gelegt hat, ohnehin mit Unverständnis begegnen.

Pius X. war ein Papst, der im Vergleich zu den Päpsten Johannes XXIII. und Paul VI. alles andere als ein Mann der Öffnung war. Für Pius standen nicht Mitspracherechte, sondern seine solitäre päpstliche Stellung und die kirchliche Hierarchie im Vordergrund. „Aus heutiger Sicht muten Formulierungen der Schriften Pius X. anachronistisch an", so Klaus Zedtwitz, römisch-katholischer Pfarrer von St. Pius.[3]

Trotz des Verlustes an politischem Einfluss im 19. Jahrhundert blieben die Päpste unangefochten die richtungweisenden geistlichen Autoritäten der katholischen Kirche, nicht nur für Kurie und Priester, sondern vor allem auch für Millionen von Gläubigen. Die Stimme von Pius X. sollte nach seinem eigenen Selbstverständnis wie nach dem Verständnis seines Vorgängers Pius IX. „unfehlbar" sein, was kirchenintern nicht immer ohne Widerspruch blieb.[4] Damit reihte sich Pius X. in die Amtsführung seiner Amtsvorgänger und unmit-

Das Zeitalter von Papst Pius X., dem Patron der St.Piuskirche

telbaren Nachfolger bis Pius XII. nahtlos ein. Er war das Kind eines ganz bestimmten Zeitalters, das erst in den 1960er Jahren mit dem Zweiten Vatikanischen Konzil und seiner Beschlüsse eine gründliche Modifizierung erfuhr.

Dieses Zeitalter kann man auch als Zeit der „pianischen" Restauration bezeichnen, das mit Pius IX. (1846-1878) und seinem Unfehlbarkeitsdogma begann und die Episkopate von Pius X. (1903-1914), Pius XI. (1922-1939) und Pius XII. (1939-1958; Abb. 3) umschloss.

Wenn man Pius X. und seine Glaubensbrüder auf dem Heiligen Stuhl bis 1958 allein unter heutigen Kategorien beurteilen würde, läge die Gefahr einer Verurteilung recht schnell auf der Hand und ließe eine differenzierende Sicht nur schwer zu.

Letztlich müssen wissenschaftlich-analytische wie auch ethisch-moralische Erwägungen für eine sachliche Klärung insbesondere der Patronatswahl von Pius X. in diesem speziellen Übergangszeitalter hinzukommen. Ein Zeitalter, das sich zwischen katholischer Tradition und Industriezeitalter, zwischen Abwehr liberalerer Reformen einerseits und Anpassung an die moderne Massengesellschaft andererseits bewegte.[5]

So sei an dieser Stelle dem kürzlich geäußerten Wort von Papst Franziskus[6] gefolgt, gewissermaßen auch als Anweisung für das anschließende analytische Vorgehen: „Die Kirche ist nicht auf der Welt, um zu verurteilen, sondern um den Weg zu bereiten für die ursprüngliche Liebe, die die Barmherzigkeit Gottes ist."

Unter ethisch begründeter Sachlichkeit ist demnach auch zu verstehen, Leitfiguren früherer Epochen wie Pius X. nicht vor das Tribunal der Geschichtsschreibung zu stellen.

Diese ethisch-moralische Prämisse basiert auf dem Bewusstsein bzw. Bewusstwerden, dass wir alle nur „Zeitreisende" sind, ausgestattet – alle, ohne Ausnahme – mit derselben zeitlich und räumlich eingeschränkten Perspektive. Wie unsere Vorfahren und übrigens auch Nachfahren ausnahmslos ausgestattet sind bzw. waren mit denselben anthropologisch fest definierten Grenzen der Wahrnehmung. Wir alle sind Kinder unserer Zeit, bleiben von den vorgegebenen Zeitumständen bestimmt.

Selbst auf die Gefahr hin, dass dieser Ansatz dem einen oder anderen als eine „Exkulpierung" oder eine zu „unkritische Auseinandersetzung" erscheint mit einem in der katholischen Kirche exponierten Protagonisten, der selbst oder im Namen der Inquisition gläubige Menschen verurteilte, erfüllt dieser mehr Sachlichkeit versprechende Blick doch einen nicht zu unterschätzenden Zweck: Sofern er über den Tellerrand der Analyse eines einzelnen Ereignisses oder einzelner Persönlichkeiten hinausschaut, vermag er entwicklungsgeschichtliche Gesamtzusammenhänge zu erfassen. Im vorliegenden Fall beziehen wir den spezifischen Sachverhalt in unsere Überlegungen mit ein, dass zwischen Pius X. und Papst

Abb. 3
Im Mai 1927 landete Eugenio Pacelli, Päpstlicher Nuntius während der Weimarer Republik, auf dem gerade in Betrieb genommenen Flugplatz Mannheim-Neuostheim. Hier empfingen ihn der Freiburger Weihbischof Burger und Stadtdekan Bauer. Der Nuntius legte auf der Reise zur Feier des 100-jährigen Bestehens der Erzdiözese Freiburg hier einen Zwischenstopp ein, um in der Jesuitenkirche mit den Mannheimer Katholiken einen Gottesdienst zu feiern. Der Weg zur Kirche führte vorbei an dem kürzlich erworbenen Grundstück zum Bau der katholischen Kirche in Neuostheim. Im Jahr 1954 vollzog Eugenio Pacelli, mittlerweile Papst Pius XII., die Heiligsprechung von Pius X. Die Neuostheimer Kirche erhielt als erste Kirche überhaupt Pius X. als Kirchenpatron.
Foto: StadtA MA - ISG

Reiner Albert

Franziskus das von Johannes XXIII., dem bewusst gewählten Namensgeber der seit 2015 bestehenden großen Mannheimer Seelsorgeeinheit, das 1962 einberufene Zweite Vatikanische Konzil liegt. Dieses von Paul VI. nach dem Tode seines Vorgängers 1963 bis 1965 fortgesetzte Konzil setzte nicht nur die Reformen der Kirche in Rom stärker in Gang, es bedeutete letztlich auch mit seiner Öffnung für die Ökumene die epochale Wachablösung des Zeitalters der modernisierungsfeindlichen Pius-Päpste, die so gesehen eine mittlerweile überwundene Stufe kirchlicher Evolution darstellen.

Begeben wir uns auf dieser Grundlage in die Zeit der Patronatswahl, um damit auch Biographie und Amtszeit des Namensgebers mit dem kirchlichen Leben in Mannheim zu verbinden.

2. Die Wahl Papst Pius X. als ersten Kirchenpatron

Für die Namensgebung scheinen vordergründige wie auch hintergründige Motive entscheidend gewesen zu sein. Die Urkunde vom 2. Januar 1955, die ins Mauerwerk der St. Piuskirche eingelassen wurde, legt eher nur die vordergründigen Motive offen, ohne auf den eigentlichen Entscheidungsprozess einzugehen. In erster Linie ließ man sich bei der Wahl eines Heiligen von einem aktuellen Anlass leiten, nämlich von der ein Jahr zuvor erfolgten Heiligsprechung von Papst Pius X. Zitat: „Die Kirche soll dem hl. Papste Pius X. geweiht werden, der im Jahre zuvor am 20. Mai zur Ehre der Altäre erhoben wurde, vierzig Jahre nachdem er im Schmerz um den Ausbruch des ersten Weltkriegs gestorben war."[7]

Als vordergründig einzustufen gilt auch der Sachverhalt, dass mit der Namensgebung verdienstvollen Katholiken gedankt werden sollte. So habe man laut Urkunde als Zweitpatron den heiligen Karl Borromäus erwählt, „in dankbarem Gedenken an den am 5. Juli 1954 verstorbenen Stadtdirektor Karl Häfner und seine Verdienste um die katholische Gesamtkirchengemeinde Mannheim".[8]

Diese Aufzählung vor Augen, erscheint auch Pius X. zunächst nur als herausragender Vertreter der römischen Kirche, dem man mit dem Patronat Dankbarkeit und Ehre erweist.

Nun stellt sich die Frage: Warum hat man zu diesem Zweck nicht einen traditionellen Heiligen wie St. Martin oder St. Andreas ausgewählt? Die Tatsache, dass dies nicht geschah, sondern ein aktueller Heiliger genommen wurde, besagt, dass bei der Wahl von Pius X. sicherlich tiefgründigere Motive eine Rolle spielten. Denn über den profanen Anlass der Heiligsprechung und Dankbarkeit der Mannheimer Katholiken hinaus erwartet man von einem Patron Segen, Hilfe und zu Beginn eines neuen Kirchenbaus auch zukunftsweisende Orientierung, wie man sie beispielsweise aus dem Leben und Wirken von St. Ignatius und St. Franz Xaver für die Jesuitenkirche im Zeitalter der Gegenreformation des 18. Jahrhunderts abgeleitet hat.

Die Urkunde der St. Pius-Kirche bleibt uns diese Begründungen und Hintergründe schuldig. Man muss daher diese aus dem allgemeinen Zusammenhang der neueren Kirchengeschichte mit einiger Plausibilität deduzieren.

3. Die sozialen und demographischen Zusammenhänge der Kirchengeschichte in der ersten Hälfte des 20. Jahrhunderts am Fallbeispiel Mannheims

Wie Pfarrer Zedtwitz in dem gerade erschienenen Band „Am Strom der Zeit" hervorhebt, war Pius X. ein besonderer Papst, nämlich „die markante Führungspersönlichkeit der römisch-katholischen Kirche zu Beginn des 20. Jahrhunderts".[9] In einer entscheidenden Epoche der jüngeren Kirchengeschichte also, die für das Selbstverständnis der katholischen Kirche von herausragender Bedeutung war, nicht zuletzt weil in diese Jahrzehnte der erste große Kirchenbauboom in deutschen Großstädten fiel. Mannheim hatte damals innerhalb weniger Jahrzehnte einen Identitätswandel erfahren, von der beschaulichen Handelsstadt hin zu einer explosiv aufblühenden Industriestadt.

Die demographische Situation Mannheims hatte sich analog zu anderen deutschen Großstädten drastisch verändert: „Zwischen 1861 und 1871 nahm die Mannheimer Bevölkerung von rund 27.000 auf 40.000 Einwohner zu."[10] Zwischen den 1890er Jahren und den ersten zehn Jahren des 20. Jahrhunderts verdoppelte sich die Einwohnerzahl von ca. 80.000 auf 160.000. Noch deutlicher zeigt sich die demographische Explosion im Vergleich zwischen 1849 von 22.057 auf 141.131 Einwohner im Jahre 1905 und bis zum Ausbruch des Ersten Weltkrieges auf über 200.000 Einwohner, auch zwischen den beiden Weltkriegen, vor allem auch

Das Zeitalter von Papst Pius X., dem Patron der St.Piuskirche

nach 1945 nahm die Bevölkerungszahl Mannheim nochmals kräftig zu, bis 1970 auf über 330.000.

Auf die katholische Bevölkerung und das hiesige religiöse Leben übertragen bedeutete dies: Innerhalb weniger Jahrzehnte war bis zum Jahr 1905 die Zahl der Mannheimer Katholiken von etwas über 11.000 auf über 70.000 gestiegen. Nach dem vom Stadtdekanat Mannheim herausgegebenen „Handbuch der katholischen Pfarr- und Curatiegemeinden 1907/08" waren anlässlich der Ende 1905 vorgenommenen Volkszählung 70.441 Katholiken in der Stadt bei einer Gesamtbevölkerung von 163.708 erfasst worden. Dieses enorme Wachstum ließ sich bereits im „Handbuch" von 1906 anhand der am „Weißen Sonntag zum Tische des Herrn gehenden Erstkommunikanten" erkennen. Hier wurden 1.067 Erstkommunikanten, davon 497 Knaben und 570 Mädchen, festgehalten.[11]

Geradezu unbeherrschbar erschienen damals die Herausforderungen. Angesichts der auch im Verlauf dieses fieberhaften Urbanisierungsprozesses entstandenen Massenverarmung versuchte die Kirche in einer Kombination aus Seelsorge und Caritas einem größeren Teil der in seelische und materielle Not geratenen Menschen zu helfen und sie an Religion und Kirche so gut wie möglich noch zu binden. Es erfolgte ein den praktischen Erfordernissen angepasstes Engagement des 1902 gegründeten Erzbischöflichen Stadtdekanats Mannheim, der katholischen Gesamtkirchengemeinde und des Caritasverbandes.[12] Dazu gehörte auch die Realisierung eines einmaligen Kirchenbauprogramms, nicht zuletzt um die Masse der Gläubigen nicht den konkurrierenden säkularen, liberalen und sozialistischen Bewegungen zu überlassen. Im katholischen Dekanat waren damals zehn neue Kirchen unter Leitung von Stadtdekan Joseph Bauer (Abb. 4) entstanden; Bauer war übrigens, wie Zeitzeugen[13] bestätigten, ein glühender Verehrer der Päpste, insbesondere von Pius X.

Zum Programm der alten und neuen katholischen Pfarrgemeinden gehörten auch Vereinsbildungen wie Arbeiter- und Bildungsvereine, aber auch die Wiedereinführung alter Frömmigkeitsformen wie die Fronleichnamsprozession und die Verehrung von Heiligen wie der Mutter Gottes in der „Marianischen Männersodalität" (Abb. 5) und der „Marianischen Jungfrauenkongregation".[14]

Das neue, unter anderem in den Vereinsbildungen zum Vorschein kommende und auch von den Päpsten gestärkte Selbstbewusstsein war eher restaurativ geprägt und hatte seine Bedeutung aus dem Hintergrund eines zuvor schwierigen katholischen Lebens in Deutschland gewonnen. Dieses erschien speziell im Großherzogtum Baden, zu dem Mannheim nach den territorialen Umgestaltungen Napoleon Bonapartes seit 1803 gehörte, wegen der Verluste kirchlicher Güter durch die Säkularisierung und des nachfolgenden badischen Staatskirchentums sehr erschwert. Ein langer Prozess des Wiederaufbaus kirchlicher Strukturen, in dem auch das Erzbistum Freiburg 1827 gegründet wurde, folgte. Seit der Revolution von 1848 hatten Katholiken in der Erzdiözese wie in Mannheim wichtige Vereinigungen aufgebaut, um sich gesellschaftlich wie politisch gegen staatliche Maßnahmen zur Wehr zu setzen. In diesem Zusammenhang sprechen katholische Kirchenhistoriker von einem „Fremdsein der Katholiken im eigenen Haus", gemeint ist das Großherzogtum Baden.[15] Dieses hatte eine katholische Bevölkerungsmehrheit und zugleich eine protestantische Fürstenfamilie. Daraus und aus der Politik des überwiegend von Liberalen geführten Landesparlaments leitete die Mehrheit der Katholiken subjektiv eine Benachteiligung ab. Insbesondere in der so genannten Kulturkampfzeit hatte sich das Verhältnis zwischen Kirchenvertretern und dem Staat zugespitzt. Unter Kulturkampf bezeichnet man gemeinhin vor allem den Konflikt in den sechziger und siebziger Jahren des 19. Jahrhunderts, der sich um die Beschränkung der Rechte der katholischen Kirche drehte, zum Beispiel hinsichtlich der Wahl des Erzbischofs, der Konfessionsschulen und der Priesterausbildung. Trotz der sich seit den 1880er Jahren abzeichnenden Beilegung der zentralen Kulturkampfphänomene blieb das Verhältnis zwischen Staat und Katholizismus das größte ungelöste innenpolitische Problem bis zum Ersten Weltkrieg.[16]

Im Übergang vom 19. zum 20. Jahrhundert hatten sich letztlich die katholische Kirche, ihre Vereine und auch der politische Katholizismus mit seiner Partei, dem Zentrum, in einem ungeahnten Aufwärtstrend befunden. Geradezu trotzig und stolz traten sie in dieses neue Zeitalter. Man wurde wieder gebraucht und hatte eine wichtige Stellung in Gesellschaft und Politik. Rückhalt und Stärkung

Abb. 4
Joseph Bauer, Stadtdekan (1902-1946), der Kirchenbauer von Mannheim, zu Beginn des 20. Jahrhunderts
Foto: Archiv der Jesuitenkirche Mannheim

Reiner Albert

erhielt man von den Päpsten. Wie der Kirchenhistoriker Erwin Gatz hervorhebt, entwickelte sich während der Pontifikate von Leo XIII. (1878-1903) und Pius X. ein besonderer Zusammenhalt des deutschen Katholizismus. Die Kirchenoberhäupter prägten nicht nur das Geschehen an der Spitze der Kirche in dieser Epoche, sie bewirkten auch eine besondere Romtreue, man könnte sagen: eine Verehrungskultur der deutschen Katholiken. Zitat: „Zum hohen Ansehen Roms mag beigetragen haben, dass sich Leo XIII. für einen Kompromiss mit jenen deutschen Staaten eingesetzt hatte, die bis dahin den in Preußen und Baden, nach 1871 im neuen deutschen Nationalstaat unter Bismarck intensiv geführten Kulturkampf mit der katholischen Kirche ausgefochten hatten."[17]

Die Enzykliken und Weisungen von Leo XIII. und Pius X. haben in diesem Kontext für die Frömmigkeitsformen der deutschen Katholiken, aber auch für ihre restaurative, man könnte sagen: romantische Haltung, an großer Bedeutung gewonnen. So wie man Heilige, den Rosenkranz und das Herz-Jesu wieder verstärkt verehrte, wurden auch die jeweiligen Päpste, erst recht, wenn sie heilig gesprochen wurden, intensiver in diese Verehrungskultur einbezogen. Zur damaligen allgemeinen Verehrungskultur gehörte auch das obrigkeitsstaatliche Denken, insbesondere der wilhelminischen Zeit. Kaiser und Großherzog als Landesherrn wurden ebenso verehrt wie der Erzbischof in Freiburg. Dafür waren beide Seiten verantwortlich, Monarch und Volk. Auf Seiten des Volkes bedurfte es einer die individuelle Freiheit zurückstellenden Verehrung des hohen Amtes von Gottes Gnaden.

Auch die Romwallfahrt mit einer Begegnung mit dem Papst, die seit der Einführung der Eisenbahn zum Massenphänomen geworden war, sollte der Verehrung der monarchischen Stellung des Kirchenoberhauptes und damit dem römischen Zentralismus dienen.[18] Diese romantische Verehrungskultur (Abb. 6), in der der Papst bei Katholiken die dominierende Rolle einnahm, bestimmte die ganze Epoche bis in die 1950er Jahre. Ein schriftlicher Beleg für die Papstverehrung dieser Zeit liegt unter anderem mit der Papstgeschichte von Seppelt/Löffler aus den 1940er Jahren mit all ihrer Emphase vor.[19]

Zusammengenommen kann man im deutschen Katholizismus ein kontinuierliches Gefüge aus

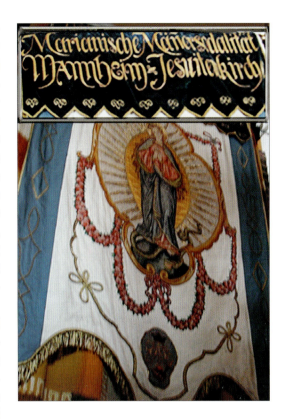

Abb. 5
Banner zur Verehrung der Mutter Gottes in der Marianischen Männersodalität an der Mannheimer Jesuitenkirche
Foto und Zusammenschnitt: Reiner Albert

Verehrungskultur einerseits und grundsätzlicher Verunsicherung und Existenzangst andererseits erkennen. Sie beeinflusste deutsche Katholiken und setzte sich in der Zeit des Ersten Weltkrieges, der Zwischenkriegszeit und der NS-Diktatur fort. Gerade in den Jahren zwischen 1933 und 1945 waren die christlichen Kirchen und Orden in intensivster Weise massivsten Repressionen ausgesetzt.[20] Darüber hinaus wirkten diese Ängste auf die schwierigen Nachkriegsjahre mit dem beginnenden Kalten Krieg fort. Man fühlte sich insgesamt vor dem Hintergrund der historischen Erfahrungen in seiner Existenz verunsichert und fühlte sich bei starken, eher restaurativ orientierten Kirchenführern besser aufgehoben. Dies betraf auch die Abwehrhaltung gegenüber innerkirchlichen Reformen. Den Herausforderungen des modernen Lebens wollte man nicht mit Reformen, die eine Aufsplitterung in Befürworter und Gegner bedeutet hätten, sondern mit innerer Geschlossenheit entgegentreten. Im Übrigen hatte der Vatikan analog zu den deutschen Katholiken ähnliche Erfahrungen machen müssen. So war er unter anderem mit der Auflösung des Kirchenstaates im Jahre 1870 und der Besetzung durch deutsche Truppen im Jahre 1943 bedrohlich konfrontiert.

Das Zeitalter von Papst Pius X., dem Patron der St. Piuskirche

Abb. 6
Erinnerung an die 25-jäh-
rige Papst-Jubiläumsfeier
der katholischen Gemein-
de Mannheim, begangen
durch Erzbischof Thomas
Nörber am 15. März 1903
Postkarte

Pfarrer Zedtwitz betont in diesem Zusammenhang, dass, als Pius XII. 1954 Pius X. heilig gesprochen hatte, gerade die Wirren des Zweiten Weltkrieges nach einer Kirche verlangten, die in der „Wahrheit feststeht". Pius X. hätte die gottlosen Ideen verurteilt, die die deutsche Politik von 1933 bis 1945 so sehr bestimmten. Nun habe man sich auf eine neue Innerlichkeit konzentriert, die sich in der lebendigen Beteiligung der Gläubigen am Gottesdienst und am Gemeindeleben zeigte und in der damit verbundenen häufigen Kommunion. So hätten viele 1956 schon die neue sich anbahnende Zeit geahnt und in Pius X. den Papst der Festigkeit und der Erneuerung gesehen.[21]

Was ist konkret unter dieser Festigkeit in der Zeit Pius X. und des Baus der St. Pius-Kirche in Mannheim-Neuostheim zu verstehen?

Der Kirchenhistoriker Erwin Gatz weist darauf hin, dass es auch andere Strömungen gab, die dem „main-stream" deutscher Katholiken nicht entsprachen: Die so genannten Reformkatholiken in Deutschland, die sich gegen den Zentralismus ihrer Kirche wandten. Sie setzten sich nicht nur für eine Modernisierung der Priesterausbildung, die erweiterte Teilhabe der so genannten Laien im kirchlichen Betrieb und eine religiöse Verinnerlichung (statt erstarrter liturgischer Formen) ein, sie befürworteten auch die Integration der Katholiken Deutschlands in das überwiegend protestantisch geprägte Kaiserreich.[22] Gerade in diesen innerkirchlichen Reformern sollte Pius X. eine große Gefahr für den Glauben sehen. Sie waren aus der Perspektive des Papstes „Häretiker". Ihnen galt sein innerkirch-

licher Abwehrkampf, der nicht allein auf die deutschen Abweichler beschränkt blieb, in Italien und Frankreich gab es ähnliche Tendenzen. Pius hatte hierbei das Gros der Gläubigen auf seiner Seite und fühlte sich als ihr Sprecher. „Es war ja immer noch die Zeit der autoritativen Strukturen [...] Gerade da, wo neue Ideen viele Gläubige `verwirrten`, war der Papst eine unerschütterliche Persönlichkeit, die Halt gab. Diejenigen, die der Papst verurteilte, wurden auch innerkirchlich von der großen Mehrheit der Gläubigen nicht akzeptiert."[23] Er war der unumstrittene Hirte, der seine Schafe lenkte. Ein genauerer Blick in das Wirken des Papstes kann die Schwerpunkte des Episkopats von Pius X. vertiefen.

4. Zur Person Guiseppe Sarto/Pius X. (Abb. 7)

Giuseppe Sarto wurde am 2. Juni 1835 in Riese, Lombardo-Venetien, geboren. Als ältester Sohn einer armen Familie, sein Vater war Kleinbauer und Postverteiler, ging der begabte Guiseppe ab 1850 in das Seminar nach Padua. 1858 fand seine Priesterweihe im Dom von Castelfranco statt, bevor er seine Kaplans- und Pfarrerstellen in zwei kleineren norditalienischen Orten zwischen 1858 und 1875 antrat. 1875 wurde er zum Domherrn in Treviso, 1884 zum Bischof von Mantua ernannt. In Papst Leo XIII. fand der Bischof, der sich im Konflikt mit dem aufbrechenden Sozialismus und Liberalismus in den Industrieregionen Norditaliens sah, einen Förderer. Sarto bemühte sich insbesondere um eine Verbesserung der Klerusausbildung und dessen Immunisierung gegen die Zeitströmungen. Die Literatur hebt seine als Bischof fortgeführte Seelsorgetätigkeit bei kleinen Leuten und sein soziales Engagement unter anderem auch auf „Rednerbühnen" hervor. Leo XIII. ernannte Guiseppe Sarto schließlich 1893 zum Kardinal und Patriarch von Venedig. Auch hier sei seine Amtsführung die Armenpflege und die Verbesserung der Lage und Bildung des Klerus, aber auch des Religionsunterrichts gewesen. „Trotz seiner 23.000 Lire Gehalt und seiner erstaunlich bescheidenen Lebensführung war in seiner Kasse immer Ebbe, weil er alles weggab. Er soll bei den Juden geborgt und einmal einige Tage seinen Bischofsring versetzt haben."[24]

Nach dem Tode von Leo XIII. wurde das Konklave einberufen. Sarto stand als Kardinal von Venedig alles andere als an oberster Stelle der Papstan-

Reiner Albert

wärter. Im Konklave, das am 31. Juli 1903 begann, hatte zunächst ein anderer, der ehemalige Staatssekretär Rampolla, die größten Chancen. Gegen ihn stimmten vor allem die deutschsprachigen Kardinäle. Man wollte weniger einen „politischen" denn einen „religiösen" Papst. Es sollte sieben Wahlgänge dauern, bis sich endlich Guiseppe Sarto mit 50 Stimmen am 4. August 1903 als neuer Papst herauskristallisierte. Er fühlte sich bei seiner Namenswahl seinen Pius-Vorgängern verpflichtet und nannte sich Pius X.

Sein Wahlspruch „Instaurare omnia in Christo" (Alles in Christus erneuern) deutete zunächst darauf hin, dass sich Pius X. als Reformpapst verstand. So bestimmte er in seiner ersten Amtszeit, dass in Chören nur unkastrierte Knaben eingesetzt werden dürfen. Es folgte eine Neuorganisation der Kurie[25], die Neukodifizierung respektive Vereinfachung des gesamten Kirchenrechts, Kommuniondekrete, wonach Gläubige häufiger, das heißt auch täglich, und Kinder ab dem siebenten Lebensjahr zu den Sakramenten gehen durften.

In diesen Maßnahmen, so Klaus Zedtwitz, habe sich auch seine jahrelange Erfahrung in der konkreten Seelsorge als Kaplan und Pfarrer gezeigt. Er habe auch die „Katholische Aktion", das aktive Handeln der Laien innerhalb der Kirche, besonders in Italien gefördert, „grenzte es aber sehr stark ab von der französischen Laienbewegung „Sillon" und verurteilte deren sozialen und politischen Modernismus. Außerdem sollte das Handeln der Laien eng mit dem kirchlichen Amt verbunden sein und keine Eigenständigkeit gewinnen."[26]

Zentrales Thema seines Episkopats sollte aber sein Kampf gegen den angesprochenen Modernismus bzw. die innerkirchliche Reformbewegung sein. Er kam durch das Dekret „Lamentabili" der Inquisition mit dem neuen Syllabus von 1907 (Auflistung der Irrtümer der Modernisten), im gleichen Sinne in der Enzyklika „Pascendi Dominici Gregis" von 1907, aber auch im so genannten „Antimodernisteneid" für alle Kleriker, insbesondere Neu-Priester, von 1910, der bis 1967 im Gebrauch war, zum Ausdruck. Im „Antimodernisteneid" musste der Weihekandidat versprechen: „Ich unterwerfe mich auch mit der gehörigen Ehrfurcht und schließe mich aus ganzem Herzen allen Verurteilungen, Erklärungen und Vorschriften an, die in der Enzyklika „Pascen-

di" und im Dekret „Lamentabili" enthalten sind." Hier zeigte sich Pius X. nicht als „Instaurator", der mit innovativen Ideen auf die Herausforderungen der Zeit reagierte, sondern als Restaurator. „Massiv wandte sich Pius X. gegen moderne Strömungen des Denkens, die Eingang gefunden hatten in Theologie, Dogmatik und Kirchendisziplin. Für Pius X. war Reform grundsätzlich etwas Schlechtes. Jede Regung zur Veränderung stand von vornherein unter Generalverdacht. Reform und Katholizismus verhielten sich für ihn wie Feuer und Wasser."[27]

Aus heutiger Sicht muten Formulierungen des Dekrets „Lamentabili"[28] rückwärtsgewandt an: „Es ist eine traurige Tatsache, dass unsere Zeit jeder Leitung überdrüssig, bei der Erforschung der höchsten Fragen nicht selten dem Neuen so nachjagt, dass sie das Erbgut der Menschheit preisgibt und den schwersten Irrtümern anheimfällt. Diese Irrtümer werden umso gefährlicher sein, wenn es sich um die heiligen Wissenschaften handelt, um die Erklärung der Heiligen Schrift, um die vorzüglichsten Glaubensgeheimnisse." Pius spricht von der Zersetzung der Dogmen, geschichtliches und evolutiv-fortschrittliches Denken, das heißt eine Anpassung der Kirche an aktuelle vernunftorientierte Zeitströmungen, lehnt er als Häresie ab. „Damit aber derartige Irrtümer, die täglich unter den Gläubigen verbreitet werden, in ihrem Her-

Abb. 7
Pius X., Amtszeit 1903-1914, geboren 1835 in Riese, 1858 Priesterweihe, 1875 Domherr in Treviso, 1884 Bischof von Mantua, 1893 Kardinal und Patriarch von Venedig, zentrales Thema seines Episkopats: Kampf gegen den Modernismus durch den Syllabus 1907 im Dekret „Lamentabili" der Inquisition, im gleichen Sinne Enzyklika Pascendi 1907, Antimodernisteneid 1910, Neuorganisation der Kurie, Neukodifizierung des gesamten Kirchenrechts, Kommuniondekrete
Das Grabmal des Papstes in den Vatikanischen Grotten ist ein schlichter Marmorsarkophag. Die lateinische Inschrift in deutscher Übersetzung lautet: „Papst Pius X., arm und doch reich, sanft und demütig von Herzen, ein furchtloser Verteidiger der Rechte der Kirche, heiß bemüht, alles in Christo zu erneuern, starb gottselig am 20. August 1914."
Gemälde von Momme Nissen

Das Zeitalter von Papst Pius X., dem Patron der St.Piuskirche

zen keine Wurzel fassen und die Glaubensreinheit beeinträchtigen, hat es dem Heiligen Vater Pius X. gefallen, dass die Heilige römische und allgemeine Inquisition die vorzüglichsten derselben kennzeichne und verurteile."[29]

Hier einige wenige Beispiele der von „Lamentabili" verurteilten Thesen von Reformern: „12. Wenn der Exeget mit Nutzen biblische Studien treiben will, so muss er vor allen Dingen jede vorgefasste Meinung über den übernatürlichen Ursprung der Heiligen Schrift ablegen und darf diese nicht anders auslegen als andere, rein menschliche Dokumente." „53. Die organische Verfassung der Kirche ist nicht unveränderlich, sondern die christliche Gesellschaft ist ebenso wie die menschliche einer ununterbrochenen Entwicklung unterworfen." „63. Die Kirche zeigt sich unfähig, die christliche Sittenlehre wirksam zu bewahren, weil sie hartnäckig an unveränderlichen, mit den heutigen Fortschritten unverträglichen Lehrbegriffen hängt."[30]

Vor allem Priesterkandidaten, aber auch Lehrer und Erzieher sollten aus ihren Ämtern entfernt werden, sofern sie diese Thesen vertraten. Selbst die Lektüre von reformfreundlichen Artikeln und Zeitschriften war untersagt. Wen wundert es: Nicht selten war diese Zeit von Denunziationen bestimmt.

Heute weniger bekannt sind die scharfen kirchenpolitischen Spannungen mit den Christen in Deutschland, dem Land der Reformation. Im Kontext der 300-Jahrfeier der Heiligsprechung von Karl Borromäus erließ Pius X. die Enzyklika „Editae saepe" vom 26. Mai 1910. Da der Papst hier unterscheidet zwischen wahren (Borromäus) und falschen Reformatoren (Modernisten) und die Reformatoren des 16. Jahrhunderts bezeichnet als „stolze und rebellische Menschen, Feinde des Kreuzes Christi, die irdisch gesinnt sind, deren Gott der Bauch ist [...]", fühlten sich die evangelischen Christen im Allgemeinen, aber auch protestantische Fürsten im Besonderen beleidigt. Es kam zu einem Sturm der medialen Entrüstung und diplomatischen Auseinandersetzung. Um den konfessionellen Frieden wieder herzustellen, wies der Papst die deutschen Bischöfe an, jegliche amtliche Veröffentlichungen zu unterlassen und erklärte im „Osservatore Romano", dass es ihm fern lag, die Andersgläubigen zu verletzen.[31]

Kurz nach Beginn des Ersten Weltkrieges sollte Pius X. am 20. August 1914 sterben.

5. Stimmen von heute zu Papst Pius X.

Im „Lexikon für Theologie und Kirche" von 1963 ist über Pius X. zu lesen: „Von den einen als unbeirrbarer Verteidiger der Orthodoxie u. der Rechte der Kirche gerühmt, wird er von anderen vor allem als ein Mann der Negation, der Starrheit u. der Verurteilungen gekennzeichnet."[32]

So stellt zum Beispiel Günther Saltin in dem gerade publizierten Band „Strom der Zeit" die Frage: „Ist die Kirche – Wächterin, Hüterin ihrer Gläubigen? Wieweit darf die Kirche dabei gehen? Wo liegen die Grenzen zur Gängelei?" Und Klaus Zedtwitz hebt hervor: „Ich kenne Menschen in der römisch-katholischen Kirche, die dem folgenden Satz, der dem Anfang der Enzyklika „Pascendi Dominici Gregis" entnommen ist, heute noch zustimmen: „In dieser Sache unverzüglich vorzugehen, fordert vor allem die Tatsache, dass die Anhänger der Irrtümer nicht mehr nur unter den offenen Feinden zu suchen sind, vielmehr – das ist das Allerschmerzlichste und Furchtbarste – im Herzen und Schoße der Kirche selbst verborgen sind, um so schädlicher, je weniger sichtbar sie sind [...] Das wird auch heute noch da und dort Theologen, Priestern und Laien unterstellt, die sich dem geschichtlichen Denken des II. Vatikanums geöffnet haben." Der Kampf von Pius X. zeige, so Zedtwitz, aus unserer heutigen Sicht ein generelles Defizit in der kirchlichen Hierarchie auf: Die Angst sei größer als der Mut! Visionäre Amtsträger seien selten, weil das Bewahren der Tradition höchste Priorität genießt. Dies habe natürlich auch „[...] einen realen Grund: Die Einheit der Kirche darf nicht zerbrechen! [...] Papst Johannes XXIII. (Abb. 8) spürte 1958, dass die Zeit nun wirklich gekommen ist, die Kirche auf die Moderne hin zu öffnen, `frischen Wind` in die Kirche hineinzulassen. Die philosophische Entdeckung der `Aufklärung`, dass auch die Erkenntnis der Wahrheit sich wie alles im Leben geschichtlich entwickelt, war ins theologische Denken übergegangen: Das durch die Geschichte wandernde Volk Gottes – eine wesentliche Grundidee des II. Vatikanischen Konzils! Das Konzil wollte Schrift und Tradition in ein Gleichgewicht bringen, bzw. der Schrift, das

Reiner Albert

Abb. 8
Papst Johannes XXIII.,
Initiator des Zweiten
Vatikanischen Konzils
(1962-1965)
Foto: Archiv der Jesuiten-
kirche Mannheim

tität von Kirche zu verlieren: „So bekommt der jetzige Papst Franziskus mit seinen Visionen und unkonventionellen Äußerungen innerkirchlichen Widerstand zu spüren, zwar nur von einer Minderheit, aber einer einflussreichen. Immerhin hat sich die Situation gegenüber der des Papstes Pius X. gekehrt; 110 Jahre nach Pius X. wurde Franziskus gewählt. Mit Franziskus scheint der Reformer an der Spitze zu stehen."[34]

Aus dieser Perspektive ist das Problem des Fortschritts nicht das Handeln früherer kirchlicher Protagonisten, sondern die undifferenzierte Übernahme ihrer Vorstellungen in der Gegenwart.

Als „aufhebenswertes" Moment der Geschichte gilt alles in allem festzuhalten: Ein die Zusammenhänge herstellender hermeneutischer Rückblick, der sich in die damalige Zeit mit gewisser Empathie einzufinden versteht, kann überaus hilfreich sein. Er vermag vergangene Epochen mit ihren Schwächen leichter als notwendige Entwicklungsstufen für das heute Erreichte oder noch zu Erreichende verständlicher zu machen. Diese „ganzheitliche" Retrospektive, die den Ausspruch von Johannes XXIII. „Lasst uns die Fenster der Kirche öffnen und den frischen Wind hereinlassen" mit in die Analyse der Pius-Päpste einbezieht und als Orientierung für Gegenwart und Zukunft sieht, lässt das ökumenische Aufeinanderzugehen im 20. und beginnenden 21. Jahrhundert in einem positiveren Licht erscheinen; was uns bestärkt, den eingeschlagenen Weg motiviert weiter zu gehen.

Im Ergebnis kann man demzufolge von einem „musealen Charakter" des Patronats Pius X. sprechen, dessen man sich aber im Sinne einer möglichst unbelasteten Ökumene in den Mannheimer Stadtteilen Neuostheim und Neuhermsheim bewusst sein sollte.

heißt der Frohen Botschaft Jesu, dem Evangelium, wie es in der frühen Kirche rezipiert wurde, den Vorrang vor der späteren Tradition geben."[33]

Pius X. und die römisch-katholischen Gläubigen seiner Zeit waren dazu noch nicht in der Lage. Zu stark lasteten angesichts der sozialen und politischen Umbrüche Verunsicherung und Tradition auf Kirche und Gläubigen. Dies änderte sich erst mit dem Zweiten Vatikanischen Konzil, Jahrzehnte nach dem Tod Pius X. 1914. Aber auch die Jahrzehnte nach dem Reformkonzil des Zweiten Vatikanums machten gerade mit den Papstgestalten Paul VI., Johannes Paul II. und Benedikt XVI. deutlich, wie schwierig ein solches Unterfangen ist, die Kirche der Moderne gegenüber zu öffnen, ohne die Iden-

---

* Der Text entspricht einem Vortrag am 17. März 2016 in Maria Königin, Neuhermsheim.

1 O. Otto E. Ahlhaus, Reiner Albert, Günther Saltin (Hrsg.): Am Strom der Zeit – Kirchengeschichtliches Lesebuch aus der Rhein-Neckar-Region, erschienen zum 60. Jahrestag der Konsekration von St. Pius (Mannheim-Neuostheim/ Neuhermsheim) im Auftrag der Seelsorgeeinheit Mannheim Johannes XXIII., Münster 2016.

2 Diana Deutsch: Mannheim hat jetzt eine ökumenische Kirche, in: Ahlhaus, Albert, Saltin, wie Anm. 1, S. 81.

3 Klaus von Zedtwitz: Papst Pius X. – Der Patron, in: Ahlhaus, Albert, Saltin, wie Anm. 1, S. 84.

4 Siehe hierzu: Das Erste Vatikanische Konzil und die Unfehlbarkeit des Papstes 1870, die Abspaltung der altkatholischen Kirche im deutschsprachigen Raum in den folgenden Jahren. Vgl. Reiner Albert: Katholisches Leben in Mannheim, Bd. II A, Ostfildern 2012, S. 140ff.

5 Ebd. S. 158ff.

Das Zeitalter von Papst Pius X., dem Patron der St.Piuskirche

6   Papst Franziskus: Der Name Gottes ist Barmherzigkeit, 2015.

7   Text nach K. A. Straub: Mannheimer Kirchengeschichte. Katholische Vergangenheit und Gegenwart, Mannheim 1957, S. 149f. Die Gesamtkirchengemeinde Mannheim habe dieses Gotteshaus unter der Mithilfe der Erzdiözese Freiburg auf dem Grundstück errichtet, das schon im Jahre 1927 von dem unvergesslichen Stadtdekan und Prälaten Bauer für diesen Zweck erworben wurde. „Die Nöte besonders der Kriegs- und Nachkriegszeit haben den Bau solange verzögert." Die Nutzung des von der Kirche erworbenen Bauplatzes sei lange dadurch blockiert gewesen, dass noch 1944 von der Wehrmacht hier ein Hochbunker errichtet worden war, der etwa 750 Menschen bei Bomberangriffen Schutz bieten sollte. „Das Bauwerk wurde aber nicht mehr fertig. Nach dem Krieg hatte die Gesamtkirchengemeinde große Schwierigkeiten, ihre Besitzrechte geltend zu machen. Als die Verhältnisse schließlich geklärt waren, hatte man sich von der ursprünglichen Planung, zunächst den Bunker zu einer Notkirche umzubauen, entfernt und entschlossen, gleich auf dem freien Gelände einen Neubau zu errichten. Der Plan von Baurat Rolli vom Erzbischöflichen Bauamt in Heidelberg wurde angenommen. Wegen der Stahl-Beton-Konstruktion konnte der Bau relativ rasch errichtet und am 18. März 1956, dem Passionssonntag, durch Bischof Augustin Olbert SVD von Tsingtao in China konsekriert werden."

8   Ebd.

9   Zedtwitz, wie Anm 3, S. 83.

10   Hanspeter Rings: „Neue Ära" - neue Chancen, S. 355.

11   Diese Handbücher sind im Archiv des Stadtdekanats Mannheim aufbewahrt.

12   Grundsätzlich: Albert, wie Anm. 4, Bd. II A, z. B. S. 208ff.

13   So u.a. L. Schiffmacher, Ministrant, Mesner und Vertrauter von Prälat Bauer von den 1930er bis zu Beginn der 1950er Jahre.

14   Albert, wie Anm. 4, Bd. II A, S. 189-199.

15   Clemens Rehm: Fremd im eigenen Haus – Katholiken in Baden, in: Weinacht, Paul-Ludwig (Hrsg.): Baden – 200 Jahre Großherzogtum, S. 187-208.

16   Der Kulturkampf steht nicht zuletzt wegen der engen Verbindung zwischen dem preußischen und badischen Fürstenhaus – Großherzog Friedrich war der Schwiegersohn des preußischen Königs Wilhelm I. – mit dem badischen Kulturkampf in enger Verbindung. So sind vor allem nach der Reichsgründung von 1871 auch von Berlin ausgehende Rückwirkungs- und Verstärkungseffekte auf das Großherzogtum zu beobachten.

17   Erwin Gatz: Die Katholische Kirche in Deutschland im 20. Jahrhundert, Freiburg, Basel, Wien 2009, S. 47.

18   Gatz, wie Anm 17, S. 47, 51. Siehe auch S. 45f: Übrigens kommunizierten in diesen Jahren die Päpste bzw. die Kurie in Rom mit der katholischen Kirche in Deutschland offiziell über die Münchener Nuntiatur. Sie sei bis 1918 für das ganze Reich zuständig gewesen. Daneben hatte der Breslauer Fürstbischof und seit 1899 Vorsitzende der Fuldaer Bischofskonferenz Kardinal Kopp eine wichtige Vermittlerrolle.

19   Franz Xaver Seppelt, Klemens Löffler: Papstgeschichte, Von den Anfängen bis in die Gegenwart, München 1940. Sieht man von gewissen sprachlichen Emphasen ab, bietet diese Geschichte eine wichtige Faktengrundlage.

20   Man denke hier u.a. an die Hinrichtungen von Dietrich Bonhoeffer und Alfred Delp SJ, aber auch an die Aussagen in den Goebbels-Tagebüchern, die vom Wunsch Hitlers sprechen, die Kirchen nach dem Krieg ganz auszurotten.

21   Zedtwitz, wie Anm 3, S. 87.

22   Gatz, wie Anm. 17, S. 51.

23   Zedtwitz, wie Anm 3, S. 84.

24   Grundsätzlich für Folgendes: Seppelt, Löffler, wie Anm. 19, S. 356ff.

25   Die letzte Neuorganisation der Kurie fand unter Sixtus V. 1587 statt.

26   Zedtwitz, wie Anm 3., S. 83.

27   Ebd.

28   Die Übersetzungen von „Lamentabili", dem „Antimodernisteneid" und „Pascendi Dominici Gregis" sind der Internetseite kathpedia entnommen.

29   Seppelt, Löffler, wie Anm. 19, S. 365f.

30   Zedtwitz, wie Anm 3, S. 83.

31   Seppelt, Löffler, wie Anm. 19, S. 368.

32   R. Aubert, Pius X., in: Lexikon für Theologie und Kirche 1963, Bd.8, S. 538f.

33   Zedtwitz, wie Anm 3, S. 87.

34   Ebd. S. 87. Siehe auch Aubert, wie Anm. 32, Pius X., in: Lexikon für Theologie und Kirche 1963, Bd.8, S. 538ff.

Horst Olbrich

Berichtigungen und Ergänzungen zu dem Beitrag „Unser verschwundener Nachbar: ‚Peter' Leopold Grumbacher" in: Mannheimer Geschichtsblätter 30/2015, S. 45-52

Zu dem Beitrag „Unser verschwundener Nachbar: ‚Peter' Leopold Grumbacher" wurden der Redaktion aus dem Familienkreis „Ergänzungen und Berichtungen" zugesandt, die im Folgenden abgedruckt werden, ohne die Leistung der jugendlichen Autorinnen aus dem Lessing-Gymnasium damit schmälern zu wollen, denn sie mussten unter schwierigen Umständen und ohne Erfahrungen in der Quellenarbeit zu Werk gehen.

Es geht bei den nachfolgenden Anmerkungen nicht um eine Kritik an den jugendlichen Autorinnen, die – bei schwierigster Quellenlage und wohl unter großem Zeitdruck – gewiss ihr Bestes zu geben versuchten. Zum einen soll verhindert werden, dass sich falsche Daten, sei es in Schriften oder im Internet, multiplizieren, zum anderen können die wenigen Hinweise vielleicht etwas von den Schwierigkeiten und auch von der Sorgfalt vermitteln, derer es bei der Erforschung des Lebens des im Alter von nur 21 Jahren ermordeten Künstlers bedarf. Das Briefcorpus Peter Grumbachers ist weitaus umfangreicher, als die von den Autorinnen zum Abdruck gebrachten Auszüge aus sechs Briefen sowie einer Postkarte einen unwissenden Leser vermuten lassen. Die Edition von insgesamt 130 erhaltenen Briefen im Besitz von Frau Danielle Feigenbaum sowie zahlreicher Zeichnungen und Pastelle befindet sich in der Vorbereitungsphase. Wann sie erscheinen kann, ist noch ungewiss.

Das lange Zitat auf Seite 47, linke Spalte, mit der Beschreibung Peter Grumbachers im Arbeitslager Mauriac (Cantal) stammt nicht aus der Feder des Vaters von Marie-Louise Steinschneider, Adolf Moritz Steinschneider, sondern von Hersch Fenster, der der Deportation nach Deutschland entkam und 1951 in Paris das Sammelwerk „Undzere farpainikte Kinstler – Nos artistes martyrs" herausgab. Dieses in jiddischer Sprache publizierte Werk gibt Auskunft über zahlreiche aus Frankreich in deutsche Todeslager deportierte jüdische Künstler, unter ihnen Peter Grumbacher. Hersch Fensters Erinnerungen sind die bislang umfang-reichste Würdigung, die der junge, 1921 in Mannheim geborene Maler öffentlich erfahren hat. Die Autorinnen zitieren aus einer maschinenschriftlichen, handschriftlich überarbeiteten Übersetzung des jiddischen Textes von unbekannter Hand.

Da die auf Seite 49, linke Spalte, genannten Daten zu den Lagern, in denen Peter Grumbacher interniert war, falsch und lückenhaft sind, folgt weiter unten eine Chronologie für 1941 und 1942, wie sie sich aus den Briefen Peter Grumbachers an Marie-Louise Steinschneider ergibt. Zunächst sei jedoch darauf hingewiesen, dass die Leser des Forschungsberichtes nicht darüber ins Bild gesetzt werden, dass die betreffenden Lager und Arbeitsstätten sich in der „Zone libre", also nicht in dem von der Reichswehr besetzten Teil Frankreichs mit dem Zentrum Paris, sondern im Bereich des sogenannten „Vichy-Frankreich" befanden. Insbesondere jüdische Emigranten konnten sich in der „freien Zone" trotz zunehmender Repressionen unter einer französischen Regierung zumindest bis in den August 1942 sicherer fühlen als jene, die in dem unter deutscher Besatzung stehenden Gebiet leben mussten. Die Formationen, in welche die männlichen Emigranten im Alter von 18 bis 55 Jahren zwangsweise zu einer Art „Arbeitsdienst" zusammengefasst wurden, hießen nicht „Compagnies des travailleurs étrangers", sondern seit dem Sommer 1940 „Groupes de travailleurs étrangers" (GTE), die einer eigenen, sich ständig wandelnden Gesetzgebung unterstanden. Anders als bei den großen Sammellagern, wie etwa Gurs oder Les Milles, war die Geschichte dieser dezentral über das ganze Land verstreuten Formationen lange

Berichtigungen und Ergänzungen zu „Unser verschwundener Nachbar: ‚Peter' Leopold Grumbacher"

Zeit unerforscht geblieben, weder in Frankreich und noch weniger in Deutschland ist deren Existenz einer breiteren Öffentlichkeit bekannt. In Christian Eggers Buch „Unerwünschte Ausländer. Juden aus Deutschland und Mitteleuropa in französischen Internierungslagern 1940-1942" aus dem Jahr 2002 sowie in der 2008 von Peter Gaida publizierten Gesamtdarstellung „Camps de travail sous Vichy" kann man sich ein genaueres Bild von den Strukturen verschaffen, die von 1940 bis 1942 auch das Leben des Travailleur étranger Peter Grumbacher bestimmten.

Chronologie 1941 und 1942

Wohl seit Juli 1940 befindet sich Peter Grumbacher als Travailleur étranger (TE) in dem Lager St. Sauveur (GTE Nr. 313), kaum zwei Kilometer entfernt von dem Städtchen Bellac (Haute-Vienne), wo seit etwa derselben Zeit Marie-Louise Steinschneider zusammen mit ihrer Mutter Zuflucht gefunden hat und die Schule besucht. Ihr Vater Adolf Moritz Steinschneider gehört ebenso wie Peter Grumbacher zur GTE Nr. 313 in St. Sauveur, er kann täglich in Bellac seine Familie besuchen. Ein TE kann sich nach getaner Arbeit in der Regel außerhalb des Lagers frei bewegen. Zu diesem Zeitpunkt ist es für einen TE auch noch relativ leicht möglich, selbst einen Arbeitsvertrag mit bestimmten staatlich vorgesehenen Arbeitgebern zu schließen, um seiner Arbeitspflicht zu genügen. Die Unterbringung erfolgt jedoch immer in Gemeinschaftsunterkünften und unter Bewachung, in der Regel in Baracken; ein TE erhält manchmal auch einen geringen Stundenlohn, von dem er die Unterkunft wie auch die – oft sehr mangelhafte – Verpflegung bezahlen muss.

Im Sommer 1941 lernen sich Marie-Louise Steinschneider und Peter Grumbacher in Bellac persönlich kennen. Der noch nicht zwanzigjährige junge Mann verliebt sich in das gerade erst vierzehn Jahre alt gewordene Mädchen, das mit dem ersten Augenblick weiß, dass es diesen Mann eines Tages heiraten würde. Der erste Brief Peter Grumbachers vom 8. Juli 1941 erreicht Marie-Louise Steinschneider aus dem Dorf St. Amand-Magnazeix, 28 km nordöstlich von Bellac. Peter Grumbacher arbeitet hier zusammen mit anderen TEs bei Bauern als Erntearbeiter bis Ende August. An einigen Sonntagen besucht er seine Freundin in Bellac mit dem Fahrrad. Vom 1. bis zum 20. September ist er wiederum im Lager St. Sauveur. Vom 21. September bis zum 2. Oktober arbeitet er als Holzfäller in Eylac bei Servières-le-Château (Corrèze), etwa zwölf Kilometer entfernt von der Kleinstadt Argentat an der Dordogne. Die Bedingungen sind extrem schwer, wohl aufgrund einer Krankschreibung kann er ins Lager St. Sauveur zurückkehren, wo er von Anfang Oktober 1941 bis Ende Januar 1942 bleiben kann. In diesen vier Monaten kann sich das junge Paar wenn auch nicht täglich, so doch regelmäßig sehen.

Am 31. Januar 1942 muss Peter Grumbacher von Bellac über Limoges nach Mauriac (Cantal) aufbrechen, er ist dort der GTE Nr. 664 zugeteilt worden und muss von nun an unter der Bezeichnung „Travailleur étranger palestinien" (TEP) in „camp des juifs", also in Lagern ausschließlich für Juden, arbeiten. Die Regierung in Vichy hatte die Trennung von Nichtjuden und Juden bereits im Frühjahr 1941 angeordnet, aber nicht konsequent umsetzen lassen. Am 26. März 1942 kommt Peter Grumbacher mit einem Vortrupp zunächst in das ca. 60 km östlich von Mauriac gelegene St. Georges d'Aurac (Haute-Loire) und am 5. April 1942 in das etwa 20 km davon entfernte Dorf La Beyssere-St.-Mary am Fuße des Mont Mouchet, wo er zusammen mit seinen Kameraden im Straßenbau eingesetzt wird.

Bei seiner Ankunft in Mauriac am 1. Februar 1942 ist dem TEP Grumbacher deutlich gemacht worden, dass er für das nächste halbe Jahr nicht mit einer Urlaubserlaubnis zu rechnen habe. Aus den Lagern Mauriac, St. Georges d'Aurac und La Besseyre-St.-Mary schreibt er nunmehr nahezu täglich einen Brief nach Bellac. Dazu kommen eine Reihe von Porträts und Landschaftszeichnungen. Die Briefe unterlagen der Zensur, in zwei Briefen, die durch befreundete Zwischenträger Marie-Louise Steinschneider erreichen, wird auch die Möglichkeit einer Flucht erörtert.

Nach sechs Monaten der Trennung können sich Peter Grumbacher und Marie-Louise Steinschneider vom 8. bis 10. August 1942 in Monistrol d'Allier, unweit vom Lager in La Beyssere-St.-Mary, endlich wiedersehen. Die junge Freundin fuhr mit Erlaubnis ihrer Eltern von Bellac in die entlegene

Horst Olbrich

Gebirgsgegend, Peter Grumbacher erhält für drei Tage Ausgang. Doch schon wenige Tage nach dieser kurzen Begegnung in Freiheit zieht sich das Netz um Peter Grumbacher zu. Die Regierung in Vichy hatte erstmals dem Drängen der deutschen Besatzungsmacht nachgegeben und war bereit, jüdische Emigranten aus der „unbesetzten Zone" an sie auszuliefern. Am 26. August finden mit besonderen Polizeikräften landesweite Razzien statt. In dem von aller Welt abgeschnittenen La Beyssere-St.-Mary wurden die TEs bereits am 21. August verhaftet. Peter Grumbachers Freund Henri Stern (geb. 1923 in Erfurt) kann am 25. August aus dem Lager Soudeilles (Corrèze) fliehen; seine Warnung, den Freund zur Flucht zu bewegen, erreicht Marie Loise Steinschneider zu spät. Diese konnte sich mit ihrer Mutter und anderen Emigranten nach einer Vorwarnung rechtzeitig bei Bellac im Wald verstecken. Zusammen mit ca. 60 weiteren Lagerarbeitern wird Peter Grumbacher zunächst in das Gefängnis von Brioude (Haute-Loire) gebracht. Am 28. August führt ein Transport die Gefangenen von Brioude nach Montluçon (Allier) in das Interimslager Camp du textile. Hier, nahe der Grenze der „freien" zur besetzten Zone, müssen die Häftlinge auf die Deportationszüge aus den Sammellagern im Süden Frankreichs warten, wohl am 4. September wird Peter Grumbacher mit einem dieser Züge in das Sammellager Drancy bei Paris deportiert. Sowohl aus dem Gefängnis in Brioude wie auch aus dem Camp du textile in Montluçon erreichen Marie-Louise Steinschneider dramatische Briefe; am 2. September fährt die Fünfzehnjährige allein mit dem Zug in das von Bellac ca. 120 km entfernte Montluçon. Zweimal erhält sie Zutritt in das Lager und kann ihren Verlobten wenige Minuten lang sprechen. Aus Drancy erhält sie eine letzte Nachricht mit dem Datum des 13. September. Am 14. September 1942 wird Peter Grumbacher von Drancy mit dem Transport Nr. 32 mit dem Ziel Auschwitz deportiert.

Weitere Daten und Fragen

Die Angaben im Text zur Todesart Peter Grumbachers sind sämtlich Vermutungen. Aus dem Essay von Hersch Fenster wird ohne Zitat die Annahme eines Selbstmordversuchs übernommen (S. 48, linke Spalte mittig). Auf S. 51, rechte Spalte unten, heißt es ohne Quellenangabe: „Leopold Peter Grumbacher wurde in Auschwitz zuerst einer Schwerarbeitergruppe zugeteilt. Er erkrankte an Lungentuberkulose und einer Rippenfellentzündung [...]." Auch diese Angaben sind keineswegs belegt und gesichert. Es ist sehr wahrscheinlich, dass Peter Grumbacher vor der Ankunft des Deportationszuges in Auschwitz mit weiteren jungen Gefangenen von Cosel (Oberschlesien) aus in ein anderes Lager umgeleitet wurde, dort unter unmenschlichen Bedingungen Schwerstarbeit leisten musste und an Auszehrung verstarb.

Der 14. September 1942 ist der Tag der Deportation Peter Grumbachers aus Drancy, nicht der seiner Eltern, wie es S. 52, Spalte links oben, heißt. Die Eltern Jakob und Elisabeth Grumbacher lebten zusammen mit dem jüngeren Sohn Rudolf seit 1939 in Cosne-sur-Loire (Nièvre), sie wurden kurze Zeit nach ihrem Sohn Peter verhaftet und nach Auschwitz deportiert. Rudolf Grumbacher konnte sich zunächst bei Nachbarn, später in Fourchambault (La Garenne) verstecken, im November 1943 gelang ihm die Flucht in die Schweiz.

Die Autorinnen nennen Peter Grumbacher meist Leopold Grumbacher. Keineswegs ist Peter der Künstlername, auch nicht Peter L. Bereits ein Schulzeugnis des Lessinggymnasiums vermerkt hinter dem Namen Leopold „gen. Peter". Peter war der Rufname in der Familie, es ist möglich, dass dieser Name als zweiter Vorname bereits im Mannheimer Geburtsregister vermerkt ist. Der junge Künstler hat sich immer Peter bzw. Pierre, Pierrot Grumbacher genannt und seine Graphiken entweder mit den Initialen „P." oder P. Gr." signiert.

Zu den abgedruckten Briefen und deren Interpretation

Die Autorinnen haben entgegen der redaktionellen Auskunft ganz am Ende des Artikels die publizierten Briefe nicht selbst übersetzt. Ihnen stand die Rohübersetzung einer Freundin Marie-Louise Steinschneiders zur Verfügung. Hätten sie das französische Original vor Augen gehabt, dann wäre ihnen (zusammen mit ihren Lehrern) ein Irrtum beim Interpretieren und Resümieren wohl nicht widerfahren. Sie schreiben, dass Peter Grumbacher „sich zunehmend seiner Menschenwürde beraubt fühlte", und dadurch „der Hass auf sein ehema-

Berichtigungen und Ergänzungen zu „Unser verschwundener Nachbar: ,Peter' Leopold Grumbacher"

liges Vaterland stetig wuchs" (S. 49, rechte Spalte unten). In der Zusammenfassung auf Seite 52, rechte Spalte oben, wird dieses Urteil bekräftigt und verallgemeinert, indem gesagt wird, die „Umstände" (Verfolgung und Ausrottung) hätten die deutschen Juden dazu gezwungen „ihr Vaterland zu hassen". Begründet wird diese Interpretation mit einem Satz aus dem Brief vom 2. September 1942, der in der benutzten Rohübersetzung lautet: „Um in ein Land und zu Menschen zu gehen, die unsere erklärten Todfeinde (Feinde bis in den Tod) sind." Dieser Übersetzung haftet in der Tat etwas Zweideutiges an. Die Autorinnen schließen, dass Peter Grumbacher (und die verfolgten Juden insgesamt), das Land und die Menschen, denen sie ausgeliefert waren, zu ihren Todfeinden erklärt hätten und dass diese Feindschaft Hass bedeuten müsse. Liest man den Satz im französischen Original, dann ist unmittelbar zu erkennen, dass genau das Gegenteil von dem gesagt wird, was die Interpretation behauptet: „Pour aller dans un pays et chez des hommes qui **se** [Hervorhebung vom Autor] sont déclarés nos enemies jusqu'à la mort." Der Briefschreiber weiß, dass er in ein Land und zu Menschen kommen wird, „qui se sont declarés", die mithin „sich" – sich selbst und von sich aus – zu den Feinden der Juden erklärt (oder gemacht) haben und sie zuletzt töten wollen. Der Satz ist deutlich und bezeugt das starke und gesunde Selbstbewusstsein des Verfolgten, der weiß, dass diese Feindschaft und dieser Hass nicht das Geringste mit dem realen Leben der Juden zu tun haben. Nach den Wurzeln dieses tödlichen Hasses gilt es zu suchen, in der Zeit damals und nicht weniger in unserem Heute. Peter Grumbacher hat diesen Satz nicht aus Hass geschrieben, sondern in Todesangst, er sitzt nach seiner Verhaftung in der Falle, im vollen Bewusstsein seiner Ohnmacht und Wehrlosigkeit, ausgeliefert einer Macht, die seinen Tod will. Die Zuspitzung der Interpretation auf den „Hass" des Gefangenen hätte aber unbefangenen Auges sehen können, dass hier etwas nicht stimmt.

Folgt doch dem fraglichen Satz, gleichsam im selben Atem- und Schriftzugzug, in großen Lettern geschrieben, ein großes „Aber" – Peter Grumbachers Bekenntnis und Hoffnung: „AMOR VINCIT OMNIA – die Liebe überwindet alles. Das ist meine Devise geworden [...]".

Es liegt auf der Hand, dass die wenigen in den „Mannheimer Geschichtsblättern" abgedruckten Briefe kein Gesamtbild des Briefschreibers, weder seiner künstlerischen Entwicklung noch seiner Gedankenwelt, vermitteln können. Dennoch zeigen bereits diese wenigen Proben den Menschen klar bis auf den Grund. Die Briefe aus den Arbeitslagern an die junge Freundin bilden zusammen mit den Briefen, die er aus Bellac erhält, für beide das Medium ihrer inneren und eigentlichen Existenz. In diesen Briefen sind sie füreinander da und frei. Für Peter Grumbacher sind sie der einzige Schutzwall gegen den tagtäglichen Raub an seiner Jugend, an seiner Freiheit, seiner Kunst, seinen Kräften, gegen die Niedertracht der Landbewohner, die verächtlich auf die jüdischen Fremdarbeiter herabblicken. Jeder Brief in seinen hellen harmonischen Schriftzügen kämpft um die ersehnte gemeinsame Zukunft, auch dann, wenn die Angst vor einer Deportation bereits Einzug in seine Träume hält. Wann wird dieser Krieg endlich zu Ende sein, wann diese todbringende Welt eine Welt, in der die beiden Liebenden ihre gemeinsame Reise beginnen können – ins Leben? Das Paar weiß gegen alle Einwände und alle Gefahren, dass es füreinander geboren und bestimmt ist. Als nach dem Ende des Krieges gewiss, allzu gewiss war, dass der geliebte Freund nicht wiederkehren und jedes Warten vergeblich sein würde, schrieb Marie-Louise Steinschneider zwanzigjährig, sie fühle sich „alt, uralt": „Die Hälfte meiner Seele starb mit ihm. Die andere Hälfte wurde verurteilt weiter zu leben wie sie konnte."

Zuletzt sei darauf hingewiesen, dass die Abbildung 5 nicht Danielle Feigenbaum, sondern deren Mutter Marie-Louise Steinschneider zeigt.

Günter Eitenmüller

Barock in Hanau
Der Jahresausflug 2016 des rem-Fördererkreises für ehrenamt-lich Mitarbeitende

Hanau kennt jeder. Aber wer hat sich in dieser Stadt, nahe bei Frankfurt und nicht weit von Mannheim entfernt, schon einmal genauer umgesehen? Wer kennt die kulturgeschichtlichen Highlights dieser Stadt?

Jedes Jahr lädt der rem-Fördererkreis die ehrenamtlich im Museum, seinen Forschungseinrichtungen und Dienstleistungsabteilungen Mitarbeitenden zu einem Tagesausflug ein, der von Hauptamtlichen vorbereitet und organisiert wird. Die in unseren Museen laufende Barockausstellung inspirierte wohl in diesem Jahr zu einer kleinen Reise, die das Mannheimer Barockerleben in Richtung Hanau ausdehnte. Natürlich ist Fachleuten bewusst, was dort an Barockem zu bewundern ist; den meisten unserer Mitreisenden waren diese Schätze allerdings wenig oder gar nicht bekannt.

Ähnlich wie in unserer Stadt waren auch in Hanau Glaubensflüchtlinge – hier vor allem aus den Niederlanden – für die Stadtentwicklung von entscheidender Bedeutung. Denn bis zu deren Ankunft 1597 war Hanau eine wenig bedeutende kleine Ackerbürgerstadt. Graf Philipp Ludwig II. hat

mit der Ansiedlung der Flüchtlinge in der „Neustadt" nicht nur ein damals modernes Wegesystem mit rechtwinkeligen Straßen ermöglicht, sondern mit der ersten deutschen Fayencemanufaktur und dem sich entfaltenden Goldschmiedegewerbe die mitgebrachten Fähigkeiten seiner Neubürger wirtschaftlich zukunftsweisend genutzt. Noch heute ist Hanau die „Goldstadt".

Der erfolgreiche Graf schuf sich dann auch das Schloss Philippsruhe (Abb. 1) nahe am Main, das wir zuerst, gut geführt, besuchten. Wie sehr vieles in Hanau wurde auch dieses prächtige Bauwerk während der letzten Kriegswochen 1945 schwer beschädigt. Beim Wiederaufbau versuchte man, die alten Formen wieder herzustellen, doch dies erscheint nicht durchgängig gelungen, zumal das große Gebäude zunächst auch andere Funktionen zu erfüllen hatte, es wurde vorübergehend als Rathaus genutzt. Heute beherbergt diese frühe Nachahmung des Versailler Schlossplans das Historische Museum der Stadt. Aber die Nachkriegsgestaltung war nicht der erste massive Eingriff in die Bausubstanz. Schon im letzten Viertel des 19. Jahrhunderts

Abb. 1
Schloss Philippsruhe
in Hanau
Foto: Günter Eitenmüller

Barock in Hanau

Abb. 2 (oben)
Die künstliche Burg-
ruine in Wilhelmsbad
bei Hanau

Abb. 3 (rechts)
Der Kuppelsaal in
der Burgruine

Fotos: Günter Eiten-
müller

waren historisierende Veränderungen im damaligen Zeitgeschmack vorgenommen worden. – Eine
Sonderausstellung stellte zur Zeit unseres Besuchs
Meisterschüler der Hanauer Zeichenschule aus
dem Biedermeier vor.

Während eines Tagesausflugs kann eine Stadt wie
Hanau natürlich nicht umfassend besichtigt werden.
Wir konzentrierten uns nach einem guten Mittages-
sen auf Wilhelmsbad, eine beachtlichen Kur- und
Badeanlage, die Ende des 18. Jahrhunderts mit großem persönlichen Engagement von Erbprinz Wilhelm IX. von Hessen, dem späteren Herrscher von
Hessen-Kassel, im englischen Stil angelegt wurde.
Alle Welt traf sich für einige Zeit in dieser Anlage,
die sich durchaus mit Wörlitz oder Schwetzingen
vergleichen lässt. Vielleicht hatte der Prinz schon
Vorstellungen von der später gebauten Löwenburg
in Wilhelmshöhe vor Augen, als er die äußerlich
eher unscheinbare, aber im Innern reich ausgestat-
tete Burgruine (Abb. 2) bauen ließ. Dass in diesem
Gemäuer sogar ein beachtlicher Kuppelsaal (Abb. 3)
untergebracht werden konnte, erstaunt. Gestaunt
haben wir auch über den Hinweis unserer tempera-

mentvollen Führerin, dass der Erbprinz während seines Aufenthalts in Wilhelmsbad Vater von über 60
Kindern geworden sein soll. (Über die Finanzierungs-
gewohnheiten der hessischen Regenten soll an dieser Stelle nicht weiter reflektiert werden; die schönen Eindrücke könnten schnell verwischt werden.)
Den Park belebten natürlich eine Eremitage, eine
Grabpyramide, Statuen, Putten, ein Brunnentempel
und vieles mehr. Eine kleine Sensation war und ist
ein fest installiertes Karussell für Erwachsene, das
über eine anspruchsvolle Antriebstechnik verfügt,
tatsächlich aber auch durch die Muskelkraft von
Kindern bewegt wurde. Dieses Karussell wurde,
wie vieles andere im Park, aufwendig renoviert und
erstrahlt nun in neuem Glanz.

Vielleicht habe ich den Begriff „Barock" für das,
was wir in Hanau gesehen haben, doch etwas über-
dehnt, auch wenn er mehr ein ungenauer Sammel-
begriff und weniger eine exakte Bezeichnung ist.
Romantischer Klassizismus trifft schon genauer,
was in Wilhelmsbad zu sehen ist, und die Fassade
von Philippsruhe nimmt auch schon klassizistische
Formen vorweg. Während der kommenden Monate
haben wir ja noch reichlich Gelegenheit, unser
Auge für Barockes in unserer Ausstellung in den
rem zu schulen. – Der Ausflug nach Hanau dürfte
uns Ehrenamtlichen angenehme Impulse für unser
weiteres Engagement vermittelt haben.

Mechthild Fischer

Werkstattbericht zum Promotionsstipendium Schillerhaus

Arbeitstitel der Dissertation: Deutsch-französischer Kulturtransfer im Mannheim des 18. Jahrhunderts. Medien – Träger – Institutionen

Seit dem Herbst 2014 gibt es das Schillerhaus-Promotionsstipendium, das vom Fördererkreis für die Reiss-Engelhorn-Museen in Zusammenarbeit mit dem Curt-Engelhorn-Zentrum für Kunst und Kulturgeschichte und dem Historischen Institut der Universität Mannheim ausgeschrieben wurde und vom Fördererkreis für die Reiss-Engelhorn-Museen sowie der Karin- und Carl-Heinrich-Esser-Stiftung finanziert wird.

Das Ziel ist es, vor allem aus den umfangreichen Theater- und Literaturgeschichtlichen Sammlungen der Reiss-Engelhorn-Museen (rem) zu schöpfen. Diese Sammlungen gehören zu den wichtigsten ihrer Art in Deutschland und beinhalten unter anderem das Archiv des Nationaltheaters Mannheim, aber beispielsweise auch zahlreiche Quellen zum Mannheimer bzw. kurpfälzischen Druck- und Verlagswesen.

Als erste Trägerin dieses Stipendiums (Abb. 1) weiß ich das besondere Arbeitsumfeld, das mir das Stipendium ermöglicht, sehr zu schätzen: Nicht nur hat man als Schillerhaus-Stipendiatin keinerlei andere Verpflichtungen, als sich voll und ganz der Dissertation zu widmen. Als Stipendiatin darf ich außerdem im Obergeschoss des vom Fördererkreis für die rem getragenen Museums Schillerhaus in Mannheim B 5, 7 (Abb. 2) wohnen, einem barocken Kleinod, das auch atmosphärisch das historische Arbeiten unterstützt. Vor allem aber wohne ich damit unmittelbar gegenüber den rem-Sammlungen und der Bibliothek: Einen kürzeren Arbeitsweg kann man sich kaum vorstellen.

Außerdem erhalte ich durch die doppelte Anbindung des Stipendiums sowohl an die rem als auch an die Universität Mannheim – der Doktorvater ist Prof. Dr. Hiram Kümper – von zwei Seiten Unterstützung und Ansprechpartner.

Insgesamt also beste Voraussetzungen für wissenschaftliches Arbeiten – und das alles dank bürgerschaftlichen Engagements. Damit dürfte das Schillerhaus-Stipendium in seiner Form in Deutschland einzigartig sein.

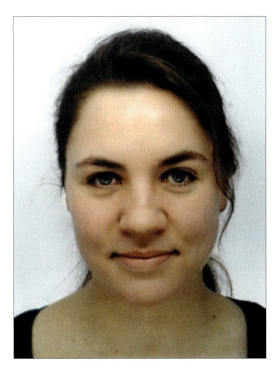

Abb. 1
Mechthild Fischer
Schillerhaus-Stipendiatin
2014 bis 2017
Foto: Privatbesitz

Da ich vom Studium her Mittelalter- und Frühneuzeithistorikerin bin, habe ich mich für ein Thema des 18. Jahrhunderts und ein, da es die Sammlungen der rem zulassen, recht breit gefächertes Dissertationsthema entschieden. Ich schreibe über: „Deutsch-französischer Kulturtransfer im Mannheim des 18. Jahrhunderts. Medien – Träger – Institutionen". Denn obwohl sowohl die französische Kultur des 18. Jahrhunderts als auch Mannheims damalige Geschichte bereits gut dokumentiert sind, ist der Kulturtransferprozess noch nicht in seinem konkreten Ablauf und seinen Auswirkungen vor Ort untersucht; somit ist er Forschungsdesiderat. Wie, auf welchen Wegen, mit welchen Mitteln, durch welche Personen, Medien und Institutionen kam die Kultur Frankreichs nach Mannheim und in die Kurpfalz, und wie wurde die französische Kultur hier rezipiert? Diese Fragen stehen im Mittelpunkt meiner Promotionsarbeit.

Mannheim als Beispielstadt für solch eine Studie, wie Kulturtransfer konkret ablaufen konnte,

Werkstattbericht zum Promotionsstipendium Schillerhaus

zu betrachten, erscheint umso lohnenswerter, da die Forschung mittlerweile zu der Erkenntnis gekommen ist, dass die französische Kultur im 18. Jahrhundert nicht gleichmäßig von Paris ausstrahlte, sondern dass der Kulturtransfer an jedem Ort individuell unterschiedlich ablaufen konnte, je nachdem, welche konkreten Kulturträger ansässig waren. Verschiedene Voraussetzungen führten zu sehr unterschiedlichen Abläufen und Auswirkungen des französisch-deutschen Kulturtransfers im Heiligen Römischen Reich.

Freilich erhoffe ich mir aber zusätzlich, in meiner Dissertation auch grundsätzliche Prozesse des Kulturtransfers aufzeigen zu können, die dann auch für andere Orte gültig und anwendbar sind.

In den einleitenden Kapiteln meiner Arbeit setze ich mich mit den grundlegenden Voraussetzungen auseinander, die das Mannheim des 18. Jahrhunderts bot (knapp die geschichtliche Entwicklung, Alphabetisierungsgrad, Fremdsprachenkenntnisse etc.). Auch ist es nötig, mir ein theoretisches Fundament zu bauen, indem ich zum Beispiel einige für mich zentrale Begriffe wie „Kultur", „Nation" oder „Kulturtransfer" definiere – denn eine allgemein-

gültige, einfach auf das 18. Jahrhundert übertragbare Definition gibt es nicht immer.

Im Hauptteil werde ich dann die verschiedenen, in Mannheim ansässigen Träger des Kulturtransfers anhand verschiedener Orte, also „loci" (im physischen wie auch im übertragenen Sinn), ausarbeiten, um als Ergebnis meiner Dissertation diese verschiedenen „Orte" schließlich synthetisierend und analysierend zusammenzuführen bzw. festzustellen, wie genau die verschiedenen Personen, Medien und Institutionen interagierten: Wer partizipierte überhaupt an diesem Kulturkontakt und auf welche Weise? Bildeten die Kulturträger ein Netzwerk, waren sie vielleicht voneinander abhängig, oder konkurrierten sie miteinander? Welche Auswirkungen brachte der französisch-deutsche Kulturtransfer in der Kurpfalz und auch darüber hinaus mit sich? Auf diese Fragen hoffe ich am Ende meiner Arbeit Antworten zu haben.

Der zentrale Ort des Kulturtransfers in Mannheim war sicherlich der kurpfälzische Hof unter Kurfürst Carl Theodor, dessen Regierungszeit (1742-1799) auch in etwa den zeitlichen Rahmen für meine Promotionsarbeit steckt. Die Residenz war

Mechthild Fischer

Hauptträger und -rezipient der französischen Kultur und Mannheimer Dreh- und Angelpunkt des Kulturaustausches. Neben der generellen Ausrichtung des Hofes nach französischem Vorbild interessiere ich mich vor allem für die Franzosen am Hof Carl Theodors sowie für das Hoftheater und die höfische Musik. Überhaupt werde ich genauer auf die Mannheimer Theater- und Musikgeschichte eingehen (freilich wiederum vor allem in Bezug auf eine mögliche Ausrichtung hin nach und Austausch mit Frankreich). In beiden Bereichen erreichte die Stadt in der zweiten Hälfte des 18. Jahrhunderts eine Vorreiterrolle in Deutschland. In den Theater- und Literaturgeschichtlichen Sammlungen der rem, die ja ohnehin im Zentrum meiner Arbeit stehen, finden sich unter anderem zahlreiche Konzertzettel sowie Libretti aus dem 18. Jahrhundert, so dass der damalige Spielplan noch recht genau bekannt und ein Vergleich mit Frankreich also gut möglich ist.

Auch die eng mit dem Hof zusammenhängende Wissenschaft (vor allem die Kurpfälzische Akademie der Wissenschaften und die Kurfürstliche Deutsche Gesellschaft) und die Kirche, die beispielsweise durch die Jesuiten Kontakte nach Frankreich pflegte, sind „loci" in meiner Dissertation. Ebenso werde ich versuchen, weitere Kontaktpunkte mit Frankreich wie beispielsweise private bürgerliche Kontakte, Freimaurerlogen etc. zumindest grob zu erfassen.

Ein anderer Ort des Kulturkontakts soll aber einen besonderen Schwerpunkt meiner Dissertation ausmachen: das Mannheimer Druck- und Verlagswesen. Für diese Schwerpunktsetzung gibt es mehrere Gründe: So lassen sich insbesondere durch Gedrucktes neue Ideen, kulturelle Neuigkeiten und Informationen jeder Art am einfachsten, schnellsten und direktesten einer größeren und auch weiter entfernten Öffentlichkeit vermitteln – Bücher, Periodika und Zeitungen sind damit zentrale Medien jedweder Art von Kulturtransfer.

Gerade im Heiligen Römischen Reich kam dem massiven Bedeutungszuwachs von Büchern und Periodika als Kommunikationsmittel im 18. Jahrhundert und der entstehenden Lesegesellschaft eine zentrale Rolle zu, da die deutschen Territorien anders als zum Beispiel das zentralistische Frankreich keine Hauptstadt als Hauptort des Diskurses besaßen.

Außerdem entwickelte sich die Bedeutung von Mannheim als Buchhandelsstadt rasch: Gilt das Mannheimer Schriftgut des 17. und frühen 18. Jahrhunderts noch als unbedeutend, lässt sich in der Residenzstadt im 18. Jahrhundert ein enormer Anstieg der Buchproduktion feststellen. Mannheim entwickelte sich gar zu einem bedeutenden Buchumschlagsplatz im deutschen Südwesten und darüber hinaus. Besonders wichtige Akteure waren der Buchhändler Christian Friedrich Schwan und die weit überregional bedeutende französische Buchhandlung „librairie Fontaine".

Vor allem aber bietet die Sammlung „Mannheimer Drucke" (Abb. 3) in den rem ein hervorragendes Quellenmaterial zum Buchhandel: Während viele andere für die Geschichte Mannheims bzw. der Kurpfalz relevante Archivalien in vergangenen Kriegen oder sonst wie zerstört wurden oder verloren

Abb. 3
Teile der „Mannheimer Drucke" im Reservatamagazin der Bibliothek der rem
Foto: Mechthild Fischer

Werkstattbericht zum Promotionsstipendium Schillerhaus

Abb. 4
Mechthild Fischer bei
der Arbeit mit einem
französischsprachigen
Journal aus den rem-
Sammlungen
Foto: rem, Dieter Dümas

gegangen sind, gibt es hier eine annähernd vollständige Sammlung aller in Mannheim gedruckten Werke vergangener Jahrhunderte. Es ist somit möglich, alle – in meinem Fall vor allem französischsprachige – Mannheimer Drucke systematisch durchzusehen, wodurch Fragen geklärt werden können wie etwa, was genau gedruckt bzw. übersetzt und damit mutmaßlich rezipiert wurde, an welche Art von Publikum diese Publikationen sich richteten und was diese Druckwerke über das damalige geistige Klima in Mannheim verraten.

In meiner Arbeit werde ich zum einen die zeitliche Komponente des Kulturtransfers berücksichtigen: Nach einer jahrzehntelangen intensiven Rezeption der französischen Kultur (Abb. 4) kam es am kurpfälzischen Hof spätestens 1774/75 zu einem Paradigmenwechsel und einer Hinwendung zur deutschen Kultur. Dies spiegelt die allgemeine Entwicklung in deutschen Territorien – und damit auch in der Kurpfalz – in der zweiten Hälfte des 18. Jahrhunderts wider. Zum anderen werde ich darstellen, inwiefern von einem Kulturtransfer in die umgekehrte Richtung, also von Deutschland bzw. der Kurpfalz nach Frankreich, gesprochen werden kann und wie sich dieser vom Kulturtransfer aus Frankreich unterschied.

Für mein Dissertationsthema gibt es außer in den Sammlungen der rem auch wichtige Quellen im Bayerischen Hauptstaatsarchiv in München und im Generallandesarchiv Karlsruhe. In jedem Fall kann ich meine Arbeit auf einer sowohl in thematischer als auch quantitativer Hinsicht breiten Quellenbasis schreiben, was ein Grund war, mich für das Thema zu begeistern: Mir erscheint es sehr reizvoll, eine Dissertation zu schreiben, die mehr quellen- als theorieorientiert ist, bei der ich mich aber trotzdem mit theoretischen Fragen auseinandersetzen kann.

Den französisch-deutschen Kulturtransfer im 18. Jahrhundert am Beispiel Mannheims zu untersuchen, hat noch weitere Vorteile: Das Thema ist überaus vielfältig (man bedenke nur die verschiedenen „loci") und verspricht auch ein gewisses Maß an Interdisziplinarität, indem ich beispielsweise auch literatur- oder musikwissenschaftliche Forschung mit einbeziehe. Zusätzlich gefällt mir die Möglichkeit, regionalhistorisch zu arbeiten, aber gleichzeitig das große Ganze mit berücksichtigen zu müssen und zu dürfen.

Mich drei Jahre lang ganz auf dieses mir sehr spannend erscheinende Thema konzentrieren zu können unter den hervorragenden Bedingungen, die das Schillerhaus-Stipendium mit sich bringt, ist für mich ein großes Glück. Ich darf diese Konditionen noch etwa ein Jahr lang genießen, bevor wohl ein/e neue/r Schillerhaus-Stipendiat/in weitere Archivalienschätze der Reiss-Engelhorn-Museen genauer untersuchen wird.

Günther Saltin*

Sr. Hildegardis Wulff. Ein Lebensbild
Der großen Ordensfrau aus Mannheim zum 120. Geburtstag

Beginnen wir mit zwei Frauen namens Liselotte. Die jüngere von beiden, Liselotte Wulff (8. September 1896 - 20. Oktober 1961) ist benannt nach der älteren, Elisabeth Charlotte d´Orléans (1652-1722), Tochter des pfälzischen Kurfürsten Karl Ludwig und Ehefrau von Philippe d´Orléans, Bruder des „Sonnenkönigs" Ludwig XIV.

Als die 1863 von Mannheimer Bürgern, darunter eine Reihe angesehener jüdischer Familien, aus der Taufe gehobene „Höhere Mädchenschule" in D 7 wegen des enormen Andrangs geteilt werden musste, wurde der in D 7 verbleibende Teil benannt nach Frau Rath, Goethes Mutter Elisabeth; der in der Collinistraße errichtete, 1911 bezogene repräsentative Neubau trug den Namen der Elisabeth Charlotte, genannt „Liselotte", die als selbstbewusste tapfere Frau am französischen Königshof jene Tugenden hochhielt, die man gern den Deutschen zuschrieb, und die so für die Mädchen aus bildungsbewussten Familien des zweiten Deutschen Reiches ein Vorbild sein konnte. Liselotte Wulff, als Kind einer aus Westfalen stammenden Kaufmannsfamilie im Stadtteil Jungbusch, Kirchenstraße 10 (Abb. 1), geboren, erhielt den Namen dieser in mehrfacher Hinsicht herausragenden Frau und wurde Schülerin der nach ihr benannten Schule. Bei aller Verschiedenheit verbindet beide Frauen vieles:
- Hohe Intelligenz und exzellente Bildung;
- Beharrlichkeit in der Verfolgung der für richtig erkannten Ziele, verbunden mit einem hohen Maß an Courage und dem Mut, zu ungewöhnlichen Mitteln zu greifen;
- beider Qualitäten bewährten sich in der Fremde;
- beide sind Konvertitinnen (wenn auch aus völlig unterschiedlichen Motiven).

Nach der Jahrhundertwende bezog Familie Wulff das Haus Sophienstraße 15 in der Mannheimer Oststadt, einem im Aufbau befindlichen Villenviertel. Wenn Liselotte von hier aus zur Schule in der Collinistraße ging, passierte sie den imponierenden Jugendstilbau der gerade vollendeten protestantischen Christuskirche am Werderplatz.

Liselottes Familie wusste sich, wie die meisten großbürgerlichen Familien, dem liberalen Prote-

stantismus verbunden: Das Maß aller Dinge war die Vernunft. Als Aufgabe der Religion erkannte man in allererster Linie die Anleitung zu vernunftgemäßem Handeln zum Wohl aller in Verantwortung vor Gott und den legitimen Autoritäten. Die perfekt ausgearbeitete historisch-kritische Methode zur Bearbeitung biblischer Texte wurde verstanden als probates Mittel, die Schriften zu reinigen von allem mythologischen Beiwerk und deren Botschaft zu reduzieren auf das, was der Vernunft entspricht.

Der evangelische Religionsunterricht an der Liselotte-Schule entsprach exakt diesem Muster; er war von vorneherein nicht darauf angelegt, zu sensibilisieren für die transzendente Wirklichkeit. In diesem Sinn äußerte sich Liselotte Wulff selbst in einem Rückblick auf ihren Werdegang.[1]

Innerhalb der Liselotte-Schule (Abb. 2) besuchte Liselotte W. die Mädchen-Oberrealschule, die zum Abitur und damit zur Hochschulreife führte. Dass sie im Schulleben eine besondere Rolle spielte, geht aus dem Schul-Jahresbericht von 1913/14 hervor: Im Mai des Jahres 1914, kurz vor dem Ausbruch des Ersten Weltkriegs, statteten die Königlichen Hoheiten des Großherzogtums Baden der Schule einen Besuch ab. Liselotte war dazu ausersehen, an

Abb. 1
Wohnhaus der Familie Wulff im Jungbusch, Kirchenstraße 10
Zustand im Jahr 2012
Hier wurde Liselotte Wulff am 8. Sept. 1896 geboren.
Foto aus: Schwester Hildegardis Wulff – Lebensbild einer großen Ordensfrau

Sr. Hildegardis Wulff. Ein Lebensbild

Abb. 2
Liselotte-Schule in der
Collinistraße kurz nach
der Eröffnung
Das Anwesen zwischen
Collini- und Mozartstraße
gehört heute zum Natio-
naltheater.
StadtA MA - ISG

der Spitze einer Mädchengruppe Ihrer Königlichen Hoheit der Großherzogin einen Blumenstrauß zu überreichen und im Namen der Schulgemeinde ein Gedicht der Huldigung vorzutragen, das mit den folgenden Versen endet:

„Und diese Blumen, lichte Frühlingsboten,
Sie mögen mehr denn unsere Worte sagen,
Daß warm und treu im alten Pfälzerlande
Der Jugend Herzen Euch entgegenschlagen."
Anschließend sang der Schülerinnenchor:
„Treue Liebe bis zum Grabe schwör` ich Dir, mein Vaterland !"[2]

Was ihr beim Besuch der Hoheiten noch wie selbstverständlich über die Lippen gekommen war, erschien ihr wenig später höchst fragwürdig. Sie schrieb sich nach einem exzellent gemeisterten Abitur an der Universität Heidelberg (für kurze Zeit auch in Bonn) ein für Germanistik, später auch mittelalterliche Geschichte und Kirchenrecht. An der Universität traf sie zunächst noch auf Kommilitonen und Professoren, die dem gleichen Milieu des bürgerlichen nationalen Liberalismus angehörten wie ihre eigene Familie. Doch die Konfrontation mit den Auswirkungen des Krieges in Gestalt von Studenten, die verletzt und krank von der Front an die Universität zurückkamen, und vor allem mit jungen Ordensleuten, die einen Lazarettdienst

absolviert hatten, trugen dazu bei, ihr bisheriges Weltbild ins Wanken zu bringen: „`Unser Kaiser`, `unser Hindenburg` hatten als Begriff und Person für mich ihren Glorienschein verloren in dem gleichen Maß, in dem sich uns im Seminar für mittelalterliche Geschichte neue Bilder auftaten, wie das des modernen christlichen Sozialismus oder des `Heiligen Römischen Reiches`(Imperium im Sinn des hl. Augustinus)."[3] Entscheidend für ihr weiteres Leben waren Begegnungen mit „Vertretern jener neuen christlichen und sozialen Weltanschauung, die sich bald nach dem Krieg in Deutschland ausbreitete. Christentum war für sie nicht eine Schulweisheit für Katheder und Kanzel, sondern war Leben."[4] Gelebtes Christentum aber beginnt und entfaltet sich in der Begegnung mit dem absoluten Gott, der in Jesus Christus Mensch und Schöpfung vorbehaltlos annimmt, und als Antwort auf die empfangene Zuwendung im Dasein füreinander.

Am 17. Januar 1918 wurde Liselotte Wulff in der Kapelle des St. Joseph-Krankenhauses in der Heidelberger Weststadt in die katholische Kirche aufgenommen. Diese Konversion ist ein frühes Beispiel für eine signifikante Hinwendung zur katholischen Kirche in der Zwischenkriegszeit bei jungen Menschen mit einem hohen Bildungsgrad, darunter auffallend viele Frauen. Als wichtiges Motiv für

Günther Saltin

eine solche Entscheidung ist die Sakramentenpraxis der katholischen Kirche auszumachen. In einer den Menschen in seiner leib-seelischen Ganzheit erfassenden Weise tritt dieser in lebendige Beziehung zum Geheimnis Gottes, sodass ihm von daher Kräfte zuwachsen zur Humanisierung einer aus den Fugen geratenen Welt.

Liselotte Wulff steht mit ihrer Entscheidung an der Spitze einer ganzen Reihe junger Frauen, die sich zum guten Teil untereinander kannten. Einigen unter ihnen war von der Philosophie her, angestoßen durch die phänomenologische Methode des Göttinger, dann Freiburger Philosophen Edmund Husserl[5], die Welt des Religiösen erstmals bewusst geworden in ihrer das Dasein erschließenden Bedeutung. Dies gilt für die Halbjüdin Eva Laubhardt (Konversion 1920 in Breslau; eng befreundet mit Edith Stein, die sie bei regelmäßigen Frühmessbesuchen kennen gelernt hatte; Eintritt in das St. Lioba-Kloster in Freiburg: Sr. Placida), für Edith Stein (Konversion 1922 in Bergzabern/Pfalz; Eintritt bei den Unbeschuhten Karmelitinnen: Sr. Theresia Benedicta vom Kreuz) und Amelie Jägerschmidt (eine Freundin Liselotte Wulffs aus Kindertagen; Konversion 1928; Eintritt in das St. Lioba-Kloster in Freiburg: Sr. Adelgundis). Zu diesem Kreis gehörten weiterhin Ruth Schaumann (Konversion 1924), Gertrud von Le Fort (Konversion 1928) und Ida Friederike Reichsgräfin Coudenhove-Kalergi (katholisch getauft; 1929 bewusste Entscheidung für ein Leben aus dem Glauben; Abb. 3).

Unverkennbar ist auch die Ausstrahlung des Mainzer Priesters Romano Guardini, geistlicher Leiter des Jugendbundes „Quickborn": „Die Kirche erwacht in den Seelen" – diese Erfahrung beinhaltet, dass die Kirche mehr ist als eine Institution zur Sicherstellung des individuellen Seelenheils; sie schenkt durch das ihr anvertraute Glaubensgut und die Sakramente ihren Gliedern eine neue Sicht des Lebens als Geschenk des Schöpfergottes, erschließt den vielfältigen Formen der Gemeinschaft neue Dimensionen und begründet ein vertieftes Verhältnis zur gesamten Schöpfung.[6]

Der Anschluss an die katholische Kirche bedeutete für Liselotte Wulff für eine längere Zeit den Bruch mit ihrer Familie.[7] Für weite Kreise im großbürgerlichen Protestantismus war ein solcher Schritt gleichbedeutend mit der Aufgabe der geistigen Selbständigkeit.

Liselotte W. schloss 1920 ihr Studium ab mit der Promotion zur Dr. phil. aufgrund ihrer Dissertation „Der Hohenstaufe Friedrich II. und die Benediktiner und Zisterzienser in Deutschland und Italien".

Als gelegentliche Referentin zu Themen der Theologie, der Geschichte und der Literatur erwarb sie sich wegen ihrer Belesenheit und Eloquenz einen ausgezeichneten Ruf. Dass Frauen in der katholischen Kirche sich zu zentralen theologischen Themen öffentlich äußerten, wurde durchaus nicht als selbstverständlich hingenommen. Für die zehn Jahre später im Banat zu leistende, bahnbrechende Bildungsarbeit sollte sich dieses Heidelberger Engagement als solide Vorbereitung erweisen.

Den Ersten Weltkrieg und die mit ihm verbundenen politischen, sozialen und geistigen Erschütterungen erfuhr Liselotte Wulff als Weckruf, die eigene Lebensplanung daran auszurichten: „Obgleich ich nur eine arme, kleine Studentin war, spürte ich sehr tief an all diesen Änderungen, dass sich eine neue Welt anmeldete, an deren Geist und Wirken auch ich teilnehmen wollte."[8] Den entscheidenden Anstoß in die von ihr schließlich gewählte Richtung erhielt sie durch katholische Freundinnen und Bekannte, darunter junge Ordensleute. Diese „erzählten mir von neu gegründeten Orden und Säkularinstituten im In- und Ausland, welche,

Abb. 3
Ida Friederike Reichsgräfin Coudenhove-Kalergi (2. Dezember 1901 – 15. Mai 1971; seit 1935 verheiratete Görres) war Absolventin der Sozialen Frauenschule in Freiburg, an der Dr. Liselotte Wulff unterrichtete. Sie besuchte ihre Lehrerin 1930 und 1931 in Temeswar. Dabei war ihre erste Publikation, „Gespräch über die Heiligkeit. Ein Dialog um Elisabeth von Thüringen" (1932 erschienen), in dem es um religiöses Leben mitten in der Welt geht, gewiss Gesprächsgegenstand. Foto: dcms.bistummainz. de

Sr. Hildegardis Wulff. Ein Lebensbild

schon gegründet oder geplant, den Kampf mit dem Elend der Zeit aufnahmen, was mir wesentlich erschien, und der Frau die Möglichkeit zur apostolischen Tätigkeit außerhalb von Schule und Krankenhaus erschließen wollten."[9] Auf der Suche nach einer ihren Zielen gemäßen Gemeinschaft trat sie zunächst in das Zisterzienserinnenkloster Lichtenthal in Baden Baden ein. Ihre Erfahrung dort: „Im Kloster Lichtenthal war man von diesem harten, aber lebendigen Leben getrennt. Man lebte in einem viele hundert Jahre alten Frieden. [...] Nach ein paar Wochen wusste ich, dass dort nicht mein Platz war, trotzdem Gemeinschaftsleben und Chorgebet auf einer hohen Stufe standen und mir gefielen, und ich trat unter vielen Tränen wieder aus."[10]

Im Kloster Lichtenthal empfing sie den ihr weiteres Leben bestimmenden Hinweis: Abt Ildefons Herwegen OSB von Maria Laach, der sich in dieser Zeit hier aufhielt, wies sie hin auf Maria Föhrenbach in Freiburg, eine ausgebildete Musikerin, die aufgrund ihrer Erfahrungen im Lazarettdienst den Plan einer Ordensgründung verfolgte, in der benediktinisches Gebetsleben und apostolische Tätigkeit, die sich an den konkreten Nöten der Zeit ausrichtet, eine Einheit bilden. Dies entsprach auch den Vorstellungen Liselotte Wulffs. Sie nahm im September 1920 Verbindung mit ihr auf und wurde so, gemeinsam mit Maria Föhrenbach und Elisabeth Steinbacher, Gründerin der Benediktinerinnen von der heiligen Lioba.

M. Föhrenbach war zu dieser Zeit Leiterin eines vom Caritasverband getragenen Säuglingsheims, dem eine Säuglingspflegerinnen-Schule angeschlossen war. Eine Reihe von jungen Frauen, die in sozialen Berufen tätig waren, hatte sich ihr angeschlossen. Ihre Gemeinschaft war, um Verträge abschließen zu können, beim Amtsgericht Freiburg als juristische Person unter dem Namen „St. Lioba e. V." registriert.[11] Als Zweck des Vereins war eingetragen: Benediktinisches Geistesleben, apostolische Tätigkeit und alles, was zur Pflege, Unterstützung und Stärkung der christlichen Familie führt. Erzabt Raphael Walzer OSB von Beuron[12] war ihr geistlicher Berater und bot als vorläufige kirchliche Form an, die Mitglieder als „Oblaten" der Abtei Beuron aufzunehmen.[13]

Der Weg von der Idee bis zur anerkannten Ordensgemeinschaft war, gemessen an den in der katholischen Kirche üblichen Fristen bei vergleichbaren

Initiativen, zwar ausgesprochen kurz, aber durchaus dornenreich. Er führte zum Ziel, weil das Sendungsbewusstsein der Initiatorinnen, gepaart mit der Entschlossenheit, den kreativen Potenzen der Frauen in einer von Männern dominierten Kirche[14] Geltung zu verschaffen, diese dazu anregte, mit Phantasie und Mut ungewöhnliche Wege zu wagen.

Bereits 1920/21 reichte der Freiburger Erzbischof Karl Fritz den Entwurf der „Statuten" bei der zuständigen Kommission in Rom ein. Am 1. Mai 1921 wurden Maria Föhrenbach und Liselotte Wulff auf Anregung des Erzbischofs in das Noviziat der Benediktinerinnen der Abtei St. Hildegard in Eibingen (Rüdesheim) aufgenommen. Im Herbst des gleichen Jahres erreichte sie die Nachricht, dass die vorgelegten Statuten in Rom in dieser Form keine Anerkennung gefunden hatten.

Die Frauen gaben nicht auf; sie brachen das Noviziat ab, um die Statuten zu überarbeiten. Inzwischen stießen immer mehr junge Frauen zu der Gemeinschaft, die ihr Zentrum in der Hansastraße 4 in Freiburg bezogen hatte und den Anfragen von Pfarreien und Sozialeinrichtungen bei weitem nicht entsprechen konnte.

Liselotte Wulff hatte einen Lehrauftrag an der „Sozialen Frauenschule"[15] in Freiburg und bot Lehrveranstaltungen an in Psychologie, Sozialpädagogik, Geschichte und der „Frauenfrage". Ihre Vorlesungen konnten begeistern. Als Beleg ein prominentes Beispiel aus dem Jahr 1923: Eva Laubhardt, Schülerin des Philosophen Edmund Husserl, eine zur katholischen Kirche konvertierte Halbjüdin, schrieb ihrer Freundin Edith Stein: „Ich höre jetzt Sozialpädagogik – wundervoll dargeboten von Dr. Liselotte Wulff. Jetzt ist sie freilich eine brave Liobaschwester – so eine echte Konvertitin [...]."[16] Diese Bemerkung ist schon deshalb interessant, weil hier eine Konvertitin einer anderen bezogen auf eine dritte bestätigt, worin gewiss beide übereinstimmen: dass Konvertiten aufgrund der Erfahrungen in ihrer früheren konfessionellen Heimat einiges einzubringen haben in die Gestaltung des kirchlichen Lebens der Konfession, für die sie sich – gewiss nicht leichtfertig – entschieden haben. Dabei öffnen sie den Katholiken in mancherlei Hinsicht die Augen neu für die Schätze, die ihre Kirche zu bieten hat, die diese selbst aber oft nicht mehr so recht wahrnehmen.

Günther Saltin

Neben der Dozententätigkeit war Dr. Wulff beauftragt, den sich auf die Konversion vorbereitenden Menschen in der Stadt Freiburg den vorgeschriebenen Unterricht zu erteilen.

Die Gemeinschaft der heiligen Lioba wuchs kontinuierlich (Abb. 4). Von 1921 bis 1927 wurden 70 Postulantinnen aufgenommen, 52 Einkleidungen waren zu registrieren, 22 Frauen legten die Profess (private, aber ewige Gelübde) ab. Die überarbeiteten Statuten fanden schließlich die Billigung der römischen Religiosenkongregation. Am 11. März 1927 errichtete Erzbischof Karl Fritz die „Congregation der Schwestern von der hl. Lioba Regular-Oblaten des hl. Benedictus". Kurz darauf erwarb die Gemeinschaft das heute noch von ihr genutzte Anwesen in Freiburg-Günterstal.[17]

Als Dozentin der „Sozialen Frauenschule" hatte Liselotte Wulff – Sr. Hildegardis der von ihr gewählte Klostername nach der heiligen Hildegard von Bingen – jene Begegnung, die ihrem apostolischen Wirken die endgültige Richtung wies.

Unter ihren Schülerinnen befanden sich zwei junge Frauen aus dem Banat, die zur „Gesellschaft der Sozialen Schwestern" gehörten. Diese ungarischen Schwestern lebten und arbeiteten in Temeswar, dem Hauptort des rumänischen Teils des Banats. Die beiden waren zur Ausbildung nach Freiburg entsandt worden, weil die Gemeinschaft bei der Arbeit im Banat mit deutschstämmigen Menschen zu tun bekam, sich diese Kontakte aber in vielen Fällen als schwierig erwiesen. Die Studentinnen waren von den Ausführungen von Dr. Wulff so angetan, dass sie diese baten, mit ihnen in der vorlesungsfreien Zeit nach Weihnachten 1927 zu Vorträgen ins Banat zu reisen.

Die Deutschstämmigen, mit denen die Schwestern in Kontakt standen, gehörten zu den „Banater Schwaben"[18], die großenteils in geschlossenen Siedlungen lebten, aber im Zug der Industrialisierung zunehmend in die Städte strömten.

Zur Vorgeschichte: Nach den Türkenkriegen war die Gegend im Süden Ungarns fast menschenleer, die einstigen Siedlungen befanden sich in desolatem Zustand. Im Frieden von Passarowitz 1718 kam die Region unter Habsburgische Herrschaft. Kaiserin Maria Theresia forcierte die Wiederbesiedlung und warb in ländlichen Gegenden des Reiches, zum Beispiel am Mittelrhein, im Odenwald,

Lothringen, der Saar- und Moselregion Bauern an, mit Erfolg wegen des geltenden Erbrechtes, demzufolge der erstgeborene Sohn den Hof erbte; die jüngeren Geschwister mussten zwar ausbezahlt werden, hatten aber kaum eine Chance auf ein selbst bestimmtes Leben und die Gründung einer eigenen Familie. Die habsburgische Verwaltung förderte die Ansiedlung durch Starthilfen und Privilegien. Unter Maria Theresia wurden ausschließlich katholische Siedler zugelassen, Angehörige anderer Konfessionen mussten zur katholischen Kirche übertreten. Als im 19. Jahrhundert Ungarn, die Schwäche des Habsburgerreiches nutzend, mit seinen Autonomiebestrebungen Erfolg hatte und die „k. und k. Doppelmonarchie" Österreich/Ungarn entstand (Östereichisch-Ungarischer Ausgleich von 1867), kam das Banat (Abb. 5) zu Ungarn. Die hemmungslose Magyarisierung, die von der katholischen Kir-

Abb. 4
Erste ewige Profess der Gründungsschwestern von St. Lioba am 21. März 1933
Vorne Sr. M. Benedicta Föhrenbach; rechts dahinter Sr. Dr. Hildegardis Wulff, links Sr. M. Elisabeth Steinbacher
Aufnahme im Garten von Freiburg-Günterstal
Foto aus: St. Lioba 1927-2002

Sr. Hildegardis Wulff. Ein Lebensbild

che in Ungarn vorbehaltlos mitgetragen wurde, erfasste auch die Siedlungen der Banater Schwaben. Auch die Seelsorger, in der Regel Ungarn, stellten sich in den Dienst dieser Bestrebungen, sodass es zu einer wachsenden Entfremdung zwischen den Priestern und ihren Gemeinden kam. „Ungarisch" und „katholisch" war so gut wie deckungsgleich. Der Klerus genoss eine Fülle von Privilegien, die Seelsorge beschränkte sich bei vielen Priestern im Wesentlichen auf die vorgeschriebenen Dienstleistungen. (Sr. Hildegardis hat sich in ihrer Art von galligem Humor gelegentlich dazu geäußert.)

Bei den Siedlern hatten sich erhebliche Unterschiede im sozialen Status herausgebildet. Wer Erfolg haben wollte, musste enormen Fleiß mit Können und Geschick verbinden. Viele waren diesen Herausforderungen nicht gewachsen. Die Erfolgreichen aber brachten den Verlierern und Versagern wenig Verständnis entgegen.

Abb. 5
Das Banat nach dem
Vertrag von Trianon 1920
birda.de/images

trotz des Wechsels im Banat verbliebenen Ungarn orientiert.

Die „Gesellschaft der Sozialen Schwestern" hatte sich für den Dienst in Temeswar entschieden und sah sich der deutschstämmigen Bevölkerung ebenso verpflichtet wie ihren ungarischen Landsleuten. Dabei hatten sie Einblick erhalten nicht nur in die materielle Not vieler Familien, sondern waren der geistigen und seelischen Not der Menschen begegnet, die in religiöser Hinsicht vernachlässigt waren, in ihrer speziellen Situation aber Halt im Glauben und verlässliche Gemeinschaft suchten. Die beiden Freiburger Studentinnen glaubten in ihrer Lehrerin Dr. Hildegardis Wulff jemanden gefunden zu haben, der den Menschen in ihrer Stadt Temeswar eine verlässliche Begleiterin sein könnte.

Die Reise von Sr. Dr. Hildegardis Wulff in der Weihnachtsoktav 1927 ins Banat – sie hielt in der kurzen Zeit zehn Vorträge – fand eine alle Erwartungen übertreffende Resonanz. Offensichtlich entsprachen ihre Ausführungen und ihr Glaubenszeugnis den Bedürfnissen der Menschen, die in ihrer besonderen Situation nach Orientierung suchten. Die meisten der Vorträge fanden statt im Festsaal der „Banatia" in Temeswar, dem größten deutschsprachigen Schul- und Bildungszentrum im Südosten Europas. Einer ihrer damaligen Zuhörer, Nikolaus Engelmann[19], Schüler der Deutsch-Katholischen Lehrerbildungsanstalt, berichtet: „Ungewohnt schon das Bild, eine Nonne am Vortragspult, überraschte sie ihre Zuhörerschaft mit ihrer Sprachmächtigkeit und der überzeugenden Ausstrahlung ihrer Persönlichkeit."

Der Erfolg trug ihr die Einladung zu einer zweiten Reise im kommenden Jahr ein. Bei der letzten Vortragsveranstaltung 1928 rief ihr der Dompropst Blaskowics[20] zu: „Kommen Sie zu uns und erfüllen Sie hier eine volkspädagogische Aufgabe, zu der Sie berufen sind!"[21]

Sr. Hildegardis, die bisher nicht im entferntesten an einen längerfristigen Einsatz im Banat gedacht hatte, stand gleichwohl dieser Bitte aufgeschlossen gegenüber, weil sie die Überzeugung gewonnen hatte, dass die „reichsdeutsche" Kirche ihre Landsleute im Südosten Europas bisher recht stiefmütterlich behandelt hatte – eine Erkenntnis, die sie bald noch verdichten sollte und die sie häufiger deutlich aussprach. Es gelang ihr, die für die Kongregation der Lioba-Schwestern Verantwortlichen

Nach dem Ersten Weltkrieg kam es im Vertrag von Trianon 1920, als die Landkarte Südosteuropas neu gezeichnet wurde, zu einer Dreiteilung des Banat: Ein kleiner Teil verblieb bei Ungarn, ein größerer kam zu dem neu gebildeten Königreich der Serben, Kroaten und Slowenen, der weitaus größte Teil wurde dem Königreich Rumänien zugeteilt.

Für die Banater Schwaben bedeutete der Wechsel der Staatszugehörigkeit das Ende der Magyarisierung und die Möglichkeit, die eigene Kultur zu pflegen; die Seelsorge aber war weiterhin an den

Günther Saltin

von der Dringlichkeit dieses Einsatzes in Rumänien zu überzeugen. Im April 1929 begann ihre neue und endgültige Aufgabe.

Sr. Hildegardis fand zunächst Aufnahme bei den ungarischen „Sozialen Schwestern", die sie schon zum ersten Banat-Aufenthalt eingeladen hatten. Die Wahl dieses Domizils konfrontierte sie gleich zu Beginn mit einem Problem, dem sie häufig begegnen sollte. Das Verhältnis zwischen den Banater Schwaben und den Ungarn war belastet durch die extremen Magyarisierungsbemühungen in der Zeit der ungarischen Herrschaft. Verschärft wurden die Vorbehalte auf der Seite der deutschstämmigen Katholiken dadurch, dass der Klerus, der auch für sie zuständig war, in der Regel der ungarischen Kultur zuneigte und der deutschen Sprache kaum mächtig war, obwohl ein Großteil der ihm Anvertrauten Deutsch zur Muttersprache hatte.

Prälat Blaskowics verschaffte ihr, auch im Hinblick auf den erwarteten Zuzug weiterer Lioba-Schwestern, als Wohnung das Erdgeschoss eines Domherrenhauses.

Ihr primärer Auftrag bezog sich auf die Volksbildung bei den Banater Schwaben, wobei die religiöse Bildung eine zentrale Rolle innehatte. Sie war unterwegs im Namen des Bischofs; folgende Ziele und Inhalte waren abgesprochen:

„1. Religion: Der ganze Katechismus nach allen Richtungen. – Leben der Heiligen, Liturgie, Besprechung der Zeiten des Kirchenjahres.

2. Erziehungslehre.

3. Soziale Fragen und Caritas. – Ehe und Familie.

4. Das Volk: seine Vergangenheit, Literatur, Charakteristik, Lied, Volkstanz, Urheimat."[22]

Mit diesem Programm zog sie, transportiert von einem Taxi, mit dessen Chauffeur sie einen Sonderpreis ausgehandelt hatte, über die Dörfer, hielt Vorträge, besuchte Schulen. Für jeden Vortrag musste die bischöfliche Behörde einen schriftlichen Auftrag mit genauen Angaben zur Thematik ausstellen; dieser Schein („Ordin de servici") wurde dem Dorfpolizisten vorgelegt und von ihm abgestempelt; zusammen mit einem Verlaufprotokoll der Veranstaltung gab sie das Dokument an die bischöfliche Behörde zurück. Diese Prozedur geschah auf Verlangen des rumänischen Staates.

Zur Unterstützung ihrer Arbeit gründete sie bereits 1930 den „Katholischen Deutschen Frauenverein und

Mädchenkranz", der in seinen besten Jahren 1936/38 15.000 Mitglieder in 138 „Filialen" hatte.

Es ist nicht möglich, im Rahmen dieses Beitrags eine vollständige Übersicht mit exakter Tätigkeitsbeschreibung jener Initiativen zu geben, die von Sr. Hildegardis und dem von ihr begründeten und geleiteten Priorat der Lioba-Schwestern in Temeswar ergriffen wurden. Die hier gebotene Aufzählung vermittelt einen Überblick über die Bandbreite des Engagements und zeigt an einigen Beispielen den jeweiligen Hintergrund auf. Alles in allem belegt diese Übersicht, dass Sr. Hildegardis mit ihrer Gemeinschaft, veranlasst durch die Nöte ihrer Zeit, als eine Art Feuerwehr flexibel und kreativ reagierte und auch nicht davon abzubringen war, um der Menschen willen Einsätze zu wagen, an deren Erfolg zu glauben höchst verwegen erscheinen musste.

Die hier gebotene „Zeittafel" orientiert sich an der von Josef Nischbach und Sr. Helmtrudis Fendrich OSB[23] vorgelegten Übersicht von 1961, zuerst veröffentlicht in: „Schwester Hildegardis. Werk und Vermächtnis" (Anm. 1), S. 198-206. An wenigen Stellen waren Korrekturen erforderlich.

1929 Sr. Dr. Hildegardis Wulff: Endgültige Aufnahme der Bildungs- und Sozialarbeit in Temeswar. Bärbel Zimmermann, die spätere Lioba-Schwester Patricia, schließt sich ihr an und kommt zur Ausbildung nach Deutschland.

1930 Gründung des „Katholischen Deutschen Frauenverbandes und Mädchenkranz"

1931 Priorin M. Benedicta Föhrenbach vom Kloster St. Lioba in Freiburg besucht Temeswar und bringt zwei weitere Schwestern mit zum Verbleib. Die drei Schwestern und drei Kandidatinnen beziehen das Anwesen Kronenstraße 28, das die Diözese Temeswar erworben hat und den Lioba-Schwestern kostenfrei zur Verfügung stellt.

1932 Gründung der „Mädchen-Volkshochschule" (Abb. 6; Angebot für Mädchen vom Land; Schulzeit von Allerheiligen bis Ostern; Bezahlung erfolgte in Naturalien)

1934 Edition des Frauenblattes „Frau - Glaube - Volk". Sr. Hildegardis und Sr. Veronica erwerben die rumänische Staatsbürgerschaft, entsprechend den rumänischen Gesetzen bzgl. der Leitung klösterlicher Niederlassungen.

1935 Bau des St. Anna-Spitals (Abb. 7; Geburtsklinik; bis 500 Geburten im Jahr). Heftige Auseinander-

Sr. Hildegardis Wulff. Ein Lebensbild

setzung mit Erzbischof Conrad Gröber in Freiburg, der – entgegen dem zwischen dem Vatikan und dem rumänischen Staat geschlossenen Konkordat von 1923 – darauf besteht, dass das Noviziat im Freiburger Mutterhaus stattfinden müsse. Gröber entbindet Sr. Hildegardis und Sr. Veronica von ihren Ordensverpflichtungen, gibt aber schließlich nach aufgrund der Vermittlung von Prälat Jauch, dem Förderer der Lioba-Schwestern von Anfang an.[24]

1936 Beginn der Auseinandersetzungen mit den Repräsentanten der NSDAP. Die NSDAP hatte bei den „Volksdeutschen" zahlreiche Anhänger gefunden, die sich vor Ort, unterstützt von der Zentrale im „Reich", Strukturen zur Realisierung von deren Zielen geschaffen hatten. Typisch für die Art der Konflikte war der Streit um die Gestaltung des Erntedankfestes. Nikolaus Hans Hockl (1918-1946), Landesjugendführer der „Volksgemeinschaft", warb auf jede nur denkbare Weise dafür, dass auch die konfessionellen Vereinigungen an der zentral organisierten Erntedankfeier teilnehmen, anstatt den Gottesdienst im Dom zu besuchen. 1941 wurde Hockl Leiter des Schulamtes der Volksgemeinschaft. Seine Devise: „Wenn der Lehrer national-

sozialistisch ist, dann ist auch die Schule nationalsozialistisch." Die Polemik gegen die Schul- und Erziehungsarbeit des Lioba-Priorates äußerte sich in Pressekampagnen, Störungen bei Vorträgen von Sr. Hildegardis usw.

1938 Erste Profess von vier Novizinnen aus dem Banat. Als das Priorat im Jahr 1949 durch den kommunistischen Staat aufgehoben wurde, waren im Ganzen 26 Schwestern aus dem Banat aufgenommen worden. Zu diesem Zeitpunkt gab es vier Postulantinnen.

1943 (nach der verlorenen Schlacht um Stalingrad) Organisation von Hilfsmaßnahmen für Flüchtlinge aus Bessarabien

1944 Politischer Umsturz in Rumänien; Anfang September: Internierung der reichsdeutschen Schwestern (Rückkehr 17. Dezember 1945). Dr. Wulff gehörte nicht zu den Internierten, weil sie seit 1934 rumänische Staatsbürgerin war.

Während des Krieges und erst recht nach Kriegsende waren soziale Kompetenz und Hilfsbereitschaft der Lioba-Schwestern in vielfacher Hinsicht gefordert, eine Herausforderung, der sie trotz des Misstrauens der neuen Machthaber entschlossen

Abb. 6
Die „Volkshochschule" für Mädchen des Priorates St. Lioba in der Kronengasse in Temeswar mit Priorin Dr. Hildegardis Wulff (mittlere Reihe, dritte von rechts)
Foto aus: Schwester Hildegardis Wulff – Lebensbild einer großen Ordensfrau

Günther Saltin

nachkamen. Ein Beispiel soll hier für mehrere stehen: Im August 1939 hatten das Deutsche Reich und die Sowjetunion einen Nichtangriffspakt („Hitler-Stalin-Pakt") miteinander geschlossen. Dabei hatten die beiden Diktatoren sich darüber verständigt, welche Landstriche sie bei der angestrebten Bereinigung der europäischen Landkarte als Interessengebiete des Vertragspartners anzuerkennen und zu respektieren bereit sind. So erkannte das Deutsche Reich zum Beispiel das sowjetische Interesse an Bessarabien an, das damals zu Rumänien gehörte, während die Sowjetunion dem Reich zum Beispiel den Warthegau in Polen überließ.

Die Folge war, dass den deutschen Siedlern in Bessarabien durch attraktive Angebote und die Aussicht auf staatliche Förderung die Umsiedlung in den Warthegau schmackhaft gemacht wurde unter der Bedingung, dass sie ihre Höfe in Bessarabien abgeben. Viele Siedler ließen sich auf die Angebote ein, mussten aber die Erfahrung machen, dass das Reich seinen Verpflichtungen nur höchst ungenügend nachkam.

Als nun die Rote Armee nach Westen vordrang, setzte – recht spät – eine Fluchtwelle der Siedler aus dem Warthegau nach Westen ein. Nicht wenige versuchten auch, in die alte Heimat in Bessarabien zurückzukehren, in der Hoffnung, dort durch Verwandte und Freunde Unterstützung zu erfahren. Nach einer wochenlangen Irrfahrt erreichten sie in Güterwagen durch Ungarn hindurch die rumänische Grenze. Doch der rumänische Staat verweigerte die Einreise, weil die Flüchtlinge durch die Umsiedlung in den Warthegau deutsche Staatsbürger geworden waren. Ungarn aber ließ die Rückreise durch ungarisches Staatsgebiet nicht zu. So entstand an der ungarisch-rumänischen Grenze bei Neu-Arad (auf rumänischer Seite) ein riesiges Lager voller Menschen, für die sich niemand zuständig sah.

Der Hilferuf eines Pfarrers der Gegend erreichte die Schwestern in Temeswar, die sich durch ihr volkspädagogisches Wirken in den Dörfern der Banater Schwaben hohes Ansehen erworben hatten. Sr. Patricia, die sich als erste Frau in Temeswar Sr. Hildegardis angeschlossen hatte, brach sofort auf und organisierte mit Hilfe der ortsansässigen Bevölkerung eine äußerst effektive Hilfsaktion. Die Bauern brachten Lebensmittel zu Sammelstellen; dort waren mit einfachsten Mitteln leistungsfähige

Küchen installiert, Transporte ins Lager organisiert, eine Reihe von Ärzten aus den Städten war bereit zu kostenloser Behandlung, sodass es zum befürchteten Ausbruch von Seuchen erst gar nicht kam.

Manche der Flüchtlinge kamen schließlich bei Bauern unter, anderen gelang die Ausreise, die Schwestern regelten manche Passangelegenheit, teilweise auch auf „unterirdische" Weise.

In diesem Zusammenhang ist eine besondere Personengruppe zu nennen, der von Seiten der neuen Machthaber Lagerhaft mit Zwangsarbeit drohte. Die sowjetischen Besatzer inszenierten in Zügen, Lagern und den Dörfern der Banater Schwaben Razzien nach ehemaligen Soldaten der deutschen Wehrmacht und besonders intensiv nach Angehörigen der Waffen-SS, um sie in Arbeitslager zu transportieren. Aufgrund einer seit 1940 geltenden Regelung zwischen dem Deutschen Reich und der Regierung in Rumänien hatten die Deutschstämmigen in Rumänien Kriegsdienst in der deutschen Wehrmacht zu leisten.

Bei den ehemaligen Angehörigen der Waffen-SS machten die neuen Machthaber keinerlei Unterschied zwischen „Überzeugungstätern" und jenen Männern, die zum Dienst in der Waffen-SS gezwungen worden waren (was für einen erheblichen Teil der Betroffenen zutraf). Die Lioba-Schwestern, die die Entwicklung aus nächster Nähe mitverfolgt hatten, empfanden das undifferenzierte Vorgehen der Kommunisten als Unrecht. Sie halfen

Abb. 7
Innenhof im St. Annaheim
Foto aus: Schwester Hildegardis Wulff – Lebensbild einer großen Ordensfrau

Sr. Hildegardis Wulff. Ein Lebensbild

diesen Männern in Fällen, wo ihrer Überzeugung nach Unschuldige betroffen waren, mit zum Teil ungewöhnlichen Mitteln, unentdeckt in ihr Dorf zu gelangen oder sich an sicheren Orten dem Entdecktwerden zu entziehen.

Sr. Hildegardis zu der hin und wieder geäußerten Kritik an dieser „illegalen" Hilfeleistung: „[...] ich bin aber der Meinung, dass der Christ Gesetze einer terroristischen Regierung, welche den Zehn Geboten und dem Naturrecht widersprechen, nicht zu achten braucht. Hier gilt das Wort, dass man `Gott mehr gehorchen muss als den Menschen`."[25]

1947 Konvent der Lioba-Schwestern zählt 36 Mitglieder. Enteignung aller Deutschen in Rumänien

1948 Jugoslawisches Flüchtlingshilfswerk in vollem Gang. Verstaatlichung des katholischen Schülerheims Norbertinum in Sibiu (Hermannstadt). Enteignung des St. Anna-Spitals, damit Entzug der materiellen Basis des Priorates St. Lioba. Auflösung der griechisch-katholischen, mit Rom unierten Kirche, Verhaftung aller noch amtierenden Bischöfe[26]

1949 Staatlich verfügte Auflösung aller Männer- und Frauenklöster. Ablegung der Klosterkleidung. Vertreibung der Schwestern aus dem Priorat. Ausreise der reichsdeutschen Schwestern (Sr. Hildegardis und Sr. Veronica als rumänische Staatsbürgerinnen nicht betroffen). Sr. Hildegardis arbeitet als Kantorin und Katechetin. Staatliche Beschneidung der Bischöflichen Jurisdiktion

1950 Verhaftung von Bischof Dr. Augustin Pacha nach Verlesung eines Hirtenbriefes. Verhaftung von Sr. Dr. Hildegardis Wulff und Sr. Patricia (Prozess und Verurteilung unter anderem wegen Spionage für den Vatikan zu 25 Jahren Gefängnis und Zwangsarbeit im Jahr 1952). Gefängnisse Mislea, Miercurea Ciuc, Brasov, Bucuresti-Vacaresti

31. Mai 1959 Entlassung im Zug eines Gefangenenaustauschs. Über das Heimkehrerlager Friedland bei Göttingen kehrte sie ins Mutterhaus in Freiburg-Günterstal zurück. Vortragsreisen

April 1960 bis April 1961 Vortragsreise nach Kanada, Rückkehr nach Deutschland wegen schwerer Erkrankung

20. Oktober 1961 Tod in Freiburg

Die Regionspolitik des kommunistischen Staates zielte ab auf die Errichtung einer Staatskirche, deren territoriale Gliederung mit den staatlichen Verwaltungsgrenzen deckungsgleich sein sollte.

Dabei galt es, den Einfluss des Vatikans möglichst gering zu halten. Am Ende der Entwicklung sollte eine Kirche stehen, deren Aufgaben sich von den staatlichen Interessen her definieren.

Eine Reihe von Priestern ließ sich auf dieses Konzept ein. Die Bischöfe der römisch-katholischen Kirche wurden nach und nach verhaftet. 1950 befand sich der achtzigjährige Bischof Dr. Augustin Pacha von Temeswar als einziger noch auf freiem Fuß.

Über Sr. Dr. Hildegardis Wulff erreichte den Bischof die Bitte des Vatikan, in einem Hirtenbrief die Gläubigen zu informieren über die Bemühungen der Kirchenleitung, zu einer erträglichen Regelung des Verhältnisses mit dem Staat zu gelangen, aber auch deutlich zu unterstreichen, was nicht verhandelbar ist. Der Bischof kam diesem Auftrag gewissenhaft und in aller Klarheit nach. Der Brief wurde am Dreifaltigkeitssonntag 1950 verlesen.

Kurz darauf erfolgte seine und Sr. Hildegardis und Sr. Patricias Verhaftung.

Am Ende zwei Texte aus dem „Canadischen Brief" von Sr. Hildegardis, abgefasst für ihre Mitschwestern in Freiburg (Abb.8); diese Reise nach Kanada führte sie zu deutschen Landsmannschaften und brachte auch Begegnungen mit Menschen, die sie aus ihrer Zeit im Banat kannte und die vor den neuen Machthabern hatten fliehen müssen bzw. vertrieben worden waren.

Der erste Text führt den Leser in das Frauengefängnis Mislea, das in einem aufgelösten orthodoxen Kloster eingerichtet worden war. Hier war Dr. Wulff mit 22 „Schwerstverbrecherinnen" in einem Sondertrakt untergebracht: Sie organisierte für die Mithäftlinge eine Art „Akademie", in der die Dozentinnen ohne Buch und sonstiges Material auskommen, also ausschließlich von der eigenen Subtanz zehren mussten.

Sr. Hildegardis: „Was habe ich Geschichten erzählt! Vom Hildebrandslied und den Nibelungen bis zu den letzten modernen Romanen, Märchen, das Leben des Moses und des israelitischen Volkes und der Könige aus der Heiligen Schrift, sogar ganz klare dogmatische Fragen, Kirchengeschichte – ach, was soll ich sagen! [...] Wie unerschöpflich und groß sind doch die Reichtümer unseres heiligen Glaubens. Oft kam ich mir vor wie eine Röhre, und alles, alles, was früher durch Bücher, im Noviziat, im Offizium, im Erleben eines ganzen Klosterdaseins oder

Günther Saltin

als die Worte großer Priester einmal in meine Seele gefallen war und durch Gottes Gnade dort geruht hatte, das floss nun durch meinen Mund in die Herzen dieser Armen. Immer wieder wollten sie hören. Oft auch Lustiges, Abenteuer. Einmal habe ich 86 Tage lang jeden Abend von 8-10 Uhr in meiner nicht geraden fehlerfreien, wenn auch jetzt geläufigen rumänischen Sprache erzählt, und der Soldat, der uns beaufsichtigen sollte, stellte sich auf dem Korridor draußen einen Stuhl an die Tür und war sehr gekränkt, als er am folgenden Abend nicht mehr genau erfuhr, ob Tristan und Isolde `sich gekriegt haben` oder nicht."[27]

Der Brief endet mit einer Erkenntnis, die Sr. Hildegardis ihren Mitschwestern und darüber hinaus den Christen unseres Landes – unmittelbar bezogen auf das Jahr 1960 – als eine Art Vermächtnis mitgibt: „Was der Osten leidet, geht auch den Westen an; was sich dort abspielt, ist auch ein Mahnwort für uns. Unser geistlicher Reichtum muss denen drüben dienen, und die Tränen, die dort geweint werden, müssen unsere Saat befruchten; in einer ganz großen bewussten Gemeinschaft müssen wir, hüben wie drüben, die Hände falten und die Gebets- und Glaubensgemeinschaft suchen."[28]

Abb. 8
Sr. Dr. Hildegardis Wulff (links) mit Generalpriorin M. Benedicta Föhrenbach und Sr. Patricia (rechts) in Freiburg, nach der Entlassung aus der rumänischen Gefangenschaft
Foto: Archiv St. Lioba Freiburg-Günterstal

* Verstorben während der Drucklegung am 23. November 2016, R.I.P.

1 Zitate von Sr. Hildegardis Wulff sind entnommen dem „Canadischen Brief" (CB). Nach der Entlassung aus dem Gefängnis in Bukarest am 31. Mai 1959 kehrte Sr. Hildegardis in das Priorat St. Lioba in Freiburg zurück. Im Jahr 1960 unternahm sie eine Vortragsreise nach Canada. Dort nutzte sie die Mußestunden, um für ihre Freiburger Mitschwestern einen Abriss Ihres Lebens zu verfassen. Mit Erlaubnis des Freiburger Priorates konnten Teile dieses Abrisses veröffentlicht werden in: Schwester Hildegardis. Weg ,Werk und Vermächtnis. Vom Wirken einer deutschen Ordensfrau im Banat. Herausgegeben von der Landsmannschaft der Banater Schwaben, Landesverband Bayern 1996 ; darin: S. 25-28: Sr. Eoliba Greinemann, Zum „Canadischen Brief" von Sr. Hildegardis Wulff ; S. 29-153: Sr. Hildegardis Wulff: „Canadischer Brief" (Auszug).

2 Liselotteschule – Höhere Mädchenschule, Schuljahr 1913/14. Archiv des Liselotte-Gymnasiums.

3 CB S. 26.

4 Ebd.

5 Adelgundis Jaegerschmidt OSB, Gespräche mit Edmund Husserl 1931-1936. In: Stimmen der Zeit Heft 1/1981, S. 48-58.

6 Hannah Barbara Gerl-Falkowitz, Romano Guardini: Konturen des Lebens und Spuren des Denkens, Mainz 2005.

7 Dass im Jahr 1936 Elisabeth Wulff, die Mutter Liselottes, dem Priorat in Temeswar die Glocke stiftete, kann wohl als Hinweis auf Versöhnung gedeutet werden.

8 CB S. 27.

9 Ebd.

10 Ebd. S. 28.

11 Die Wahl der heiligen Lioba zur Schutzpatronin geht zurück auf einen Vorschlag von Dr. Bernhard Jauch (1880-1945), damals Rektor des Erzbischöflichen Missionsinstituts in Freiburg. Jauch beriet die Gemeinschaft von Anfang an in geistlicher Hinsicht und setzte sich für die Festigung des kirchlichen Status gegen mancherlei innerkirchliche Widerstände ein. – Lioba (710-782) war eine Verwandte des Winfried Bonifatius, der sie als Äbtissin des von ihm gegründeten Klosters Tauberbischofsheim eingesetzt hatte. Unter ihrer Leitung entstand dort ein Ausstrahlungszentrum christlichen Geistes in der unteren Mainregion.

12 Der Erzabt von Beuron gehört zu den bedeutendsten Persönlichkeiten der katholischen Kirche seiner Zeit mit starker spiritueller Ausstrahlung auch über die Konfessionsgrenzen hinaus. Er war befreundet mit Eugen Bolz (hingerichtet am 23. Januar 1945 in Berlin-

Sr. Hildegardis Wulff. Ein Lebensbild

Plötzensee als Widerstandskämpfer gegen den Nationalsozialismus); Edith Stein suchte bei ihm geistlichen Rat. 1926 gründete er die Abtei St. Bartholomäus Heidelberg (Stift Neuburg). Im Dritten Reich musste er Beuron verlassen; in Algerien gründete er das Benediktinerkloster Tlemcen. 1966 verstorben im Stift Neuburg. Elisabeth Endres: Erzabt Walzer. Versöhnen ohne zu verschweigen, Ravensburg 1988.

13 „Oblatus" (lat.) = ein Mensch, der sich hingibt. Der Benediktiner Maurus Kraß (Ettal) beschreibt die Merkmale der kanonischen Oblation so: Die Oblation ist ein öffentlicher Akt, in dem ein Oblate sein Leben Gott übergibt mit dem Vorsatz, mitten in der Welt im Geist und im Sinn der Benediktsregel zu leben. Benediktineroblaten gehen diesen Weg der Nachfolge in bewusster Bindung an ein Benediktinerkloster und lassen sich dabei von der Benediktsregel führen und prägen. Die Berufung zum Oblaten darf jedoch nicht als ein verkürztes Mönchsleben oder als Mönchtum mit weniger Verpflichtungen verstanden werden. Der Benediktineroblate will bewusst und entschieden als Christ in der Welt leben. Das Kloster bietet durch den vom Abt beauftragten Oblatenrektor bzw. die Oblatenrektorin und andere Mitbrüder und Mitschwestern Einkehrtage, Kontakte durch Rundschreiben und geistliche Begleitung an.

14 Lorenz Werthmann (1858- 1921), katholischer Priester und Sozialpolitiker, Gründer des Deutschen Caritasverbandes (1897 in Köln) und dessen erster Präsident, hielt die Ordensidee von Maria Föhrenbach, Chorgebet und apostolisches Leben miteinander zu verbinden, für illusorisch. Er sah die Aufgabe der Frauen primär im caritativen Bereich. Erst kurz vor seinem Tod drückte er Maria Föhrenbach gegenüber seinen Respekt aus wegen ihres Durchhaltevermögens.

15 Die „Soziale Frauenschule" in Freiburg geht zurück auf die von Ida Anna Emilia Francesca Kuenzer 1919 gegründete „Sozialpolitische Frauenschule". Frau Kuenzer hatte unter anderem bereits 1901 die katholische Bahnhofsmission in Freiburg und 1909 die Freiburger Ortsgruppe des katholischen Frauenbundes Deutschlands auf den Weg gebracht. 1920 schlossen sich die „Sozialpolitische Frauenschule" und die Caritasschule zu einer Arbeitsgemeinschaft zusammen.

16 Zitiert aus: Sr. Ricarda Benedikta Terschak: Fragezeichen – anstelle einer Kerze, in: Schwester Hildegardis Wulff – Lebensbild einer großen Ordensfrau. Symposion zum 50. Todestag, Ingolstadt 2013, S. 39f.

17 Zur weiteren Geschichte der Kongregation: St. Lioba 1927-2002. Die Föderation der Benediktinerinnen von der heiligen Lioba. Eine Dokumentation. Herausgegeben vom Priorat der Benediktinerinnen von der heiligen Lioba. Friedrichshafen 2001. Zum Wirken der Lioba-Schwestern in Mannheim: G. Saltin: Katholisches Leben in Mannheim, Band II B: Von der Säkularisation bis zur Gegenwart: Orden, Kongregationen und Säkularinstitute, Ostfildern 2012, S.135-150.

18 Der Begriff „Banater Schwaben" ist irreführend, seine Herkunft nicht abschließend geklärt. Die wenigsten der Siedler haben schwäbische Wurzeln. Die Benennung erklärt sich möglicherweise daher, dass viele der Siedler in Ulm Schiffe bestiegen und in den „Ulmer Schachteln" über die Donau im Zielgebiet ankamen.

19 Nikolaus Engelmann (1908-2005) hatte während der Temeswarer Zeit von Dr. Wulff eine führende Stellung in der Deutschen Katholischen Jugend im Banat inne. 1936 bis 1944 war er Schriftleiter der katholischen Zeitung „Der Ruf", in der auch Dr. Wulff publizierte. 1944 Flucht nach Österreich. Dozent an der Pädagogischen Akademie Linz 1968-74. Das folgende Zitat ist entnommen aus: N. Engelmann: Schwester Hildegardis Wulff und die Banater Schwaben, in: Schwester Hildegardis, wie Anm. 1, S. 15-20, hier: S. 16.

20 Infolge des Vertrags von Trianon und der Teilung des Banat war eine Neuordnung der kirchlichen Verwaltungsgrenzen dringend erforderlich. Seit 1923 war der rumänische Teil des Banat eine Apostolische Administratur, Ap. Administrator war Dr. Augustin Pacha. Am 5. Juni 1930 wurde die Diözese Temeswar errichtet, Dr. Pacha wurde als deren erster Bischof inthronisiert.

21 CB S. 35.

22 CB S. 39.

23 Dr. Josef Nischbach, Domherr in Temeswar, begleitete die Arbeit des Priorates; Sr. Helmtrudis Fendrich, vom Priorat St. Lioba nach Temeswar entsandt, arbeitete dort bis 1949.

24 EB Gröber hatte keinerlei Interesse an der Tätigkeit der Lioba-Schwestern im Banat, weil er fürchtete, darunter könne deren Engagement in seiner Diözese leiden. Sr. Hildegardis zitiert eine Bemerkung des EB zu ihrer Person anlässlich der ersten Profess in Freiburg 1933, deren Zeugin sie selbst wurde: „Sie arbeitet jetzt da irgendwo in Bulgarien oder sonst wo da unten." CB S. 61.

25 CB S. 114.

26 Die Kirche hat die Zeit der Verfolgung im Untergrund durchgestanden und sogar Bischöfe geweiht. 1990 konnte Papst Johannes Paul II. auf dieser Basis die hierarchische Ordnung bestätigen. – Sitz des Erzbischofs ist die Stadt Alba Iulia im Westen des Siebenbürgischen Beckens.

27 CB S. 162.

28 CB S. 166.

Hanspeter Rings

„Fanpost" an Goethe – Mannheimer Putzmacherin berichtet aus ihrem Leben[1]

Gewidmet meinem langjährigen ehrenamtlichen Kollegen Dieter Wolf (1928-2016).

Vorbemerkung

Sie haben möglicherweise schon manches von Kurfürst Karl Theodor gehört oder von seiner Frau Augusta, oder vielleicht doch mehr von der Liselotte von der Pfalz? Wohl sind Ihnen auch schon Schiller und Goethe in Mannheim begegnet oder manch andere bekannte Persönlichkeit. Doch vom Leben einer „einfachen" Putzmacherin – sie fertigte Hutverzierungen für die Dame – am Übergang vom 18. zum 19. Jahrhundert dürfte Ihnen bislang weniger zu Ohren gekommen sein.

Was wissen wir vom „kleinen" Mann und von der „kleinen" Frau in dieser Zeit? Nicht viel. Zwar lässt sich manches aus allgemeinen Daten der Stadtgeschichte erschließen, doch ein unmittelbarer Erinnerungsbericht aus der unteren bürgerlichen Schicht, die nicht selten am Existenzminimum lebte und das Gros des Bürgertums ausmachte[2], zumal von einer alleinstehenden Frau, ist ein so seltener wie aussagekräftiger Fall. Genau ein solcher liegt aber vor mit dem Brief, den die Putzmacherin Margarethe Niesner dem großen Goethe in Weimar im Jahr 1830 als Briefsendung zukommen ließ und der bei der „Klassik Stiftung Weimar. Goethe- und Schiller-Archiv" verwahrt wird. In unsere heutige Zeit transponiert könnte man ihr Schreiben gar als Fanpost bezeichnen, zumindest erfüllt es das Kriterium des Anhimmelns, mit dem der Fan,

wie auch in diesem Fall, nicht selten ein eigenes Anliegen verbindet (Abb. 1 und 2).

Margarethe Niesner wurde 1786 in Mannheim geboren (Tages- und Monatsdatum sind nicht bekannt) und verstarb in Mannheim am 25. Juli 1833. Ihre Zeilen umfassen ein von ihrer Hand verfasstes Gedicht zum 81. Geburtstag des Dichters am 28. August 1830 sowie ihre Lebensbeschreibung mit dem Titel „Mein Leben", in welcher sie ihren Werdegang im sozialen und kulturellen Umfeld ausführlich schildert. Aus heutiger Sicht sind die Zeilen übrigens ein typisches Beispiel dafür, dass die Schreiben „uninteressanter" Personen oft mehrfach interessanter sind als die bedeutender, „interessanter" Personen, wie mir Sabine Schäfer von der „Klassik Stiftung Weimar. Goethe- und Schiller-Archiv" schilderte. Dass im Stadtarchiv Mannheim - Institut für Stadtgeschichte (ISG) zudem eine bei Niesners Ableben angelegte Verlassenschaftsakte[3] verwahrt wird, die einen ergänzenden Einblick in ihr Leben gewährt, muss als weiterer stadtgeschichtlicher Glücksfall angesehen werden. Die beiden Quellen gemeinsam erlauben uns, ein Bild ihres Lebens zu zeichnen, das weit über allgemeine stadtgeschichtliche Überlegungen zum Dasein einer einfachen unverheirateten Frau im späten 18. und frühen 19. Jahrhundert hinaus-

Abb. 1 (links)
Auftaktfolie zu Vortrag und Feature am 21. September 2016, die diesem Text zugrunde liegen.

Abb. 2 (rechts)
Helen Heberer (Rezitation) und Hanspeter Rings (Vortrag und Kommentar) in: „Fanpost" an Goethe – Mannheimer Putzmacherin berichtet aus ihrem Leben. Vortrag und Feature
Foto: Thorsten Baron

„Fanpost" an Goethe – Mannheimer Putzmacherin berichtet aus ihrem Leben

geht, freilich auch unvollständig bleiben muss. Ein Bildporträt der einfachen Frau ist, wie nicht anders zu erwarten, nicht überliefert, sehr wahrscheinlich auch nie gefertigt worden.

Als Putzmacherin verfertigte sie Hutverzierungen für die weibliche Kundschaft in enger Anlehnung an deren Kostümstoffe, -schnitte und -farben. Demzufolge listet ihre Verlassenschaftsakte unter anderem Utensilien auf, die vermutlich im Zusammenhang mit ihrem beruflichen Metier stehen. Indes nahm sie bisweilen auch den Federkiel zur Hand, dichtete und schrieb die Sätze an Goethe, die hier vorgestellt werden.

Einführendes

Doch zunächst einiges zu Goethe als Briefpartner, zum damaligen Postwesen und zum familiengeschichtlichen Kontext der Margarethe Niesner.

Obgleich Goethe all jene Briefe, die er vor seinem 42. Lebensjahr erhalten hatte, im Jahr 1797 eigenhändig verbrannte und gegen Ende seines Lebens seinen Brieffundus einem weiteren Autodafé unterwarf, sind immerhin rund 20.000 an ihn gerichtete Schreiben – amtliche nicht mitgezählt – im Goethe- und Schiller-Archiv der „Klassik Stiftung Weimar" im Original erhalten und werden dort in der langfristig angelegten Edition „Briefe an Goethe. Gesamtausgabe in Regestform" aufgearbeitet.[4] Insgesamt hat Goethe ca. 24.000 Briefe erhalten und ca. 20.000 selbst verfasst, oft ausführliche Schreiben voller Intellektualität und argumentativer Finesse;[5] es sei nur der veröffentlichte Briefwechsel mit Schiller erwähnt.

Nehmen wir eine Schreibaktivität von im Wesentlichen 60 bis 65 Jahren des fast 83 Jahre alt Gewordenen an, so bedeutet dies beinahe einen verfassten Brief pro Tag, was schon eine Lebensleistung wäre. Doch legt man seine gesammelten Werke inklusive Briefe, Farbenlehre und Gespräche mit Eckermann zugrunde, so kommt man binnen 60 bis 65 Jahren sogar auf ein ca. 400 bis 500-seitiges Buch pro Jahr – und zwar ohne digitale Schreib- und Drucktechnik, sondern mit nicht selten im Halbdunkel handschriftlich zu überarbeitenden, bisweilen mehrfach abzuschreibenden Manuskripten, die an Korrektur lesende Partner wie Schiller oder an den Verlag mit der reitenden Post oder mit sogenannten Botenweibern geschickt wurden.

Vor diesem Hintergrund ist Goethes literarische und wissenschaftliche Lebensleistung, auch wenn ihm oft Schreiber zum Diktat oder für Abschriften zur Verfügung standen, noch erstaunlicher, allemal angesichts seiner zahlreichen übrigen offiziellen und privaten Verpflichtungen.

Das Brief- und Postwesen befand sich seinerzeit in einem erheblichen Aufschwung, Legionen von Briefen während eines Lebens waren bei der gehobenen Schicht, der intellektuellen allemal, keine Seltenheit, um nur Schiller, Jean Paul, Lichtenberg oder die Humboldts zu nennen. Es spannte sich über Europa ein neues Netzwerk, jenes der Briefkommunikation: Man stand im Austausch über Privates und die großen wissenschaftlichen, künstlerischen und, nicht selten zensurgeplagt, politischen Angelegenheiten.[6]

Hierzu diente ein ausgeklügeltes Postwesen, wobei sich der Begriff Post von Posten gleich Pferdewechsel- bzw. Relaisstation herleitet. Es ist dabei zu unterscheiden zwischen der reitenden Post, der fahrenden und der Briefbeförderung mittels Boten, oft sogenannten Botenfrauen, -weibern oder Botenmädchen. Die großen Poststrecken berührten nur die bedeutenden Orte, von den kleineren brachten Boten oder Botenfrauen die Postsendungen zu den großen Sammel- und Abgangsstationen. Häufig waren solche Posten in Gasthäusern eingerichtet (daher der nicht seltene Gasthaus-Name „Zur Post"), wo sich ja auch die Reisenden einfanden, die ebenfalls mit der fahrenden Post befördert wurden. Zumindest bevor sich der Reise- vom Postwagen trennte, was in Mannheim ab 1822 der Fall war.[7] Die neuen Reisewagen machten die Fahrt bequemer, waren gefedert und auf die Beförderung von Personen statt Paketen ausgelegt.[8] So sind die 1820er und 1830er Jahre gleichsam die große Zeit der Reise- und Postkutschen, verbunden mit einem mittlerweile gut ausgebauten Straßennetz – bis ihnen ab Mitte des 19. Jahrhunderts die Eisenbahn Konkurrenz machte.[9] Derart ist Mannheim von alters her Verkehrsknotenpunkt für die großen Strecken Nord-Süd und West-Ost, zunächst auf der Straße, späterhin auch per Bahn.

Die erwähnten Botendienste auf den kürzeren Strecken wurden offensichtlich überwiegend von Frauen erledigt, was angesichts der bisweilen einsamen und dunklen Botengänge durchaus verwundert. Zumal noch ein, zwei Jahrhunderte

Hanspeter Rings

zuvor das Botenwesen ein typisches Männergewerbe war. Diese frühen Boten waren nicht selten bewaffnet und hatten als Zeichen ihres Stands den weißen Botenstab und sowieso die wasserfeste Botenbüchse zur Aufbewahrung der Briefe bzw. Botschaften bei sich.[10] Möglicherweise ergab sich das Gewerbe der Botenfrauen für kürzere Poststrecken im 18. Jahrhunderts aus dem großen Bereich des Dienstbotenwesens, einem der wenigen Bereiche, der Frauen beruflich offen stand. Dass übrigens weibliche Dienstboten allein Gänge im öffentlichen Raum tätigen konnten – im Gegensatz zur Dame des gehobenen Stands –, ohne unschicklich zu erscheinen, indizieren Stadt- und Landansichten, die beiläufig bzw. als Staffage Personen abbilden: Auf ihnen befindet sich die gehobene Dame in der Regel in Begleitung, die Magd hingegen auch alleine auf ihrem Dienstgang.[11]

Nicht zuletzt in dem Briefwechsel zwischen Schiller und Goethe ist immer wieder von „Botenweibern" die Rede, welche die Briefe und Manuskripte zwischen den beiden beförderten, existierte doch zwischen Weimar (Goethe) und Jena (Schiller) ein ständiger Botendienst. So konnte Goethe in Weimar beispielsweise an „Wilhelm Meisters Lehrjahre" arbeiten, Schiller die Manuskripte in Jena kritisch durcharbeiten und Goethe seine diesbezüglichen Kommentare zukommen lassen (Abb. 3).

Einen Botendienst gab es aber auch in Mannheim. In der Beschreibung Mannheims von J. G. Rieger ist allein (vermutlich geschlechtsneutral) von Boten die Rede, die von Schwetzingen, Weinheim, Neustadt und anderen nahe gelegenen Orten ankommen; ferner davon, dass sie öfters die „Einkehr", also die Gasthäuser wechselten, in der Stadt aber allgemein bekannt seien und dass sie nur Briefe und kleine Pakete beförderten. Außerdem gibt Rieger die verschiedenen Postrouten an, die von Mannheim abgehen, sowohl für die reitende Post (Cours) wie die fahrende.[12] Dabei legten bei normaler Witterung – vorsichtig geschätzt – die berittenen Boten an einem Tag ca. 100 km, die Postkutschen ca. 60 km und Fußgängerboten bzw. -botinnen ca. 20 km zurück.[13] Ohne Zweifel waren für die Beförderung zu Pferd und Kutsche die ausreichende Taktung der Relaisstationen (Pferdewechsel) und der Straßenzustand von enormer Bedeutung. Vor allem die im 18. Jahrhundert nach französischem Vorbild angelegten Chausseen, die durch ihre beidseitigen Baumreihen auch bei Dunkelheit Orientierung bei hohem Tempo erlaubten, brachten hier eine enorme Verbesserung. Doch wurde die Wegeführung enger und unübersichtlicher, so stieß der Postillon ins Horn und forderte sein Vorfahrtsrecht ein, der Rest des Verkehrs hatte dann schleunigst in den abseitigen Graben auszuweichen[14] (Abb. 4). Notabene: Von einem Feuerwerk kleinerer und größerer Betrügereien im damaligen Post- und Reisewesen weiß Georg Paul Hoenn zu berichten in seinem „Lexikon der Betrügereien aller Stände im 18. Jahrhundert" von 1773. Sei es, dass mehr Pferde als nötig vorgespannt wurden, was den Verdienst der Postmeister erhöhte, sei es, dass die „Post-Reuter" die Reisenden bei solchen Gastwirten unterbrachten, die ihnen diese Gästezuführung entlohnten.

Warum Goethe, wie erwähnt, Teile seiner Briefkonvolute vernichtet hat, ist letztlich nicht vollends geklärt, seine Motive scheinen zu changieren: Einerseits erschienen ihm viele Briefe zum Zeitpunkt ihrer Vernichtung nicht überlieferungswürdig oder auch zu intim, entsprachen nicht seinem Selbstbild, andererseits bedauerte er späterhin, vor allem mit Blick auf seine schriftliche Erinnerungsarbeit, nicht mehr über sie zu verfügen. Dass Briefe jedenfalls ein Geschichtsdenkmal von

Abb. 3
Die Botenfrau „Jungfer Wenzel", welche die Briefe Goethes und Schillers zwischen Weimar und Jena beförderte.
Unbezeichnete Radierung
Um 1800
AKG-Images

„Fanpost" an Goethe – Mannheimer Putzmacherin berichtet aus ihrem Leben

Abb. 4
Postkutsche der Stadt
Walldürn
18. Jahrhundert
Die Kutsche wurde
anlässlich des Eröff-
nungsfestes zur Aus-
stellung „Barock - Nur
schöner Schein?" in den
Reiss-Engelhorn-Museen
am 11. September 2016
auf dem Toulonplatz vor
dem Zeughaus präsen-
tiert.
Foto: Hanspeter Rings

ungemeiner Aussagekraft sein können, beweist er mit der von ihm betriebenen Veröffentlichung seines Briefwechsels mit Schiller. Und mit Eckermann erörtert er sogar eine postume Herausgabe seines Briefwerks.[15]

Unter den mehr als 3.500 Absendern, die Goethe kontaktierten, finden sich zunächst die von eigenen Briefeditionen vertrauten Namen wie Friedrich Schiller, Karl Friedrich Zelter, seine Frau Christiane oder sein Sohn August. Ferner bilden die meisten Briefschreiber als Angehörige des Hofs, als Beamte, Professoren, hohe Militärs, Kunsthändler, Künstler oder Geistliche gleichsam einen Querschnitt durch die damalige bessere Gesellschaft. Solche Stücke gibt es auch aus Mannheim, etwa Schreiben des Theaterintendanten Wolfgang Heribert von Dalberg, des Schauspielers August Wilhelm Iffland, des Kunsthändlers Domenico Artaria oder der Schauspielerin und Opernsängerin Henriette Karoline Frederike von Heygendorff (geb. Jagemann),[16] wobei allerdings nur etwa jeder zehnte Brief aus der Feder einer Frau stammt. Doch finden sich in dem Goethe'schen Briefkonvolut auch Fälle, da sich der kleine Mann, die kleine Frau per Brief an den berühmten Mann wenden. Somit spiegelt die Goethe'sche Lebenszeit von 1749 bis 1832 durchaus, wie sich im 18. Jahrhundert die Brief-

kommunikation im erstarkten Bildungsbürgertum entfaltet, sich im 19. Jahrhundert intensiviert und in wachsendem Maße sogar breite Bevölkerungskreise einbezieht, nicht zuletzt als Folge der fortschreitenden Alphabetisierung.[17]

Freilich gingen bei dem so bekannten wie einflussreichen Goethe auch viele offene oder versteckte Bittbriefe ein. Er reagierte nur selten auf solche Schreiben, wäre mit der Flut von Zusendungen und Wünschen wohl auch überfordert gewesen. Ob er all diese Briefe, die an ihn kamen, las, auch nur überflog? Er äußert sich 1830 gegenüber Kanzler F. v. Müller (übrigens im Jahr des hier behandelten Briefes der Margarethe Niesner): „Mit Briefantworten muß man nolens vollends Bankerutt machen und nur unter der Hand diesen oder jenen Kreditor befriedigen. Meine Maxime ist: wenn ich sehe, daß die Leute bloß ihretwegen an mich schreiben, etwas für ihr Individuum damit bezwecken, so geht mich das nichts an; schreiben sie aber meinetwegen, senden sie etwas mich Förderndes, Angehendes, dann muß ich antworten."[18]

Für Mannheim ist bislang nur ein Brief an Goethe, der nicht dem gehobenen Milieu entstammt, bekannt. Es ist das Schreiben der Putzmacherin Margarethe Niesner: Sie wandte sich an Goethe, an den „hohen Sänger", so ihre Anrede, mit einem Gedicht und – unter dem Titel „Mein Leben" – mit einer Schilderung ihrer bisherigen nicht immer glücklich verlaufenen Vita. Die Zeilen, die Briefcharakter haben, gipfeln in der Bitte, dass sich Goethe für sie verwenden möge für eine Anstellung bei einer „vornehmen oder hohen Dame" (Bl. 5, Z. 1), bei der sie sich gegen Lohn im Haushalt einbringen könne; indes wolle sie damit auch, „für das kommende Alter geborgen sein." (Bl. 5, Z. 10, 11) Ein separates Anschreiben zu Gedicht und Lebenslauf verfasste sie nicht, indes hat das Gedicht bis zu einem gewissen Grad den Charakter eines Anschreibens. Dass Margarethe Niesner Goethe in Mannheim einst kennengelernt hatte, ist eher auszuschließen, zumal sie auf eine solche Begegnung nicht Bezug nimmt.

Als erstes Anliegen stellt die Verfasserin die Zeilen unter das Motto des 81. Geburtstages Goethes, zu dem sie ihm in schwärmerischer Weise gratuliert. Goethes Jahrestag war der 28. August, und Gedicht wie Lebenslauf datieren vom 23. August, so dass

Hanspeter Rings

genug Zeit blieb für eine pünktliche Zustellung. Ob die Sendung frankiert war oder ob die Absenderin das Porto dem Empfänger überließ (dann kamen die Briefe oft sicherer an), wir wissen es nicht. Vermutlich war der Brief aber frankiert, was bei einem Geburtstagsgruß, an den man sogar eine persönliche Bitte knüpft, zu erwarten ist. Goethe genoss übrigens in Weimar seit 1816 Portofreiheit; zuvor waren seine Portokosten – das Porto war noch um einiges teurer als heute – geradezu explodiert und übertrafen sogar seine Ausgaben für Bücher und sogenannte Liebhabereien.[19]

Die Verfasserin war zum Zeitpunkt der Sendung 44 Jahre alt und sollte nur drei Jahre später versterben. Ob Goethe ihr geantwortet hat, ist nicht bekannt, vermutlich aber nicht, zumal sich in ihrem Nachlass – soweit in der Verlassenschaftsakte dokumentiert – auch kein Brief Goethes befand.

Dank einer Anfrage von Sabine Schäfer von der „Klassik Stiftung Weimar. Goethe- und Schiller-Archiv" wurde ich auf das Schreiben der Margarethe Niesner aufmerksam. Kollegin Schäfer hatte in den Beständen des Stadtarchivs - ISG online die Verlassenschaftsakte der Frau Niesner recherchiert und bei mir deren insbesondere personengeschichtlichen Gehalt erfragt. Ihre Fragen ließen sich anhand der Akte und des Familienbogens (amtliche Meldeunterlage nach 1807) der Mutter Magdalena Nieser, auf dem Margarethe als Kind eingetragen ist, beantworten; Margarethe Nies(n)er selbst hat keinen eigenen Familienbogen, vermutlich weil sich ihr Familienstand nach dem Eintrag auf dem Bogen ihrer Mutter nicht geändert hat.

Damit war das Interesse des Verfassers an den Zeilen der Margarethe Niesner geweckt, deren sozial-, kultur- und alltagsgeschichtlich relevanten Gehalt ihm Kollegin Schäfer bereits angedeutet hatte. So gilt unser großer Dank der „Klassik Stiftung Weimar", dass sie uns den Brief zur Verfügung gestellt und die Veröffentlichungsrechte gewährt hat.[20] Ferner bin ich Sabine Schäfer für Erläuterungen zum editorischen Umfeld des Dokuments zu Dank verpflichtet.

Bevor das Schreiben vorgestellt wird, ein Wort zur Schreibweise des Namens Margaretha/e Nieser/Niesner im Brief und in den amtlichen Dokumenten. Zunächst zum Vornamen: In den amtlichen Dokumenten (Familienbogen, Verlassenschaftsakte) lautet ihr Vorname Margaretha; ihre Zeilen an Goethe sind jedoch mit Margarethe unterzeichnet. Betreffend Nachnamen: Im Familienbogen lautet er Nieser, in der Verlassenschaftsakte der Verstorbenen Niesner. Und mit Niesner unterschreibt sie auch ihr Gedicht und ihre Zeilen „Mein Leben". Dabei handelt es sich trotz unterschiedlicher Namens-Schreibweise aber sichtlich um dieselbe Person: Margaretha Nieser ist laut Familienbogen die Tochter der Magdalena Nieser, einer Soldatenwitwe, die laut Familienbogen im Jahr 1807 „angeblich 63 Jahr" alt ist (angeblich = wie angegeben). Ihre Konfessionszugehörigkeit ist katholisch, verstorben ist sie am 13. August 1811. Sie hat zwei leibliche Töchter, vermutlich zusammen mit ihrem ersten Ehemann, der bislang nicht näher identifiziert werden konnte: Christina und Katharina Haim. Ferner hat sie eine Stieftochter: Carolina Haim. Die jüngsten Kinder von Wilhelm Niesner (Namensschreibung laut Verlassenschaftsakte) sind der Sohn Franz Nieser (Namensschreibung laut Familienbogen) und Margaretha Nieser (Namensschreibung laut Familienbogen). Die leibliche Tochter Margaretha/e bzw. die Briefschreiberin ist laut Familienbogen „im Jahr 1807 angeblich 21 Jahre alt" und damit das jüngste Kind der Magdalena. Sie ist ebenfalls katholischer Religion, und sie wohnte zunächst in N 2, 11, danach in A 3, 11[21]. Als ihr Todesdatum geben Familienbogen wie Verlassenschaftsakte den 25. Juli 1833 an.

Wie es zu den unterschiedlichen Schreibweisen des Namens kam, ist nicht mehr zu rekonstruieren; indes sind Unschärfen in der Namensschreibung seinerzeit im Verwaltungshandeln nicht unüblich. Wir nennen die Briefschreiberin hier Margarethe Niesner, wie sie ihre Zeilen an Goethe unterzeichnete.

Das Gedicht wie den Text „Mein Leben" vom 23. August 1830 übersandte sie wie erwähnt Goethe zu dessen 81. Geburtstag am 28. August 1830. Im Folgenden werden die Zeilen vollständig transkribiert wiedergegeben, daraufhin zusammenfassend, nicht erschöpfend, kommentiert.

Gedicht und Lebenslauf

(Abb. 5; die Unterstreichungen stammen von der Verfasserin.)

„Fanpost" an Goethe – Mannheimer Putzmacherin berichtet aus ihrem Leben

---

Abb. 5
Das an Goethe über-
sandte Gedicht der
Margarethe Niesner
Klassik Stiftung Weimar.
Goethe und Schiller-
Archiv, GSA 28/664,
Bl. 1-2

Das Gedicht

Ein kleines Feldblümchen vom Rhein;
In den reichen Kranz des hohen Sängers.
Am einundachtzigsten Geburtstag des Hochgefeierten!

1
An deinem Ufer laß mich weilen,
Du stiller Freund! Mein trauter Rhein,
Wie sehr auch deine Wellen eilen,
Noch küßt sie nicht der ferne Main.

2
Den Neckar must du erst umfassen;
Auch er will in den Meeres Schoos,
Sein Beete freudig zu verlassen,
Ringt er sich von den Felsen los.

3
Hier! Wo du dich mit ihm verbindest,
Da träum' ich oft so schön und reich,
Und wenn du meine Thränen findest,
Du nimst sie! Du bist mild und weich.

4
Ein Blümchen will ich heute pflücken!
An deinem Strom du teutscher Fluß,
Mit süßem wonnigem Entzücken
Als des Herzens heil'gsten Erguß.

5
Möchte es blühn wie in meiner Seele,
Wenn es dem hohen Mann sich zeigt,
Weil ich in Reim und Silben fehle,
Wird schüchtern es von mir gereicht.

6
Es ist nur eine stille Blüthe,
die kein Gärtner auferzogen,
Tief entkeimt dem innern Gemüthe,
Und entsproßt aus Schiksalswogen –.

7
Doch hat sie Himmelsthau getrunken,
Vom klaren reinen Antherlicht,
Im Kelche glühen Götterfunken,
Nein! – dies Gefühl! Es täuscht mich nicht.

8
Zu Deinen Füßen leg' ich's nieder!
Du hochbegabter einz'ger Greis,
Ertönen Dir auch schönre Lieder,
Das Herz! giebt doch dem Herz den Preis.

9
Wirst Du in jenen Kranz es schlingen,
Der düftend Deine Schläfe ziert,
Ja! Dann wird Wonne mich durchdringen,
Wenn Deine Hand es nur berührt.

10
Dein würdig Haupt kann ich nicht schauen,
Fern weihe ich dies Blümchen Dir;
Der Allmacht will ich fest vertrauen
Die Bitte sende ich zu ihr!

11
Laß ihn noch lange bei uns wohnen!
Den reichen Geist mit selt'ner Kraft,
Als Dichterfürst im Glanz zu thronen,
Als Meister der vollendet schaft.

12
Laß nicht das Alter ihn empfinden,
Entfern' von ihm der Krankheit Schmerz,
Und willst Du kindlich mich verbinden,
Dann breche nie dies große Herz.

Mannheim am 23 ten August 30
Margarethe Niesner.

Hanspeter Rings

Zum Gedicht

Zum 81. Geburtstag reicht die Verfasserin dem „Hohen Sänger" ein Gedicht und wohl auch ihre Person als „kleines Feldblümchen vom Rhein" dar (einleitende Zeilen). Sie schildert den Rhein, wie er Neckar und Main umfasst, um ins Meer zu münden (Strophe 1, 2).

Sodann pflückt sie ein Blümchen an dem deutschen Fluss, der seit dem Niedergang Napoleons wieder Deutschlands Strom und nicht mehr Deutschlands Grenze ist, wie Ernst Moritz Arndt es formuliert und die Verfasserin möglicherweise bewusst spiegelt (Strophe 4). Ferner sagt sie, dass es sich um kein Gedicht nach der Regel handle, „weil ich in Reim und Silben" fehle, sondern um Strophen, wie das „innere Gemüthe" und ein mystisches „Antherlicht" (= Anderlicht oder inneres Licht) sie ihr eingegeben haben (Strophen 5-7). Sie arbeitet dabei durchweg mit mehr oder minder gelungenen Endreimen wie beispielsweise „pflücken" und „entzücken". Möglicherweise mit absichtlichem Augenzwinkern stolpert sie aber in jener Strophe über den Reim, in der sie ihre Unzulänglichkeit in der Dichtkunst dezidiert anspricht:

Möchte es blühn wie in meiner Seele,
Wenn es dem hohen Mann sich zeigt,
Weil ich in Reim und Silben fehle,
Wird es von mir gereicht.
(Strophe 5)

Allerdings könnte sie sich hier auch auf Goethes „Faust I, Zwinger" beziehen, wo es heißt: „Ach neige Du Schmerzensreiche, Dein Antlitz gnädig meiner Not!", wo Goethe ebenfalls (hessisch) „ge" auf „che" reimt. Ferner ist nicht auszuschließen, dass Margarethe Niesner mit dem Bild des „Feldblümchens" auf das Liebesorakel der Margarete anspielt, die eine Sternblume murmelnd abzupft: „Er liebt mich – liebt mich nicht." (Faust I, Garten) Margarethe Niesner erbietet sich also hintergründig als geheimes Gretchen des Dichterfürsten?[22] Nennt sie sich deshalb auch Margarethe, nicht Margaretha (siehe oben zu ihrem Namen)?

Goethe stand der Frau als Dichterin trotz gewisser Vorbehalte durchaus offen gegenüber, hatte ja auch Gedichte der Marianne von Willemer in seinen „West-östlichen Divan" aufgenommen. So unterschied er letztlich nicht nach dichtenden Männern und Frauen, sondern nach gut und schlecht und verlautbarte in seinen Gesprächen mit Eckermann: „Überhaupt haben die Dilettanten und besonders die Frauen von der Poesie sehr schwache Begriffe. Sie glauben gewöhnlich, wenn sie nur das Technische loshätten, so hätten sie das Wesen und wären gemachte Leute; allein sie sind sehr in der Irre."[23] Paraphrasiert könnte dies heißen: Nicht die Technik führt zum Wesen des Gedichts, sondern Dichtung aus dem Wesen hat womöglich so etwas wie Gedicht-Technik zur Folge, oder noch pointierter: Erst kommt die Literatur, dann die Literaturwissenschaft. Oder mit Aristoteles' Poetik gesprochen: „Homer und Empedokles [Naturphilosoph, der in Hexametern vortrug] haben indes außer dem Vers nichts Gemeinsames; daher wäre es richtig, den einen aber als Dichter zu bezeichnen, den anderen aber eher als Naturforscher denn als Dichter."[24]

Zurück zu dem Gedicht an Goethe. Die Strophen 8-12 wenden sich dann direkt an den „hochbegabten einz'gen Greis" und an die Allmacht, die ihn noch lange vor den Beschwerden des Alters und vor dem Tod verschonen möge. Freilich ist eine gewisse Überladenheit des Ausdrucks nicht zu überhören, doch sie ist gewiss auch Ausfluss des vorherrschenden Zeitgeschmacks – vor dem es sich gemäß Arthur Schopenhauer allerdings zu hüten gelte, denn: „zu fast jeder Zeit ist in der Litteratur [...] eine [...] Manier im Schwange. Die gemeinen Köpfe sind eifrig bemüht, sie zu üben. Der Einsichtige verschmäht sie: er bleibt außer der Mode."[25] Indes, wer wollte an unsere Putzmacherin solch strengen Maßstab anlegen? Ihre Sätze sind durchaus ansprechend, anspruchsvoll und (für uns heute) informativ allemal.

„Fanpost" an Goethe – Mannheimer Putzmacherin berichtet aus ihrem Leben

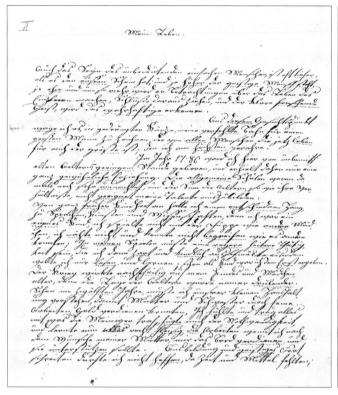

Abb. 6
Erste und letzte Seite
des sechsseitigen Textes
„Mein Leben" der Marga-
rethe Niesner
Klassik Stiftung Weimar.
Goethe und Schiller-
Archiv, GSA 28/664, Bl. 3-5

Der Lebenslauf (Abb. 6)

Blatt 1

Mein Leben

1 Auch das Seyn des unbedeutenden einfachen Menschen ist oft <u>tiefer</u>,

2 als es den äussern Schein hat, und je <u>höher</u> der geistige Mensch steht,

3 je <u>eher</u> und umso <u>mehr</u> wird er Betrachtungen über das Leben des

4 Einzelnen machen, Schlüße daraus ziehen, und der klare <u>forschende</u>

5 Geist, wird das Wahrhaftige erkennen.

6 Aus diesem <u>Gesichtspunkt</u>

7 wage ich es, in gedrängter Kürze, meine verfehlte Bahn, für einen

8 großen Mann zu ziehen, der von <u>allen</u> Menschen die jetzt <u>leben</u>

9 für mich der größte ist; den ich am <u>höchsten</u> verehre.

10 Im Jahr 1786 ward ich hier von unbemitt-

11 elten Aeltern in <u>geringem</u> Stande geboren, und erhielt daher nur eine

12 ganz <u>gewöhnliche</u> Erziehung. Die <u>allgemeinen</u> Schulen waren da

13 mals noch sehr <u>umnachtet</u>, und der Sinn der Aeltern, so wie ihre Ver-

14 hältniße, nicht <u>geeignet</u> meine Talente auszubilden.

15 Von ganz früher Kindheit an hatte ich einen <u>entschiednen</u> Hang,

16 zu Sprachen, Künsten und Wissenschaften, denn ich war ein

17 <u>eignes</u> Kind, ich spielte nicht mit der Puppe wie <u>andere</u> Mäd-

18 chen, ich nähte nicht, und konnte nicht <u>begreifen</u> wie es andre

19 konnten; In <u>meinen</u> Spielen muste eine regere heitere Thätig-

20 keit sein, die ich dann zart und kindlich ausschmückte; auserdem

21 wollte ich nur <u>lesen</u> und lernen; schon als Kind war ich dem <u>Ernst</u> ergeben.

22 Der Krieg wirkte nachtheilig auf mein Kindes und Mädchen-
23 alter, denn die Lage der Aeltern wurde immer drückender.
24 Schon im zwölften Jahre, muste ich unsrer kleinen Haushalt-
25 ung vorstehen, damit Mutter und Schwester durch feine
26 Arbeiten, Geld verdienen konnten. Ich fühlte und trug alles
27 mit, was die Meinigen traf, fügte mich der Nothwendigkeit,
28 und lernte nun recht fleisig, die Arbeiten womit ich nach
29 dem Wunsche meiner Mutter, mir das Brod verdienen, und
30 sie unterstützen sollte. Ausbildung und geistiges Fort-
31 schreiten durfte ich nicht hoffen, da Zeit und Mittel fehlten;

Blatt 2
1 einen keken muthigen Weg konnte ich nicht einschlagen, denn
2 ich war ja ein Mädchen. - - - Als ich diesen heisen inneren
3 Drang, diesen Durst nach Wissenschaften und Erkentniß,
4 diesen regen Sinn für alles Schöne, dieses Hinneigen zu den
5 Künsten, so ganz erstiken sollte, und muste, da hätte ich vor
6 Wehmuth sterben mögen; aber Geschick und Pflicht siegten;
7 und in meinem Herzen trug ich dennoch einen Himmel, von dem die Welt, keinen
8 sah. Mein Vater starb als ich achtzehn Jahre zählte; noch fünf
9 Jahre arbeitete ich nun für meine Mutter, bis auch sie ihm
10 folgte. In meinem neunzehnten Jahre, lernte ich einen hoch-
11 gebildeten jungen Mann kennen, doch nur eine sehr kurze Zeit
12 war seine Nähe mir vergönnt, denn auch er hatte ein trübes Ge-
13 schick; noch jetz Danck dem Edlen für die geistig schönen Stunden;
14 die ich in seinem Umgang verlebte. Er bestättigte mir daß das,
15 was ich als das, Herrlichste, Vorzüglichste erkannt, auch herrlich
16 und vorzüglich sey, und Teutschlands Namen glänzten in mein
17 Leben. - - Auch das Theater welches ich umsonst zu besuchen
18 damals Gelegenheit hatte, es erhöhte und steigerte die innere Bild-
19 ung
20 Die Dichtkunst war stets das höchste was ich kannte,
21 doch wie konnte ich dahin gelangen, ihre Reglen zu erlernen,
22 Da ich immer mit der Zeit geizen muste, um den kargen Erwerb
23 zu erringen. Auch trug ich Scheu, in meinem beengten Ver-
24 hältnis dies laut sprechen zu lassen, da das Vorurtheil
25 meinem Geschlecht kein solches Talent zugestehen will,
26 und ich selbst immer Misstrauen in mich setzte.
27 So entschwanden die Jahre der schönen Jugendzeit, und
28 in allen Perioden meines Alters machte ich ungeregelte
29 Gedichte, welche ich nach ihrer Entstehung gröstentheils wieder
30 vernichtete, aber machen musste ich sie bei allen Gelegenheiten,
31 und wäre auch eine Strafe darauf gesetzt gewesen, unwill-

Blatt 3
1 kührlich kommen die Gedanken, und in Worten strömte es über.
2 Diese inner selige Heiterkeit, dieses süße wehmüthige Ent-
3 züken, stärkte mein inneres Leben, und gab meiner seele die

"Fanpost" an Goethe – Mannheimer Putzmacherin berichtet aus ihrem Leben

4 Kraft, die Last des äusseren nöthig zu tragen; wenn ich
5 in solchen Augenblicken, den schüchternen Blik, nach dem Himmel
6 richte, wo die göttliche Son sie schaout, dann fällt die Körper-
7 schwere von mir ab, und die Welt, mit allen ihren Sorgen,
8 liegt im Nebel hinter mir: die höhern Geister speise
9 ich dann selig, die schon hier sich ganz in den Himmel schwing-
10 en, und die Erde zu ihren Füßen sehen. Von solch ent-
11 zückendem Seyn, haben andere Menschen keine Ahnung. - -
12 Vor eilf Jahren bekam ich eine sehr schwere Krankheit, welche
13 dreiviertel Jahre dauerte, Nerven und Gallenfieber ver-
14 bunden mit Halskrämpfen, auserordentliche Schwächen in
15 den Armen. Die Aerzte erklärten, ich hätte durch anstreng-
16 endes Arbeiten, meine Nerven sehr geschwächt, und in meinem
17 Unterleib sey der Sitz des Ubels. Als diese Krankheit
18 vorüber war, muste ich eine leichtere Arbeit erlernen, und
19 hatte noch Schulden von der Krankheit zu bezahlen, und doch
20 noch einen schwächlichen kränklichen Körper. Die Ehre,
21 und das Verlangen, keinem Menschen etwas schuldig
22 zu sein, spornte mich mächtig, in vier Monaten hatte
23 ich die Modearbeit erlernt, nur in einem Jahre, war ich
24 wieder schuldenfrei, doch leidend blieb ich in dieser
25 ganzen Zeit.
26 Jetzt bin ich weniger leidend, und befinde mich
27 ganz wohl, wenn ich nicht zu viel sitzen muß; daher
28 räth mir mein Arzt Herr Doctor Renner, eine Stelle,
29 in einem guten Hause, als Gesellschafterin anzunehmen,
30 bei einer Dame, wo ich auch zugleich im Hause manchem

Blatt 4
1 vorstehen könnte; oder als Erzieherin zu kleinen Mädchen, welche
2 der Wärterin schon entlaufen sind, denn ich habe die Kinder
3 gar lieb. Schon ein ganzes Jahr harre ich auf eine solche
4 Stelle, wofür sich Personen von Stand, verwendet haben, zeigt
5 sich einmal eine solche, dann ist die erste Frage, kann sie
6 französisch? Ist sie musikalisch? – In diesem Jahre habe
7 ich mich ganz aufgezehrt, entbehrt, und Mangel gelitten,
8 und dennoch Schulden gemacht. So wie vor eilf Jahren,
9 fühle ich das Streben in mir, durch mich selbst zu bestehen,
10 und meine Schulden zu tilgen. Aber wie? Strenge ich mich
11 wieder zu viel an, dann laufe ich Gefahr, meine Gesundheit
12 zu verlieren. Auf eine solche Stelle, länger warten, kann
13 ich nicht. – Ich will den Versuch machen, und eine Werkschule,
14 für kleine Kinder anfangen. Gott, stärke mich, das ich den Tumult
15 ertrage, und daß mir die Aeltern ihre Kinder anvertrauen, der
16 Arzt glaubt, daß ich das viele sprechen, nicht aushalten werde,
17 aber die ehre, ist ein mächtiger Zwang, sie ist mehr als Leben.
18 Vor drei Jahren beschädigte ich meinen linken Fuß so sehr durch
19 einen Fall auf dem Eis, daß ich drei Monate liegen und zwei Monate,

20 hinken muste, womit in der ersten Zeit sich auch noch andere

21 Ubel verbanden. Zu jener letzten Zeit, schreib ich eine Schlank

22 Erzählung, zum erstenmal in meinem Leben, ohne an ein

23 Herausgeben derselben zu denken. Meine Freunde drangen

24 in mich, riethen mir, solches zu thun. Mit Zagen bot

25 ich sie, Herrn Hofrath Winkler an, sie ward freund-

26 lich von ihm angenommen, und erscheint nun für das Jahr

27 einunddreisig in seiner Penelope. Drei Friedrichsdor

28 erhielt ich von demselben dafür.

Blatt 5

1 Vielleicht schenckt eine feine gebildete vornehme oder hohe Dame jener

2 kleinen Erzählung, einige Aufmerksamkeit; möchte dies in Weimar

3 geschehen! Wenn sie dann von jenem großen Manne vor dem

4 ich mein inneres Leben entfaltet, um das äußere so wahr und

5 treu geschildert habe, wie noch vor keinem Menschen; wenn sie von

6 ihm mein hart Geschick erfährt, und seine hohe warme Theilnahme

7 sich damit vereinigt; dann, ja dann wird mein Loos nicht mehr zu

8 beklagen sein; ich werde eine schützende Hand aus weiter Ferne,

9 erfasen dürfen, und vielleicht eine Aufnahme finden, die meinen Kräften

10 und meinen Fähigkeiten angemessen ist, und für das kommende

11 Alter geborgen sein.

12 Wann mir die eigentliche schöne Bestimmung des

13 Weibes geworden, im häuslichen Kreise für die meinigen zu wirken, dann

14 hätte ich mich wahrscheinlich, für den Verlust meiner geistigen Ausbildung,

15 in lieben Kindern entschädigt gefunden, und würde jetzt eine Stütze

16 haben. Auch dies sollte nicht sein; ich stehe allein mit einem tiefen

17 Gemüth, einem zarten schwächlichen Körper, ohne Stütze, ohne Ver-

18 mögen, und kein sicheres Einkommen, und doch dieses Ehrgefühl! - -

19 Nur dem erhabenen Manne, der durch seinen hohen Geist , durch die

20 Würde seiner Jahre so groß vor mir dasteht, vor ihm allein schwindet

21 die Scheu, die mir bei anderen Menschen die Zunge bindet.

22 Wüste die Welt diesen Schritt, sie würde ihn link und dreist

23 nennen; ich aber fühle daß ich ihn wagen darf, denn ich weis,

24 wohin ich ihn lenke, ich weis, daß ich ganz verstanden und erkannt

25 weren. Ein rein geklärter Geist, durchschaut die Seele, die

26 sich ihm mit heiligem Vertrauen naht, und durch den Wandel

27 ihres Lebens, jedes hohen Schutzes, nicht ganz unwürdig ist.

Blatt 6

1 Wohl weis ich, daß ich nichts, ach!, so gar nichts geworden bin;

2 aber ich fühle tief, was ich hätte werden können, hätte ich nur

3 die mindeste Ausbildung nur einige Anleitung erhalten.

4 Oft dünckt es mich auch, als überschätze ich den göttlichen

5 Sinne, der unentwickelt in mir liegt.

5a Der Erhabene! Dem

6 ich mich so kindlich offen nahe, wird mit hellem scharfem

7 Auge sehen.

„Fanpost" an Goethe – Mannheimer Putzmacherin berichtet aus ihrem Leben

---

8 Ziemlich schön <u>gebundene</u> Sträusse, schauen den achtundzwan-
9 igsten August, auf das <u>kleine</u> Blümchen nieder, daß <u>unge</u>-
10 pflanzet hervor sich drang, an ihre bunte Pracht sich reihend,
11 um in der Hand des Hohen zu verwelken. Freund-
12 lich wird er es betrachten, und die Kühnheit mild verzeihen
13 mit der die höchste Verehrung innig sich verschwistert, welche
14 zu empfinden fähig ist.

Mannheim am 23ten August. 30.
A. 3 N: 11. Margarethe Niesner

Zu „Mein Leben"

Die Verfasserin leitet ihre Ausführungen mit der Feststellung ein, dass auch der sogenannte unbedeutende Mensch tiefe Gedanken haben könne, was ein forschender Geist wie Goethe gewiss erkenne. (Bl. 1, Z. 1-5) Daher trägt sie ihm – jenem, „der von allen Menschen die jetzt leben für mich der grösste ist" – ihre „verfehlte Bahn" vor (Bl. 1, Z. 6-9). Sie führt aus, dass sie von geringem Stande sei und die Schule ihre Talente (Sprachen, Künste und Wissenschaften) nicht habe fördern können: „Die allgemeinen Schulen waren damals noch sehr umnachtet." Möglicherweise besuchte sie die Schule der Welschnonnen in L 1 am Schlossplatz, die ärmere Stadtschülerinnen unentgeltlich unterrichteten.[26] Sie berichtet uns nicht davon. Dafür: „Von ganz früher Kindheit an hatte ich einen entschiednen Hang, zu Sprachen, Künsten und Wissenschaften, ... [...] wollte ich nur lesen und lernen; ... ." Die sozialen Verhältnisse, die sich, wie sie ausführt, durch den Krieg [Napoleonische Kriege] noch verschlimmerten, zwangen sie allerdings, schon mit zwölf Jahren zum Haushalt beizutragen, damit Mutter und Schwester Geld verdienen konnten. „Ausbildung und geistiges Fortschreiten durfte ich nicht hoffen, da die Zeit und Mittel fehlten." (Bl. 1, Z. 10-31)

Geradeheraus sagt sie, „einen keken muthigen Weg konnte ich nicht einschlagen, denn ich war ja ein Mädchen". Sie ist sich des gesellschaftlichen Rollenbilds der Frau also vollauf bewusst und übt latent Kritik an der Rollenverteilung der Geschlechter (Bl. 2, Z. 1-2). Als sie ihren Drang nach Kunst, Wissenschaft und allem Schönen „ersticken ... muste, da hätte ich vor Wehmut sterben mögen" – und daher hatte sie sich mit dem Himmel in ihr selbst zu begnügen (Bl. 2, Z. 2-8). Dann lernte sie in ihrem

19. Lebensjahr einen jungen hochgebildeten Mann kennen, mit dem „Teutschlands Namen [der Dichter und Denker]" in ihr Leben kamen. Doch nur kurze Zeit war „seine Nähe mir vergönnt, denn auch er hatte ein trübes Geschick", auf das sie jedoch nicht näher eingeht und das möglicherweise mit den Kriegswirren jener Jahre zusammenhängt. Dass sie in dieser glücklichen Zeit der Zweisamkeit das Theater umsonst besuchen konnte – eventuell auf der Galerie, die auch für die unteren bürgerlichen Schichten für kleines Geld offen war[27] –, stand mutmaßlich im Zusammenhang mit ihrem Bekannten, von dem wir allerdings nichts Näheres wissen (Bl. 2, Z. 10-19). Möglicherweise wurde sie in dieser Zeit mit dem Bühnenwerk Goethes vertraut. Ob sie ihn auch las? Bei ihrem Tod wurden in ihrer Verlassenschaftsakte (siehe unten „Margarethe Niesner im Spiegel ihrer Verlassenschaftsakte") einzig drei Bücher ohne Titelangabe aufgelistet, die bei der Versteigerung ihres Hausrats statt der veranlagten 24 Kreuzer immerhin 41 Kreuzer erbrachten.[28] Im Weiteren führt Margarethe Niesner in „Mein Leben" aus, dass ihr die Dichtkunst für die höchste Errungenschaft des menschlichen Geistes gilt und sie selbst immer wieder Gedichte verfertigen müsse, allerdings keine Anleitung in den Regeln der Dichtkunst erhielt, was sie ja auch in ihrem Gedicht an Goethe (Strophe 5) erwähnt. Ferner, sie spreche ihr Talent in Sachen Lyrik kaum öffentlich aus, weil „das Vorurtheil meinem Geschlecht kein solches Talent zugestehen will". Dennoch schrieb sie „in allen Perioden meines Alters ... ungeregelte Gedichte, welche ich ... gröstentheils wieder vernichtete, aber machen musste ich sie bei allen Gelegenheiten". (Bl. 2, Z. 20-31)

Hanspeter Rings

Damit formuliert sie ein seinerzeit gängiges Vorurteil gegenüber der Dichterin, mit dem selbst die zehn Jahre jüngere, späterhin weltberühmte Annette von Droste-Hülshoff (1797-1848), aus bestem Hause kommend, schwer zu kämpfen hatte. In den Köpfen spukte eher ein Frauenbild, wie es Karl Julius Weber in seinem „Demokritos" darlegt: „Man kann Liebhaber eines Weibes sein, die ein Buch geschrieben hat; aber Ehemann ist man besser von solchen, die Suppen, Hemden, Strümpfe oder Menschen liefern."[29] Und an den Universitäten waren Frauen sowieso nicht zugelassen, dort wurde das Auditorium mit „Meine Herren" angesprochen, wie wir beispielsweise aus den nachgelassenen Papieren des Philosophen Arthur Schopenhauer wissen.[30] Doch auch als der Philosoph 1832/33 ein Jahr in dem nicht-universitären Mannheim verbrachte, hätte die Niesner ihn in der von ihm geschätzten Harmonie-Gesellschaft nicht antreffen können, denn auch diese war ein reiner Herrenclub.[31]

Margarethe Niesner spricht das Rollenbild der Frau ungewöhnlich offen an und lässt sich in ihrem Talent durch die öffentliche Meinung nicht beirren. Zwar dürfte sie kaum von der frühen Frauenrechtlerin Olympe de Gouges (1748-1793) gehört haben – doch passt ihre versteckte Kritik bestens zu deren „revolutionären" Ansichten in ihrer „Erklärung der Rechte der Frau und Bürgerin" von 1791, in der sie der Männerwelt zuruft: „... seid ihr fähig, gerecht zu sein? Eine Frau stellt Euch diese Frage."[32]

Ferner skizziert Margarethe Niesner durchaus authentisch, doch sprachlich auch etwas überladen den mystischen Grund ihrer lyrischen Produktion: „die höhern Geister speise ich dann selig, die schon hier und ganz in den Himmel schwingen, und die Erde zu ihren Füßen sehen." (Bl. 3, Z. 1-11) Damit leitet sie allmählich zu ihrem eigentlichen Anliegen bzw. ihrem Bittgesuch an Goethe über, indem sie ihr Krankheitsschicksal schildert, das sie zwang, Schulden zu machen, was sich auch in ihrer Verlassenschaftsakte spiegelt. Ein bei ihr ausgebrochenes Nerven- und Gallenfieber mit Halskrämpfen und einer außerordentlichen Schwäche in den Armen zwang sie, eine leichtere Arbeit, die „Modearbeit", zu erlernen; von ihrer Tätigkeit bis dahin berichtet sie nicht. Um welches Krankenbild es sich auch handelte, die Ärzte meinten: „in meinem Unterleib sey der Sitz des Ubels", was bei einer kinderlosen, wenn

auch ledigen Frau angesichts der dauergebärenden Frau als Normalfall vielleicht nicht überraschend ist. Nun sei sie zwar weniger, doch noch immer leidend, weshalb ihr Arzt Dr. Heinrich Renner[33] rate, in einem guten Haus eine Stelle als Gesellschafterin anzunehmen (Bl. 3, Z. 12-30). Doch sie hätte keine derartige Stelle finden können, zumal stets als allererstes die Frage aufkäme: „... kann sie französisch? Ist sie musikalisch?" Mit letzterem ist vermutlich vor allem gemeint, ob sie ein Instrument spielt. Wie sie impliziert, war offensichtlich beides nicht der Fall.

Somit hätte sie erneut Schulden aufnehmen müssen, was sie nicht nur pekuniär, sondern auch in ihrem Ehrgefühl bedrücke. Ja, sie überlege auch eine Art Kindergarten zu eröffnen, Kinder in Betreuung zu nehmen, doch „der Arzt glaubt, daß ich das viele sprechen, nicht aushalten werde". (Bl. 4, Z. 1-17; Bl. 5, Z. 18)

Und als sie vor drei Jahren wegen eines Sturzes auf dem Eis drei Monate liegen musste, schrieb sie eine „schlank Erzählung", die Hofrat Winkler für die Zeitschrift „Penelope" angenommen und ihr sogar drei Friedrichsdor dafür gezahlt habe (Bl. 4, Z. 18-28). Es handelt sich vermutlich um den Text „Helena, Phantasiegemälde", dessen Manuskript aus ihrer Verlassenschaftsakte bekannt ist (siehe unten „Margarethe Niesner im Spiegel ihrer Verlassenschaftsakte"). Das Taschenbuch „Penelope" war ein von Karl Winkler unter dem Pseudonym Theodor Hell herausgegebenes Magazin der Häuslichkeit und Eintracht, besonders geeignet für die Dame von gehobenem Stand. Margarethe Niesner verbindet eine solche Veröffentlichung mit der Hoffnung, dass eine hohe Dame in Weimar, wo Goethe lebt, die Erzählung entdecken und lesen könnte – und wenn Goethe sich dann noch für sie verwendete, dann würde sie möglicherweise eine Stelle erhalten und für das „Alter geborgen sein" (Bl. 5, Z 1-11). Der Name der Autorin bzw. ein Text „Helena, Phantasiegemälde" konnte in den Ausgaben der „Penelope" 1831ff. – auch unter anderem Verfassernamen – allerdings nicht ausgemacht werden.

Ernste Zukunftssorgen hatte die Verfasserin in einem Alter von 44 Jahren. Solche Sorge war, weitgehend vermögenslos in einer Ära, da die Armenfonds, abgesehen von düsteren Armen- und Zuchthäusern, die einzige eventuelle Unterstützung der Mittel- und Kinderlosen und Kranken versprachen, durchaus verständlich. Eindringlich kommt dies in

„Fanpost" an Goethe – Mannheimer Putzmacherin berichtet aus ihrem Leben

der vorliegenden Lebensbeschreibung zum Ausdruck, und Margarethe Niesner erzählt es dem „hohen Geist" Goethe „mit heiligem Vertrauen" (Bl. 5, Z. 19-27).

Zum Ende des Textes beklagt sie ein weiteres Mal, dass die sozialen und geschlechterspezifischen Verhältnisse ihr eine bessere innere und äußere Ausbildung verwehrt hätten, weswegen sie nun zum Instrument dieser Zeilen greifen müsse. Der Hohe möge das kleine Blümchen – gewandt nimmt sie zum Ende der Lebensbeschreibung das in ihrem Gedicht schon eingeführte Motiv des „kleinen Feldblümchens" wieder auf –, der Hohe möge dieses Blümchen doch freundlich betrachten „und [ihm seine] Kühnheit mild verzeihen" (Bl. 6, Z. 1-14).

Margarethe Niesner im Spiegel ihrer Verlassenschaftsakte

Was ist eine Verlassenschaftsakte? Im Wesentlichen handelt sich um eine Akte, in der das vorhandene Vermögen beim Tod einer Person amtlich dokumentiert wird, um es für Anspruchsberechtigte, zu versorgende Kinder, Schuldner und Erben einzusetzen. Akribisch aufgelistet werden insbesondere Geld- und Sachvermögen, Forderungen und Schulden. Angelegt wurden die Verlassenschaftsakten vom Stadtamtsrevisorat Mannheim. Das Stadtarchiv Mannheim - ISG und das Generallandesarchiv Karlsruhe verwahren für den Zeitraum zwischen 1632 und 1843 über 8.000 sozial- und alltagsgeschichtlich oft aufschlussreiche Stücke mit Mannheim-Bezug.[34] Ein Faszikel von 1833 betrifft die Verlassenschaft der hier betrachteten ledigen Margarethe Niesner.[35] Nachfolgend sei der Gehalt dieser Akte aufgerufen und mit dessen Hilfe ihre Lebenssituation – die Angaben in Gedicht und Lebenslauf ergänzend – weiter nachgezeichnet.

Auf den einleitenden Seiten der Akte (Abb. 7) hält das Stadtamtsrevisorat fest, dass es sich um die Auflistung der Verlassenschaft der ledigen Margaretha Niesner (zur Schreibweise Margaretha/Margarethe siehe oben) handelt, die „am 25. July [1833] um fünf ½ Uhr" verstarb (Bl 1, 3). Sie sei bei ihrem Ableben 40 Jahre alt gewesen, was offensichtlich eine grob geschätzte oder vom Hörensagen übernommene Altersangabe war, die weder mit der Geburtsangabe im Familienbogen ihrer Mutter (mit Eintrag ihrer Tochter Margaretha) noch mit

ihren Angaben in dem Text „Mein Leben" übereinstimmt: Von daher war sie, 1786 geboren, bei ihrem Ableben 47 Jahre alt. Das in der Akte enthaltene sogenannte Obsignations-, also Versiegelungsprotokoll ihres Vermögens datiert noch vom Tag ihres Ablebens. Die Putzmacherin, so die Berufsbezeichnung in der Akte, sei die eheliche Tochter des Wilhelm Niesner, ehemaliger Feldwebel in Mannheim und der Magdalena U. („U." steht vermutlich für „unbekannt", zumal der Mädchenname auch nicht in dem oben schon erwähnten Familienbogen angegeben ist). Von den Geschwistern der Margarethe Niesner leben noch Franz Niesner, Schreinermeister in Aschaffenburg, und die verwitwete Catharina Haim, wohnend an der Bergstraße (Bl. 1-3). Eine letztwillige Anordnung habe die Verstorbene nicht errichtet (Bl. 4). Sodann berichtet die Akte, dass die Verstorbene Unterstützung aus dem Busch'schen Fond erhielt und in einer Mietwohnung in A 3, 11 lebte, die es bald zu räumen gelte (Bl. 5). Die Stiftung des Alois Busch für „Catholische wahrhaft nothleidende Hausarme" verwaltete den für damalige Verhältnisse enormen Betrag von 144.000 Gulden; das entsprechende Testa-

Abb. 7
Deckblatt der Verlassenschaftsakte der Margaretha Niesner 1833
StadtA MA - ISG, Verlassenschaftsakten, Zug. 32/2001, Nr. 3484

Hanspeter Rings

ment des Alois Busch vom 27. Mai 1796 wird im Urkundenbestand des Stadtarchivs Mannheim - ISG verwahrt.[36]

Laut Schreiben der Großherzoglichen Stiftungs-verwaltung vom 29. Juli 1833 an das Amtsrevisorat, das der Verlassenschaftsakte beiliegt, erhielt die Margarethe Niesner Unterstützung „a) aus dem Buschischen Armenfond: den 1. November 1830 bis Juli 1833 für 2 2/3 Jahr ad 36 fl. [Florin = Gulden, der Gulden zu 60 Kreuzern] jährlich 96 fl. Im Dezember 1830 an Holz 8,36 fl, im Dez. 31 8,42 fl, im Dez 32 7,49 fl. Zusammen: 121,7 f; b) aus dem Barmherzigen Brüderfond, zur Bestreitung der Kosten ihrer letzten Krankheit 20 fl. Im Ganzen 141,7 fl." (Bl. 7). Sie bezog also seit 1830 Unterstützung, was mit der Schilde-rung ihrer schlechten sozialen Lage in ihren Zeilen an Goethe vom gleichen Jahr übereinstimmt. Zum Ende des Schreibens fordert die Stiftungsverwal-tung bei verfügbarem Guthaben der Verstorbenen die Rückzahlung der Summe.

An Bargeld wurde in der Wohnung gefunden und amtlich aufgenommen eine „Trostsumme", also ein Notgroschen von 50 Gulden, davon 25 fl in einem Steeb [Stoffballen] und 25 fl in einer Uhr versteckt (Bl. 11). Gemäß Großherzoglichem Anzeigeblatt für den Unter-Rheinkreis vom 2. Juli 1833 kostete beispielsweise 1 Pfund Tafelbrot von Weißmehl 4 kr (=Kreuzer, der Gulden zu 60 kr), 1 Pfund Mast-Ochsenfleisch machte 11 kr. Stellt man diese Preise in den Vergleich zu heutigen Preisen für Brot und Rindfleisch, so kommt man bei aller Unschärfe sol-chen Vorgehens auf einen Betrag von etwa 1.000 bis 2.000 Euro als Notgroschen. Diese Summe hätte sie vermutlich für die Übersiedlung nach Weimar eingesetzt, falls Goethe ihr dort, wie von ihr erhofft, zu einer Stelle als Gesellschafterin verholfen hätte.

An Inventar, „Fahrnissen" wie es zeitgenössisch heißt, listen die Registratoren diverse – hier exempla-risch wiedergegebene – Gegenstände auf und taxie-ren deren Geldwert in einer separaten Spalte, um in einer nebenstehenden Spalte den tatsächlichen Versteigerungserlös zu vermerken (Bl. 11-16; Abb. 8). Aufgelistet werden unter anderem:

1 Haube, 1 Chemisette 48 kr | 32 kr / (= Taxation | Erlös)
5 verschiedene Hauben 30 kr | 21 kr /
1 kattune Schürze 24 kr | 16 kr /
einige Rest Tull 20 kr | 29 kr /

1 baumwollenes Halstuch 2 fl. | 2 fl /
2 kattune Jäcke 30 kr | 21 kr /
1 Schachtel mit drei Hüthen 1 fl | 1, 29 fl /
2 p[aa]r Unterbeinkleider 1, 30 fl | 1 fl /
7 p[aa]r Strümpfe 1, 20 fl | 1,17 fl /
1 Kattunes Kleid 2,24 fl | 3,1 fl /
1 [tuchener] Mantel 10 fl | 19,39 fl /
2 Corsett 20 kr | 22 kr /
1 grüner [Zupf]teppich 36 ff | 15 fl /
1 Spuckkästchen 12 kr | 26 kr /
1 Plumot 4 f | 6,20 /
1 Feder[macher] 20 kr | 19 kr /
1 Teller mit Bauteille 24 kr | 40 kr /
1 Siegel 48 kr | 58 kr /
1 ewiger Kalender 30 kr | 21 kr /
3 Kupfer unter Glas u. Rahmen 24 kr | 31 kr /
3 Bilder mit vergoldetem Rahmen 1 f 30 | 3f ,3 kr /
1 Lithographirtes Bild mit Glas und Rahmen 1 f | 2,32 fl /
1 Regen- und 1 Sommerschirm 1fl | 1,15 fl /
1 porzellanes Nachtgeschirr 6 kr | 18 kr /
Bettlade 6 fl | 6,30 fl /
Commode 8 fl | 13 fl /
Tisch mit Schublade 1 f | 2 f /
Kleiderschrank 5 f | 5,10 fl.

Abb. 8
Versteigerungserträge der sogenannten Fahr-nisse (bewegliche Teile), einliegend der Verlassen-schaftsakte
StadtA MA - ISG, Verlassenschaftsakten, Zug. 32/2001, Nr. 3484

„Fanpost" an Goethe – Mannheimer Putzmacherin berichtet aus ihrem Leben

Insgesamt ergab sich aus der Versteigerung eine Summe von 148,59 Gulden, plus 50 Gulden Erspartes, macht zusammen: 198 Gulden und 59 Kreuzer. In der Akte ausdrücklich vermerkt werden ein aufgefundenes Schuld-Dokument und das nicht mehr vorhandene Manuskript mit dem Titel: „Helena, Phantasiegemälde von Margarethe Niesner" (Bl. 10-15). Vermutlich handelt es sich um das in ihrem Lebenslauf erwähnte Manuskript, das für den Taschenkalender „Penelope" vorgesehen war.

Dem Vermögen von rund 198,59 Gulden standen Forderungen in Höhe von 317,40 Gulden gegenüber. Dabei wurden die Verwaltungskosten für die amtliche Aufnahme in der Verlassenschaftsakte und die Kosten für die in den Mannheimer Tageblättern im September 1833 zweimal erschienene Versteigerungsanzeige zur Auflösung ihres Haushalts (Nrn. 218 und 219) sowie die Kirchen- und Sterbefallkosten aus dem Erbe vorrangig beglichen (Abb. 9). Ferner galt es zu bezahlen: den Totenbeschauer, das Ausziehen der Leiche, Schreinerarbeiten am Sarg, den Leichenwagen, das Totentuch, die Trauermäntel, den Leichenzettel, die Leichenträger und Totengräber. Und last but not least standen offen die Rechnungen für den kirchlichen Segen, für die Amtshandlung des „Rektors", also des Pfarrgeistlichen, sowie für Flor und für Handschuhe des Geistlichen und des Kirchendieners.

Außerdem wurden von einer Privatperson ausstehende Pflegekosten für sechs Wochen Tag und Nacht und Mietzahlungen geltend gemacht. Bei der Hofapotheke stand eine Rechnung vom 14. Februar bis zum 23. Juli offen, vor allem für diverse Pulver, Tees und Mixturen, die nicht näher bezeichnet werden; buchstäblich ausgewiesen werden Blasen-, Heft- und Heilpflaster, Leinsamen, Sternanis und Baldrian (Abb. 10). Zudem galt es Rechnungen zu begleichen, die gewiss im Zusammenhang mit ihrer Tätigkeit als Putzmacherin standen: Offen waren Beträge bei J.H. Eller[37], Bürger und Handelsmann, für „Garnier Tull" [ein besonderer Stoff] und Gentianes [vermutlich enzianblauer Stoff], bei Jacob Kley[38], ebenfalls Bürger und Handelsmann, für Goldknöpfe und „2 Steeb [Stangen] grün Tafetband, „2 Steeb gelb Attlasband" und „5/8 Steeb Chamois Florband" (Bl. 17 bis Aktenende). Nicht auszuschließen ist, dass so manche offene Rechnung allerdings nicht Zahlungsengpässen, sondern der seinerzeit gängigen Praxis des Anschreibens geschuldet war.

Die vorgeschossenen Stiftungsgelder wurden nur nachrangig bedient und konnten offensichtlich aus dem vorhandenen Vermögen nicht zurückgezahlt werden. Daher taten die erbberechtigten Geschwister der Margarethe gut daran, das Erbe auszuschlagen, wie ebenfalls der Verlassenschaftsakte zu entnehmen ist. Freilich verwiesen

Abb. 9
Rechnungen, einliegend der Verlassenschaftsakte StadtA MA - ISG, Verlassenschaftsakten, Zug. 32/2001, Nr. 3484

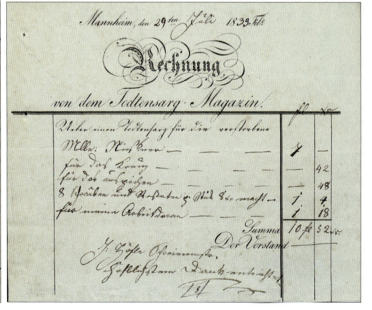

Hanspeter Rings

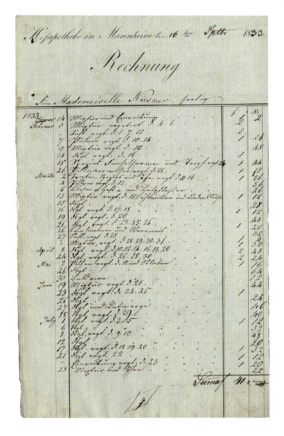

sie darauf, „sollte etwas übrig bleiben", man es ihnen zukommen lassen möge. Allerdings, „das Manuskript [Helena, Phantasiegemälde] verlange er nicht", so ihr Bruder Franz. Dieser Text ist denn auch nicht überliefert – dagegen sind die Lebensbeschreibung der Margarethe und ihr kleines Gedicht vom Feldblümchen an den großen Goethe auf uns gekommen.

Obwohl der „hohe Sänger" diesem Blümchen-Fan auch kaum Beachtung geschenkt haben mag, so sind wir allemal ein wenig zum Fan der Margarethe Niesner geworden, die Goethe wie auch uns einen aufschlussreichen Einblick in ihr Leben am Übergang vom 18. zum 19. Jahrhundert gewährt hat.

Abb. 10
Rechnung, einliegend
der Verlassenschaftsakte
StadtA MA - ISG,
Verlassenschaftsakten,
Zug. 32/2001, Nr. 3484

1 Umgearbeitete und erweiterte Fassung des Vortrags und Features: Hanspeter Rings: „Fanpost" an Goethe – Mannheimer Putzmacherin berichtet aus ihrem Leben, präsentiert am 21. September 2016 im Friedrich-Walter-Saal des Stadtarchivs - ISG. Als Margarethe Niesner trat an diesem Abend die überregional bekannte Politikerin und professionelle Rezitatorin Helen Heberer auf. Zwischen Vortragsteil und Auftritt der Margarethe Niesner (Helen Heberer) wurden Takte aus dem „Postillon von Lonjumeau" von Adolphe Adam eingespielt, uraufgeführt an der Opéra Comique im Jahr 1836 – zu einer Zeit, da die Figur des Postillons noch ein Opernsujet abzugeben wusste. Aufnahme von 1936 mit Joseph Schmidt als Postillon, https://www.youtube.com/watch?v=MrH_zfSuYPA, 22.6.2016.

2 Vgl. Dieter Hein: Goethe und die bürgerliche Haushaltsführung um 1800, in: Goethe und das Geld. Der Dichter und die moderne Wirtschaft. Hrsg. von Vera Hierholzer und Sandra Richter im Auftrag des Freien Deutschen Hochstifts. Katalog zur gleichnamigen Ausstellung im Frankfurter Goethe-Haus / Freies Deutsches Hochstift vom 14.9. bis 30.12. 2012, S. 226-232.

3 StadtA MA - ISG, Zug 32/2001, Nr. 3484 (Verlassenschaftsakte der Margaretha Niesner).

4 Vgl. Sabine Schäfer: Zwischen Briefregistratur und Internet – Die Regestausgabe „Briefe an Goethe", in: Weimar-Jena: Die große Stadt 5/4 (2012), S. 322-330, hier 322-324. Die Regesten 1764 bis 1819 liegen gedruckt vor, ferner online bei „Klassik Stiftung Weimar"; die Briefe 1820 bis 1832 befinden sich in Bearbeitung, vgl. Schäfer S. 328.

5 Vgl. Albrecht Schöne: Der Briefschreiber Goethe, München 2015, S. 14.

6 Vgl. Schöne, wie Anm. 5, S. 19.

7 Vgl. J. G. Rieger: Historisch-topographisch-statistische Beschreibung von Mannheim und seiner Umgebung. Mannheim 1824, S. 560, zu den Gasthausnamen S. 566. Zur Post im 18. Jahrhundert vgl. auch Wilckens: Mannheims Postverbindungen mit Frankfurt um 1783-1792, in: Mannheimer Geschichtsblätter, 1. Jg. Aug./Sept. 1900, Nr. 8 und 9, Sp 195 (digital im ISG S. 102); R. Grosse: Das Postwesen in der Kurpfalz im 17. und 18. Jahrhundert, Tübingen 1902.

„Fanpost" an Goethe – Mannheimer Putzmacherin berichtet aus ihrem Leben

8   Vgl. Gustav Freytag: Bilder aus der deutschen Vergangenheit, Bd. 3, Gütersloh/München 1998, S. 297.

9   Vgl. Jürgen Mirow: Geschichte des deutschen Volkes. Von den Anfängen bis zur Gegenwart, Bd. 1, Gernsbach 1996, S. 494, 630.

10 Vgl. http://universal_lexikon.deacademic.com/216322/Botenwesen, URL_Abfrage v. 13.5.2016; Lutz Röhrich: Lexikon der sprichwört-
    lichen Redensarten, Freiburg, Basel, Wien 1994 (Herder 5. Aufl.), Begriff: Bote, S. 244.

11 Vgl. Hanspeter Rings: Der Mannheimer Spaziergänger – Impressionen aus dem 18. und 19. Jahrhundert, in: Mannheimer Geschichts-
    blätter 22/2011, S. 75-92, hier 81f.

12 Vgl. Rieger, wie Anm. 7, S. 558ff.

13 Vgl. Mirow, wie Anm. 9, S. 376.

14 Vgl. Karl J. Svoboda: Eine kurfürstliche Winterreise nach Italien. Die Reise des Grafen von Veldenz alias des Kurfürsten Carl Theodor von
    der Pfalz von Mannheim nach Rom im Jahre 1774/75, Ubstadt-Weiher 1998, S. 15ff.; Schöne, wie Anm. 5, S. 412f.

15 Vgl. Eckermann. Gespräche mit Goethe in den letzten Jahren seines Lebens. Hrsg. von Fritz Bergemann, Bd. 1, o. O., 1955, Gespräch vom
    1.1.1831, S. 409; Schöne, wie Anm. 5, S. 23ff., 370.

16 Die vollständige Liste findet sich unter http://ora-web.swkk.de/swk-db/goeregest/index.html, URL_Abfrage v. 29.10.2015.

17 Vgl. Mirow, wie Anm. 9, S. 563; Schöne, wie Anm. 5, S. 16; Stefan Mörz: Glanz der Residenz zur Karl-Theodor-Zeit, in: Ulrich Nieß /
    Michael Caroli (Hrsg.): Geschichte der Stadt Mannheim, Mannheim 2007, S. 372-527, hier 518.

18 Goethes Gespräche. Biedermannsche Ausgabe, Düsseldorf und Zürich 1998, Bd. 3, 2. Teil, S. 609f.; Schöne, wie Anm. 5, S. 418.

19 Vgl. Schöne, wie Anm. 5, S. 415ff.

20 Klassik Stiftung Weimar. Goethe und Schiller-Archiv, GSA 28/664 Bl. 1-2, Bl. 3-5.

21 In den Adressbüchern 1829 und 1833 ist sie, wohnhaft in A 3,11, als Putzmacherin ausgewiesen.

22 Diesen Bezug zu „Faust I" verdanke ich Dr. Friedrich Schröder, Mannheim.

23 Vgl. Eckermann, wie Anm. 15, Gespräch vom 18.1.1825, S. 127.

24 Aristoteles: Poetik, Stuttgart 1982, S. 7.

25 Arthur Schopenhauer: Über Schriftstellerei und Stil, Kap. XXIII, in: Parerga und Paralipomena. Kleine philosophische Schriften, hrsg.
    von Ludger Lütkehaus. Werke in fünf Bänden, Zürich 1988, Bd. V, S. 451.

26 Vgl. Mörz, wie Anm. 17, S. 518.

27 Vgl. Dieter Hein: Bürgerlicher Aufbruch 1830 – 1848, in: Ulrich Nieß / Michael Caroli (Hrsg.): Geschichte der Stadt Mannheim, Mann-
    heim 2007, S. 140-253, hier 212.

28 Hingegen listet beispielsweise die Verlassenschaftsakte eines Dr. Leopold Frank von 1818 neben einer umfangreichen medizinischen
    Bibliothek auch direkt „Göthe Leiden Werthers" auf, vgl. StadtA MA - ISG, Verlassenschaftsakten, Zug. 32/2001, Nr. 1592.

29 Demokritos oder hinterlassene Papiere eines lachenden Philosophen. Vom Verfasser der „Briefe eines in Deutschland reisenden Deut-
    schen", Bd. 2, Leipzig o.D. (9. erweiterte Originalausgabe Stuttgart 1832-1840), S. 251.

30 Vgl. Arthur Schopenhauers handschriftlicher Nachlaß – 2. Bd: Vorlesungen und Abhandlungen. Hrsg. von Eduard Grisebach, Leipzig
    [1891-95] (Nachdruck o.D., tredition GmbH Hamburg).

31 Vgl. Hanspeter Rings: Die „durchsichtige Hirnschale" – Arthur Schopenhauer in Mannheim, in: Mannheimer Geschichtsblätter 25/2013,
    S. 49-66, hier 54ff.

32 Näheres unter anderem unter http://www.hdfg.de/raum_4.php URL_Abfrage von 15.5.2016.

33 Laut Adressbuch von 1829 „Renner, Heinrich, Med. Dr. und praktischer Arzt". Im Adressbuch von 1833 nicht mehr ausgewiesen.

34 Vgl. Helmut Landerer: „dass die Wittib oft besoffen sei" Eine Quellenstudie zu den Mannheimer Küfern anhand der Verlassenschafts-
    akten des 17. - 19. Jahrhunderts, ISG-Schriftenreihe, Mannheim 2011; Christoph Popp: Das kurpfälzische und badische Vormundschafts-
    wesen und die Mannheimer Verlassenschaftsakten. Von der Papiermühle zum archivübergreifenden Verzeichnungsprojekt des Gene-
    rallandesarchivs Karlsruhe und des Stadtarchivs Mannheim, in: Archivalische Zeitschrift 86 (2004): S. 251-285; http://svscopepro.ads.
    man/detail.aspx?id=38061. URL_Abfrage vom 17.10.2016.

35 StadtA MA - ISG, Verlassenschaftsakten, Zug. 32/2001, Nr. 3486.

36 Vgl. Buchbesprechung von Ulrich Nieß zu „Hans-Helmut Görtz: Der kurpfälzische Vizekanzler Johann Bartholomäus von Busch (1680-
    1739) und seine Familie. Freinsheim (Eigenverlag des Verfassers) 2005, in: Mannheimer Geschichtsblätter, Neue Folge 12/2005, S. 311f.

37 Laut Adressbuch 1829: Eller, Jos. Hirsch, B[ürger] und Handelsmann, E 1,3 (im Adressbuch 1833 nicht mehr ausgewiesen).

38 Laut Adressbuch 1829: Klei, Jakob, B[ürger] und Handelsmann, Q 1, 2. Ebenso ausgewiesen im Adressbuch 1833; in diesem Adressbuch
    auch in dem erstmals eingeschalteten Gewerbeverzeichnis als Jakob Kley, Tuchhändler erwähnt.

Ulrich Nieß und Andreas Schenk

Bruno Schmitz (1858-1916)
Zu Leben und Werk des Schöpfers von Friedrichsplatz und Rosengarten

Gewidmet Herrn Dipl.-Ing. Peter Plachetka, dem langjährigen Vorsitzenden des Mannheimer Architektur- und Bauarchivs e.V., zum 80. Geburtstag am 22. August 2016.

Vor einhundert Jahren, am 27. April 1916, fand das bewegte Leben des Schöpfers des Friedrichsplatzes und des Rosengartens im Alter von nur 57 Jahren infolge eines Herzschlags ein plötzliches Ende. Bruno Schmitz (Abb. 1), „Geheimer Baurat, Königlicher Professor, Dr. Ing. h.c., Mitglied der Königl. Preuß. Akademie des Bauwesens, Mitglied der Königlichen Akademie der Künste zu Berlin und Dresden",[1] starb in seinem durchaus standesgemäßen Wohnhaus in der Sophienstraße 11 im damals noch eigenständigen Charlottenburg, heute ein Stadtteil von Berlin. Er hinterließ zwei erwachsene Töchter, Gabriele und Angelika (Abb. 2), und seine zweite Frau Hedwig Schmitz-Schweicker, eine hochtalentierte Sopranistin.[2]

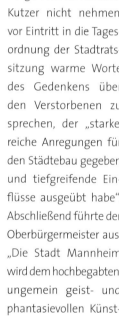

Abb. I
Porträt von Bruno Schmitz
Um 1900
Foto: StadtA MA - ISG

Die beiden Kinder stammten aus seiner ersten Ehe mit Lucia Wanda Genelli, einer ebenfalls der Sangeskunst zugeneigten Enkelin des Graphikers Bonaventura Genelli, von der er 1902 geschieden worden war.[3] Dem Wunsch des Verstorbenen entsprechend, ließ seine zweite Frau seinen Leichnam einäschern, aber sie durfte nicht, wie es Bruno Schmitz testamentarisch verfügt hatte, die Asche auf dem Rhein verstreuen. Auf Veranlassung Kaiser Wilhelms II. wurde die Urne 1917 im Kyffhäuser-Denkmal, einem monumentalen Bauwerk des Architekten, ausgestellt. In DDR-Zeiten gelangte die Urne vom Inneren der Turmhalle in einen Keller des Denkmals, ehe sie in den 1980er Jahren durch die Initiative von Familienangehörigen – gegen „Aufwandsentschädigung" über den Bereich Kommer-

zielle Koordinierung des DDR-Außenhandelsministeriums von Schalck-Golodkowski – in den Westen gebracht wurde und am Nordfriedhof in Düsseldorf ihren heutigen Standort fand.

1916 gedachte man allenthalben des Verstorbenen, so auch in Mannheim. Bereits am 4. Mai, wenige Tage nach dem Ableben des Architekten, ließ es sich Oberbürgermeister Theodor Kutzer nicht nehmen, vor Eintritt in die Tagesordnung der Stadtratssitzung warme Worte des Gedenkens über den Verstorbenen zu sprechen, der „starke, reiche Anregungen für den Städtebau gegeben und tiefgreifende Einflüsse ausgeübt habe". Abschließend führte der Oberbürgermeister aus: „Die Stadt Mannheim wird dem hochbegabten, ungemein geist- und phantasievollen Künstler dauernd ein ehrendes und dankbares Gedächtnis bewahren."[4] Mit dem 1993 umgebauten und nach Bruno Schmitz benannten Saal im Erdgeschoss des Rosengartens hat sie in der Tat seiner gedacht.

Georg Bruno Schmitz, wie der Architekt eigentlich hieß, erblickte am 21. November 1858 in Düsseldorf das Licht der Welt. Sein Vater war der Kleidermacher und Tuchhändler Carl Theodor Schmitz (1826-1877), seine Mutter Henriette Wilhelmine Auguste war eine geborene Rodenberg (Abb. 3). Sie starb bei der Geburt ihres achten Kindes Emil.[5]

Die Wohn- bzw. Geburtsadresse Flinger Straße 6 lag mitten in der Düsseldorfer Altstadt. Bruno besuchte das Königliche Gymnasium, das er, wie damals nicht unüblich, nach dem Einjährigen

Bruno Schmitz (1858-1916)

Abb. 2
Bruno Schmitz in seinem Charlottenburger Haus mit seinen Töchtern Angelika und Gabriele Um 1900
Über dem Sofa ist die Ansicht seines preisgekrönten Entwurfs für ein Vittorio-Emanuele-Denkmal in Rom zu sehen, rechts ein Bild der Züricher Tonhalle, dem Vorbild für den Mannheimer Rosengarten.
Foto: StadtA MA - ISG

verließ, um in den Jahren 1874 bis 1878 die Düsseldorfer Kunstakademie zu besuchen. Er besaß eine frühe Neigung zum Malen und Zeichnen und erhielt außerhalb des normalen Unterrichts Privatstunden bei dem Maler und Kupferstecher Heidland in Düsseldorf. Zunächst spielte er wohl mit dem Gedanken, Maler zu werden, wandte sich aber auf Veranlassung seines Vaters der Baukunst

Abb. 3
Familienbildnis mit den Eltern und den Geschwistern von Bruno Schmitz (zweiter von rechts), der auf diesem Foto ungefähr neun Jahre alt ist.
Foto: StadtA MA - ISG

Ulrich Nieß und Andreas Schenk

zu und kam 1876 in die von Prof. Dr. Wilhelm Lotz geleitete Bauklasse. 1878 beendete er das Studium erfolgreich und trat in das Atelier des Baumeisters Hermann Riffarth ein, der gerade mit dem Neubau der Düsseldorfer Kunstakademie im strengen italienischen Neorenaissancestil befasst war. Bei Riffarth war Schmitz etwa vier Jahre tätig, wobei er weiterhin Vorlesungen sowie Akt- und Anatomiekurse besuchte. Sein zeichnerisches Talent schimmert in vielen seiner Entwürfe auf. Auch in anderen Ateliers wirkte er mit, etwa für Giese & Weidner beim Bau der Düsseldorfer Kunsthalle, für Julius Carl Raschdorff beim Bau des Ständehauses der Rheinprovinz und für Kyllmann & Heyden beim Bau der Düsseldorfer Johanneskirche. Später sollte er für Sakralbauten, einschließlich Synagogen, preisgekrönte Entwürfe fertigen – realisiert wurde davon aber leider nichts.

Wirklich eigenständige, frühe architektonische Spuren finden sich in seiner Heimatstadt Düsseldorf, wo er zusammen mit Otto von Els einige Gebäude gleichfalls im damals dominanten Neorenaissancestil fertigte. Erhalten sind zwei 1883 bzw. 1887 fertig gestellte Häuser in der Inselstraße 26 und 27 in Düsseldorf-Pempelfort.[6] Beide stehen heute unter Denkmalschutz, haben allerdings auch verschiedene Umbauten erlebt. Verloren sind ein 1883 fertig gestelltes Geschäftshaus in der Schadowstraße sowie ein in der heutigen Heinrich-Heine-Allee errichtetes repräsentatives Eckgebäude, in dem sich phasenweise eine Weinwirtschaft befand. Während über den damaligen Partner, den Architekten Otto von Els, heute kaum mehr etwas in Erfahrung zu bringen ist, ging Schmitz wohl schon bald eigenständige Wege und hinterließ umso tiefere Spuren.

So trat er erstmals auch durch den Bau eines Museums hervor, als er 1882 den Wettbewerb um das neue Museum in Linz gewann. Das Stammhaus der oberösterreichischen Landesmuseen, das Francisco-Carolinum, befindet sich noch heute in der Museumsstraße in Linz. Im Stil des Historismus mit Neorenaissancefassade erbaut, stammen die Friese und bildhauerischen Arbeiten von Melchior Zur Straßen. An der Innenausstattung waren Adolf Obermüllner und Franz Attorner maßgeblich beteiligt. Die Bauleitung lag bei dem Architekten Hermann Krackowizer.

In jenen Jahren beteiligte sich Schmitz bereits überaus erfolgreich an mehreren Wettbewerben

für Denkmäler. Gleich zweimal errang er den ersten Preis im Wettbewerb für das Vittorio-Emanuele-Denkmal in Rom; es wurde jedoch ab 1885 von Giuseppe Sacconi erbaut und letztlich erst 1927 vollendet. Sacconi soll sich dabei an den Schmitz´schen Entwurf angelehnt haben. Immerhin aber hatte Schmitz mit seinem preisgekrönten Plan für das italienische Nationaldenkmal im Alter von gerade einmal 25 Jahren bereits den internationalen Durchbruch als Architekt und Gestalter monumentaler Denkmäler geschafft. Fortan sollte er noch mehrfach mit seinen Entwürfen auch international für Aufsehen sorgen.

So berichtet die Deutsche wie die Schweizerische Bauzeitung von Schmitz´ Siegesentwurf für das Ehrendenkmal in Indianapolis im Juni 1888 und der Redakteur des Schweizerischen Zeitung führt aus: „[...] es muss der von Herrn Schmitz errungene Sieg um so höher angeschlagen werden, als begreiflicherweise die vorliegende Aufgabe auf die amerikanischen Künstler aus nationalen Gründen eine besondere Anziehungskraft ausübte. Im Weiteren darf dann noch auf die vorurtheilsfreie rein sachliche Entscheidung des Preisgerichtes hingewiesen werden [...] Der Preis für den Sieger in diesem Wettbewerb besteht in der Übertragung des Baues, wofür eine Vergütung von 5 % der Bausumme gewährt wird.“[7]

Schmitz, der zunächst in Leipzig, ab 1885/86 aber in Berlin lebte und arbeitete, zog für die Realisierungsplanung und Ausführung des Denkmals unter seiner Aufsicht vorübergehend nach Indianapolis. Nach Deutschland zurückgekehrt, war er endgültig einer der begehrtesten Vertreter seiner Zunft. Als der Tod von Kaiser Wilhelm I. 1888 dann in ganz Deutschland einen regelrechten Denkmalboom auslöste und allenthalben mehr oder weniger große Monumente für den ersten deutschen Kaiser und das neue Deutsche Reich errichtet wurden, sollte der junge Architekt von diesem Boom besonders profitieren und mit Auszeichnungen für seine Entwürfe überhäuft werden. Er genoss zudem die kaiserliche Protektion Wilhelms II., musste aber dessen Gestaltungsvorstellungen immer mitberücksichtigen. So schrieb der Kaiser vor, dass sein Großvater Wilhelm I. grundsätzlich in Siegerpose, meistens als Reiter, zu porträtieren sei.

Bruno Schmitz (1858-1916)

Zu den bekanntesten Monumentaldenkmälern, die Schmitz mit diesen Vorgaben schuf, zählt das Kyffhäuser-Denkmal, das 1890 bis 1896 nahe Bad Frankenhausen in Thüringen bei der alten Stauferburg Kyffhausen in stilistischer Anlehnung an den Burgenbau der Stauferzeit entstand. Das Bildprogramm sollte das neue, von Preußen dominierte Kaiserreich als legitimer Nachfolger des mittelalterlichen Heiligen Römischen Reiches Deutscher Nation symbolisieren. Im Sockelbereich des etwa 81 m hohen Denkmals erwacht der aus Sandstein gemeißelte Friedrich I. Barbarossa zu neuem Leben. Darüber befindet sich ein elf Meter hohes kupfernes Reiterstandbild Kaiser Wilhelms I. von dem Bildhauer Emil Hundrieser. Kaiser Wilhelm, zuweilen auch als Barbablanca tituliert, wird so zum Vollender und streitbaren Einer stilisiert. Als weit sichtbare Statue erhebt sich Kaiser Wilhelm I. in Porta Westfalica, auf der Anhöhe des Osthangs des Wittekindsbergs, wobei Schmitz ihm mit einer Baldachinkonstruktion noch mehr Wirkung verschaffte, während der Architekt in Koblenz auf dem Deutschen Eck akzeptieren musste, dass Wilhelm I. wieder einmal in voller Herrlichkeit auf dem Pferd daher zu reiten hatte.

Zum eigentlichen Höhepunkt dieser Monumentalarchitektur geriet dann das berühmte, 1913 feierlich eröffnete Völkerschlacht-Denkmal in Leipzig – ein durch seine imposante Dimension, die wuchtige Architektur und die symbolisch hoch aufgeladenen Bildhauerarbeiten geradezu martialisches Bauwerk. Zwar war Bruno Schmitz hier nicht als preisgekrönter Sieger des Wettbewerbs hervorgegangen, sondern hatte zunächst mit seinem Entwurf nur den 4. Platz belegt, aber dann wurde ihm der Auftrag mit der Maßgabe der Überarbeitung übertragen.

Bruno Schmitz war längst zum kaiserlichen Stararchitekten schlechthin aufgestiegen – mit allen diesbezüglichen Vorteilen, aber auch Tücken, wie eine von seinem Großneffen Emil Schmitz-Hillebrecht aufgezeichnete Episode zeigt, die hier auszugsweise zitiert sei: „In Civil und mit kleiner Suite erschien Wilhelm II. eines Tages – um 1902 – im Atelier seines Monumentalarchitekten Bruno Schmitz, um dessen Entwürfe für das Deutsche Haus in St. Louis höchstpersönlich und allergnädigst in Augenschein zu nehmen. Der Monarch zeigte sich aber mißmutig, ja unzufrieden beim Anblick der Zeichnungen und Modelle: „Is nischt, Schmitz" bestimmte er. Die nebenliegenden Mappen blätterte er mit seinem Handstock (!) um, ständig nörgelnd: „Is nischt. Is alles nischt." Dann aber: „Woll'n die Americaner mal vorn Bauch treten!" „Setzen ihnen das Charlottenburger Schloss hin!!" Bruno Schmitz aber erkühnte sich in berechtigter Notwehr zu allerlei Einwendungen und argumentierte schließlich verzweifelt: Bei der Kürze der noch zur Verfügung stehenden Zeit sei bei der Eröffnung der Ausstellung das Kupferblech auf der Kuppel des vorgeschlagenen Schlosses noch ohne grüne Patina, also metallblank – was doch einen schlechten Eindruck auf die Besucher mache. Darauf Seine Majestät, von Gottes Gnaden deutscher Kaiser: „Dann pinkeln wir drauf [...]."[8] Wie das Patinaproblem tatsächlich gelöst wurde, ist nicht bekannt. Schmitz musste sich jedenfalls fügen und lieferte für die Weltausstellung in St. Louis, USA, 1904 eine Kopie des Schlosses in Charlottenburg ab, die seiner Kreativität eigentlich widersprach. Er mag es als gerechten Ausgleich empfunden haben, dass ihn die Amerikaner für seine Leistung mit einer Goldmedaille hoch dekorierten.

Doch jenseits der Monumentalbauten profilierte er sich auch als Schöpfer technischer Nutzbauten wie Festsäle sowie als visionärer Stadtplaner. Neben Mannheim war er etwa als Stadtplaner für Düsseldorf tätig. In Köln schuf er großartige Villen und Ensembles. Der Schwerpunkt seiner Bautätigkeit aber blieb naheliegenderweise Berlin. Dort griff er nach 1900 einiges auf, was er zuvor in Mannheim entworfen und realisiert hatte. So etwa beim Papierhaus in der Dessauer Straße 2 und besonders beim 1905 bis 1907 erbauten Weinhaus Rheingold am Potsdamer Platz. Dieses lässt deutliche Parallelen zum wenige Jahre zuvor vollendeten Mannheimer Rosengarten erkennen, etwa in der rhythmisierten Fassade, der Proportion und der Anordnung der inneren Säle. Das imposante Gebäude wurde 1943 im Krieg zerstört und leider nicht mehr aufgebaut. Eine andere überraschende Parallele zu Mannheim zeigt sich beim Beitrag des Architekten zur Berliner Gewerbeausstellung von 1896, für die Schmitz ein halbkreisförmig angelegtes Ensemble mit einem Wasserturm entwarf. Dies war gewissermaßen ein erster Probelauf für

Ulrich Nieß und Andreas Schenk

die Planung des Friedrichsplatzes, zu der Schmitz allerdings erst stieß, als die hiesigen Bauämter bereits wesentliche Merkmale der Anlage festgelegt hatten. Er musste sich an diese Vorgaben halten, hatte aber bei der baukünstlerischen Gestaltung freie Hand. Dies nutzte er ebenso selbstbewusst wie überzeugend und schuf so einen der großartigsten Stadtplätze jener Jahre, die infolge der europaweiten wirtschaftlichen und kulturellen Blüte in den Friedenszeiten nach dem Ende des Deutsch-Französischen Kriegs und dem Ausbruch des Ersten Weltkriegs unter dem Begriff der Belle Époque subsumiert werden können.

Platzes entstand 1886 bis 1889 nach dem Entwurf des Stuttgarter Architekten Gustav Halmhuber der Wasserturm, der durch seine stattliche neobarocke Architektur schon bald zum Wahrzeichen Mannheims avancierte.

Nach den Vorstellungen des Hoch- und Tiefbauamts sollte die Fläche rund um den Turm mit gärtnerischen Anlagen und Wasserspielen gestaltet werden, nach Osten halbrund abschließen und von repräsentativen Bauwerken eingefasst werden. Diese wegweisenden Ideen fanden ihren Niederschlag in einem 1896 zu datierenden Modell (Abb. 4), das einen kleinteilig gegliederten Platz zeigt, der von Gebäu-

Abb. 4
Modell der städtischen Bauämter für den Friedrichsplatz und seine Bebauung
1896
Das Hochbauamt, damals unter der Leitung Gustav Uhlmanns stehend, plante den Rosengarten und die Arkadenhäuser noch im Neorenaissancestil.
Foto: StadtA MA - ISG

Der Friedrichsplatz und seine Bauten

Schmitz setzte sich ab 1898 intensiv mit den Planungen der Mannheimer Bauämter für den Friedrichsplatz auseinander.[9] Den Ausgangspunkt dafür bildete die Fest- und Konzerthalle Rosengarten, deren Errichtung in engem Zusammenhang mit dem bedeutendsten städtebaulichen Vorhaben im Mannheim des 19. Jahrhunderts stand. Seit den 1870er Jahren existierten Pläne zur östlichen Stadterweiterung, der späteren Oststadt, die in der Verlängerung der Planken und der Heidelberger Straße als repräsentatives Entrée des neuen Stadtteils einen Schmuckplatz erhalten sollte.[10] Am Standort dieses damals noch brach liegenden

den in den Stilen der Neorenaissance umrahmt ist. Eines dieser Häuser, das im Modell gegenüber den anderen Bauten durch einen schmalen Vorplatz und einen Mittelgiebel mit hochaufragender Spitze hervorgehoben ist, sollte als Konzert- und Festhalle dienen, wie sie schon seit vielen Jahren von den örtlichen Vereinen eingefordert worden war.[11]

Der Entwurf der städtischen Bauämter ließ sich zweifellos sehen. Dennoch entschied man, die Planung für den Rosengarten an einen externen Spezialisten zu vergeben. Als Favoriten galten die Wiener Architektenpartner Ferdinand Fellner und Hermann Helmer, die sich europaweit als Exper-

Bruno Schmitz (1858-1916)

ten für Theatergebäude und Konzerthäuser einen Namen gemacht hatten. Gegen ihre Beauftragung intervenierte jedoch die Mannheimer Architektenschaft, die bei einer so wichtigen Bauaufgabe nicht übergangen werden wollte und einen Architektenwettbewerb einforderte. So wurden 1898 sämtliche Mannheimer Architekten, aber auch drei auswärtige Experten zur Konkurrenz eingeladen – neben Bruno Schmitz auch Bernhard Sehring und Heinrich Seeling aus Berlin. Während die beiden letztgenannten ihre Teilnahme absagten, weil sie anderen Aufgaben den Vorzug gaben, stürzte sich Schmitz, obwohl er gerade erst mit der Planung des Völkerschlachtdenkmals in Leipzig beauftragt worden war, mit Verve in das Mannheimer Projekt.

Die Jury war hochkarätig besetzt. Ihr gehörten als Preisrichter Reichstagsarchitekt Paul Wallot aus Dresden, Friedrich von Thiersch aus München und Karl Schäfer aus Karlsruhe an, die am Ende des Wettbewerbs über sechs Entwürfe entschieden. Der Mannheimer Viktor Lindner, der seinen Entwurf gemeinsam mit Wilhelm Spannagel aus München erstellt hatte, erhielt den zweiten Preis. Auf den dritten Platz schaffte es der Mannheimer Wilhelm Brurein.[12] Den ersten Preis aber sicherte sich Bruno Schmitz. Dieser hatte seinen Entwurf unter das Motto „Karl Theodor" gestellt und sich so auf die Zeit des gleichnamigen Kurfürsten des 18. Jahrhunderts berufen, unter dessen Regentschaft Mannheim zur Residenzstadt europäischen Ranges aufgeblüht war. Dieses Motto passte denn auch zum neobarocken Stil des Entwurfs, mit dem Schmitz der Barockstadt Mannheim überaus klug seine Referenz erwies.

Auf der Höhe der Zeit stehend, vermied der Architekt allerdings eine allzu enge Adaption barocker Baukunst. So verbinden sich am Rosengarten die Auffassungen des Neobarock mit denen des Jugendstils, jener damals jungen Stilbewegung, die in vielen europäischen Städten Furore machte, die sich ursprünglich zwar gegen den Historismus wandte, bald aber auch von eher konservativen Architekten wie Bruno Schmitz aufgegriffen wurde. Dieser verließ also die längst ausgetretenen Pfade des Historismus, um sich einem modern aufgefassten Neobarock mit Jugendstileinfluss zuzuwenden. Dadurch gelang ihm auch der Brückenschlag zwischen der

Erinnerung an Alt-Mannheim und dem vorwärtsstrebenden Mannheim der Zeit um 1900. Die Synthese der beiden Stilrichtungen spiegelt sich am realisierten Gebäude in den feingliedrigen Wandelementen, den fließenden und rhythmisierenden Linienführungen sowie den aus der Fassade sich entwickelnden Skulpturen wider (Abb. 5 und 6).

„Die Stilfassung lehnt sich an das moderne Barock an, aber in vollständig Schmitz'scher Eigenart".[13] So charakterisierte der Mannheimer Architekt Wilhelm Söhner den Rosengarten in einer ausführlichen und mit viel Lob gespickten Beschreibung, die er 1906 in „Mannheim und seine Bauten" veröffentlichte. In diesem von den hiesigen Architekten- und Ingenieurvereinen herausgegebenen Bildband ließ auch der Villenarchitekt Rudolf Tillessen seine Bewunderung für den Rosengarten durchblicken. Er selbst habe in Anlehnung an die Formen der Festhalle, die für Mannheim „neues Leben" bedeutete, „ein Barock entwickelt, der an Tradition anknüpfend in seiner Gestaltung echtes modernes Empfinden verrät".[14] Vielleicht ahnte die Jury schon, dass Schmitz die hiesige Architektenschaft zu Neuem anregen sollte, als sie seinen Entwurf zur Realisierung empfahl.

Zweifellos überzeugten nicht nur die gestalterischen Qualitäten des Entwurfs, sondern auch die Zweckmäßigkeit und Funktionalität, mit der Schmitz die komplexe Bauaufgabe in den Griff bekam. Denn schließlich musste ein nach außen und innen repräsentativer Gebäudekomplex geschaffen werden, der die Besucher in einem großzügig bemessenen Foyer empfängt, zwei große Säle aufnimmt, die über eine gute Sicht und Akustik verfügen, und zusätzlich noch einem Restaurant und einer Vielzahl von Nebenräumen Platz bietet, um nur einige der Anforderungen zu nennen. Schon 1887 hatte Schmitz im Wettbewerb für die Tonhalle in Zürich eine ähnliche Aufgabe erfolgreich gelöst.[15] Er war mit dem ersten Preis ausgezeichnet worden, hatte aber hinnehmen müssen, dass nicht er den Auftrag erhielt, sondern das Wiener Duo Fellner und Helmer, die einen vergleichbaren, aber günstigeren Bau schufen, der 1895 seiner Bestimmung übergeben wurde.[16]

Nachdem er in Zürich dermaßen ausmanövriert worden war, holte Schmitz für den Mannheimer Wettbewerb den elf Jahre alten Plan wieder aus der Schublade, um wesentliche Grundzüge wie die

Ulrich Nieß und Andreas Schenk

Abb. 5
Postkarte
Um 1907
Kaum war der Rosengarten vollendet, fand er als Postkartenmotiv Verbreitung, wie auf dieser kolorierten Ansicht, die den heute nicht mehr erhaltenen Nibelungensaal mit seinen beiden markanten Dachreitern, den filigranen Wandgliederungen und dem eleganten halbrunden Gebäudeabschluss zeigt.
Foto: StadtA MA - ISG

Grundrissgestaltung und die Baukörpergliederung auf den Rosengarten zu übertragen. Dabei passte er das Projekt selbstverständlich den örtlichen Gegebenheiten und Anforderungen an. Beispielsweise reduzierte er die beiden markanten Türme im Züricher Entwurf auf die Höhe von Dachreitern, um sie in der Quadratestadt nicht mit dem Wasserturm in Konkurrenz treten zu lassen. Auch eine Ausführung im Neorenaissancestil, wie er sie noch für die Tonhalle vorgesehen hatte, kam für ihn nun nicht mehr in Frage. Nach der Beauftragung folgte die Detailplanung, bei der Schmitz allerdings nicht alle seine Vorstellungen durchsetzen konnte. So wollte er die Fassaden am liebsten durch eine Kombination aus Naturstein- und Putzflächen beleben, ein Materialmix, wie er damals modern war. Dies sei „unendlich viel

Abb. 6
Die Belle Époque läßt grüßen.
Um 1910
Auch diese kolorierte Fotografie mit Blick über den Friedrichsplatz auf den Rosengarten wurde als Postkarte veröffentlicht. Am Bildrand rechts eines der Arkadenhäuser mit heute nicht mehr erhaltenem Dachreiter, korrespondierend zum Rosengarten.
Foto: StadtA MA - ISG

Bruno Schmitz (1858-1916)

reizender" und erfreue sich gerade in Berlin größter Beliebtheit.[17] Die Festhallenkommission wollte sich dem aber nicht anschließen, sondern wünschte mit Rücksicht auf die Umgebung eine monumentalere Lösung, mithin also eine reine Steinfassade. So wurden die Außenwände des Hauses ganz in rotem Sandstein ausgeführt. Die Farbe kann als Korrespondenz zu Mannheims Barockbauten wie Schloss und Jesuitenkirche verstanden werden, aber auch als klare Abgrenzung des Architekten gegenüber dem von gelbem Sandstein umschlossenen „Wasserturmkoloss", wie Schmitz dieses Bauwerk einmal nannte, gelten.[18]

die Möglichkeit, die Wandflächen zugunsten großer Fenster auf ein Minimum zu reduzieren und große Räume stützenlos, ohne sichtbehindernde Pfeiler, mit Decken und Gewölben zu überspannen. Schmitz wusste diese Vorteile geschickt zu nutzen und bewies nicht zuletzt auch bei der Konstruktion der Decken und Gewölbe, die in Beton gegossen sind, dass er Neuem aufgeschlossen war. Einen neuen Maßstab setzten auch die Dimensionen. Der Nibelungensaal fasste 3.600 Sitz- und 1.400 Stehplätze. Damit besaß Mannheim bis zum Bau der Jahrhunderthalle 1913 in Breslau die größte Veranstaltungshalle in Deutschland (Abb. 8 und 9).

Abb. 7
Der Rosengarten im Bau
Auf dieser Fotografie vom Juli 1900 sind die eingerüstete Eisenskelettkonstruktion und erste gemauerte Wandabschnitte des Erdgeschosses zu sehen. Auf dem Bauplatz liegen weitere Sandsteinblöcke zur Vermauerung bereit.
Foto: StadtA MA - ISG

Nach dem ersten Spatenstich am 24. Juli 1899 sahen die Mannheimer aber zunächst nicht das rote Mauerwerk in die Höhe wachsen, sondern eine als Traggerüst dienende Eisenkonstruktion (Abb. 7). Schmitz bediente sich hier einer modernen Technik, die um 1885 entwickelt worden war und wegen ihrer Vorteile vor allem beim Bau weitgespannter Hallen bald Verbreitung fand. In Mannheim und Umgebung war die Technik offenbar aber noch zu wenig bekannt. Jedenfalls wurde das eiserne Skelett von einer Firma aus Marienfelde bei Berlin geliefert. Die Metallkonstruktion bot im Unterschied zum traditionellen Mauerwerksbau,

So wichtig dem Architekten hell belichtete und weit gespannte Räume waren, so großen Wert legte er auf die künstlerische Ausgestaltung. Dies führte zu imposanten Raumschöpfungen. Schmitz ließ es sich nicht nehmen, Wandbilder, Friese, Kandelaber, Leuchter und viele andere Details selbst zu entwerfen und zeigte sich hier noch mehr als bei der Architektur dem Jugendstil zugeneigt. Für die Ausführung zeichneten namhafte Maler, Bildhauer und Kunsthandwerker verantwortlich. Alles wurde bis ins Detail geplant – ganz im Sinne eines Gesamtkunstwerks, in dem nichts dem Zufall überlassen und alles vom baukünstlerischen Gestal-

Ulrich Nieß und Andreas Schenk

Abb. 8
Der Nibelungensaal mit
Blick auf die Orgelnische
Um 1930
Den Saal schmückte
ein von Bruno Schmitz
entworfener Fries mit
Darstellungen aus der
Nibelungensage.
Foto: StadtA MA - ISG

tungswillen des Architekten geprägt ist. Das komplexe ikonographische Programm leitete sich aus der Funktion des Rosengartens als Konzerthaus ab und verherrlichte die Musik als Kunst, welche „die Seel erhebt", wie es in einem der vielen Sinnsprüche hieß, die das Bauwerk einst schmückten.[19]

Nach der Zerstörung im Zweiten Weltkrieg und dem Wiederaufbau, bei dem die Innenräume

Abb. 9
Der Musensaal
Um 1903
Der Saal war mit einer
Bühne ausgestattet. Über
den Pfeilerpaaren befanden sich Medaillons mit
den Porträts berühmter
Komponisten.
Foto: StadtA MA - ISG

Bruno Schmitz (1858-1916)

modern ausgestaltet wurden, lassen sich diese Elemente der Schmitz´schen Planung nur noch in historischen Fotografien und den Entwurfszeichnungen nachvollziehen.[20] Ganz verloren ist der Nibelungensaal, er wurde durch den modernen Mozartsaal ersetzt, während der am Friedrichsplatz stehende Trakt mit dem Musensaal im äußeren Erscheinungsbild wiederhergestellt wurde. Dort geben das Mozart- und Beethovenportal noch einen Eindruck vom anspruchsvollen Bildprogramm, das auf den Wissensschatz des Bildungsbürgertums jener Zeit gemünzt war. Gut sichtbar dargestellt sind die beiden Komponisten, nach denen die Portale genannt sind, Mozart rechts und Beethoven links, ihnen sind zwei lateinische Inschriften in Anlehnung an Zitate römischer Dichter der Antike zugeordnet: „Sursum corda, linguis favete" („Empor die Herzen und schweiget still", nach Horaz) und „Est deus in nobis, agitante calescimus illo" („Ein Gott lebt in uns und wir erglühen, wenn er sich regt", nach Ovid).[21] Beide Portale schmücken Chimären, Sirenen und andere Gestalten, die die packende und schmeichelnde Gewalt der Musik zum Ausdruck bringen (Abb. 10). Die Entwürfe lieferte der Architekt höchstpersönlich; für die Umsetzung zeichnete Bildhauer Christian Behrens aus Breslau verantwortlich, mit dem Schmitz auch beim Völkerschlachtdenkmal in Leipzig zusammenarbeitete.

Nach vierjähriger Bauzeit wurde der Rosengarten am 11. April 1903 in Anwesenheit des Großherzogpaars Friedrich und Luise von Baden seiner Bestimmung übergeben. Es war das seit langem repräsentativste und am aufwendigsten geplante Gebäude der Stadt – eine zu Stein gewordene Verherrlichung der Musik, Ausdruck einer stolzen Bürgerschaft und selbstbewussten Kommune und nicht zuletzt ein Gesamtkunstwerk und Meisterwerk des Bruno Schmitz.

Selbstverständlich war auch der Architekt zur Einweihung erschienen und sicher blickte dieser mit Stolz auf sein Werk, zu dem er neben dem Rosengarten inzwischen auch den Friedrichsplatz und die Arkadenhäuser zählen durfte. Denn kaum hatte er den Auftrag für die Fest- und Konzerthalle erhalten, hatte er ein entschiedenes Veto gegen die Pläne der städtischen Bauämter für die Gestaltung des Platzes und der Häuser über dem halbrunden Platzabschluss eingelegt. Oberbürgermeister Otto

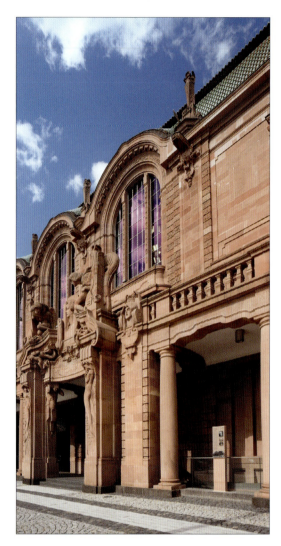

Beck berichtete am 10. Januar 1899 vom Protest des Architekten. Da die Festhalle als bedeutender Monumentalbau den Friedrichsplatz prägen werde, sei größter Wert darauf zu legen, dass Motiv und Stil des Platzes mit der Festhalle „künstlerisch in harmonische Übereinstimmung"[22] gebracht würden. Obwohl am Friedrichsplatz bereits gebaut wurde, hatte der Einspruch den von Schmitz gewünschten Erfolg. Der Stadtrat ordnete die Einstellung der Arbeiten an und beauftragte den Architekten im März 1899 mit der Neuplanung.

Schmitz änderte nun die kleinteilige Gliederung des Platzes zugunsten einer großzügigeren Wirkung mit Hilfe klarer Linienführungen und Achsenbezügen. Eine bereits begonnene Kaskade, von den Planern der Stadt durchaus geschickt am Fuß des Wasserturms platziert, ließ er verbreitern, um sie mit einem großen Wasserbecken im Zentrum des Platzes zu vereinen. Als „Haupt- und Leitmotiv"[23]

Ulrich Nieß und Andreas Schenk

ordnete er rings um das Becken Laubengänge in Form einer Pergola an, deren Pfeiler passend zum Rosengarten aus rotem und wiederum nicht in Anlehnung an den Wasserturm aus gelbem Sandstein ausgeführt sind. Pergola und Wasserspiele stehen in der Tradition barocker Ziergärten; die Schmuckmasken der Pfeiler und die kunstvoll verzierten Lampen aber sind wie der Dekor des Rosengartens vom Jugendstil beeinflusst. Auch durch die Aussichtsplattform am östlichen Platzabschluss sowie die geschickte Kombination von Rasenflächen, Blumenbeeten, Hecken, Sträuchern und Bäumen verhalf Schmitz der Stadt zu einem Schmuckplatz von so beeindruckender Harmonie und Eleganz, dass die Anlage zurecht als eine der schönsten ihrer Zeit in Europa gesehen werden kann.

Allerdings benötigte der Architekt für die Umsetzung seiner Ideen einen langen Atem. Denn 1901 wurde sein Vorschlag, dem Zentrum des Platzes ein großes Wasserbassin einzufügen, aus finanziellen Gründen zunächst einmal abgelehnt. Dem Architekten blieb nichts anderes übrig, als am vorgesehenen Standort eine runde Rasenfläche einzufügen. Mit dieser vereinfachten Lösung wurde der Platz 1902 seiner Bestimmung übergeben, ehe sich die Stadt einige Jahre später bei der Vorbereitung auf das 300. Stadtjubiläum 1907 eines Besseren besann und „nach dem Vorschlag des Professors

Schmitz"[24] das Bassin mit seiner in den Abendstunden farbig illuminierten Fontäne errichten ließ.

Der Friedrichsplatz kam im Jubiläumsjahr (Abb. 11) umso wirkungsvoller zur Geltung, als der Architekt auch die Planung der Zirkelbauten zu seiner Sache gemacht hatte. Schon früh war bestimmt worden, dass das Halbrund des Platzes der angestrebten repräsentativen Wirkung wegen mit mehrgeschossigen Wohn- und Geschäftshäusern umstellt werden sollte. Auch die konkaven Fassaden, die den halbrunden Platzabschluss begleiten, sowie die Arkadengliederungen und Wandelgänge im Erdgeschoss waren bereits vom Hochbauamt vorgesehen. Freilich wollte die Stadt die Häuser nicht selbst bauen, deshalb wurden die Grundstücke an Bauunternehmen mit der Auflage verkauft, die Fassaden und Dächer der Gebäude nach einem vorgegebenen einheitlichen Plan auszuführen, während die Raumaufteilungen und Innengestaltungen den Bauherrn überlassen blieben.

Den Plan für die Schauseiten der Häuser hoffte man in einem 1895 ausgelobten Wettbewerb zu finden, der aber zu keinem greifbaren Ergebnis führte, da sich nur zwei Architekten am Verfahren beteiligten und weder der Mannheimer Rudolf Tillessen noch sein Konkurrent aus Budapest, Gyula Kolbenheyer, die Jury überzeugen konnte. Danach wurde die Planung dem städtischen Hochbauamt

Mannheim Partie am Friedrichs-Platz

Abb. 11
Der Rosengarten und die Arkadenhäuser als Ensemble
1907
Bruno Schmitz entwarf auch die beiden Laternenmasten auf dem Vorplatz des Rosengartens. Ihre Sockel wurden 1904 auf der Weltausstellung in St. Louis/USA gezeigt.
Foto: StadtA MA - ISG

Bruno Schmitz (1858-1916)

Abb. 12
Der Friedrichsplatz mit den beiden mittleren Arkadenhäusern am Eingang zur Augustaanlage
Um 1930
Das Foto zeigt noch die ursprünglichen Türmchen, Dach- und Giebelformen, die beim Wiederaufbau nach der Zerstörung im Zweiten Weltkrieg aufgegeben wurden.
Foto: StadtA MA - ISG

übertragen, so dass jenes Modell entstand, gegen das sich Schmitz dann so erfolgreich durchsetzte. Er stattete die Häuser korrespondierend zum Rosengarten mit neobarocken Fassaden aus, in die vom Jugendstil beeinflusste Elemente integriert sind. Selbstverständlich wählte er wieder roten Sandstein, den er nun mit grob bossierten Oberflächen versah, die an herabfließendes Wasser erinnern und so auf die Wasserspiele des Friedrichsplatzes Bezug nehmen. Prototypisches Vorbild waren die

Brunnen und künstlichen Grotten barocker Gärten. Zur besonderen Wirkung der Gebäude trugen einst auch die durch Giebel und Türmchen malerisch belebten Mansarddächer (Abb. 12) bei, die aber beim Wiederaufbau nach den Zerstörungen im Zweiten Weltkrieg nicht wiederhergestellt, sondern durch Halbgeschosse mit Satteldächern ersetzt wurden. Die beiden pavillonartigen Dachaufbauten Christian Schrades an den beiden mittleren Kopfbauten können diesen Verlust nur teilweise ausgleichen.[25]

Mit den 1903 vollendeten Arkadenhäusern und der Fertigstellung der Brunnenanlage im Jahr 1907 hatte Schmitz den Friedrichsplatz endgültig zu seinem Werk gemacht.

Dabei hätte er es fast geschafft, der Anlage noch zwei weitere bedeutende Beispiele seines Könnens hinzuzufügen. Eines galt dem Denkmal für den 1907 verstorbenen Großherzog Friedrich von Baden.[26] Nach dem Ableben des Landesvaters hatte die Stadt entschieden, den Verstorbenen mit einem Denkmal am Friedrichplatz (Abb. 13), der ja bereits seinen Namen trug, zu ehren. Eigentlich hätte man sich einen Wettbewerb ersparen können. Denn aus diesem Verfahren, bei dem 1909 nicht weniger als 32 Vorschläge begutachtet wurden, ging als Sieger kein anderer als Bruno Schmitz hervor. Er war ausdrücklich zum Wettbewerb ein-

Abb. 13
Das Modell des Denkmals für Großherzog Friedrich von Baden wurde 1910 am vorgesehenen Standort im Scheitel des halbrunden Platzabschluss aufgestellt.
Foto: StadtA MA - ISG

Ulrich Nieß und Andreas Schenk

geladen worden und hatte mit gleich zwei Entwürfen einen ersten Platz erlangt.

Zur Realisierung angenommen wurde der Entwurf, den er gemeinsam mit dem Karlsruher Bildhauer Hermann Volz erarbeitet hatte. Er zeigte eine monumentale Sitzfigur des Großherzogs, die 1910 als Holzmodell angefertigt und zur Begutachtung auf der Aussichtsplattform im Scheitel des Halbrunds aufgestellt wurde. Dies allerdings regte bei Publikum, Presse und Denkmalkomitee eine „außerordentlich lebhafte, ausgiebige Erörterung" an,[27] die denn auch zu Überarbeitungen des Entwurfs führte. 1913 schließlich wurde mit den Bauarbeiten begonnen. Die Vorbereitungen für den Bronzeguss des Denkmals waren bereits getroffen, als der Ausbruch des Ersten Weltkriegs und vier Jahre später das Ende der Monarchie die Realisierung verhinderten.

konnte die Kunsthalle Hermann Billings 1905/07 auch nicht direkt an den Friedrichsplatz gestellt werden. Um für das Reiß-Museum Platz zu lassen, wurde sie zur Moltkestraße hin verschoben. Zu gerne hätte Billing auch den Auftrag für das Reiß-Museum erhalten.[29] Die Mäzene schenkten ihre Gunst jedoch dem Schöpfer des Rosengartens, der nach der Vorlage eines ersten Entwurfs 1906 vom Stadtrat mit viel Lob, aber auch mit Kritik bedacht wurde, da das Museum „nach dem in Skizzen vorliegenden Projekt [...] für die hiesigen Verhältnisse und als Pendant zum gegenüberliegenden Rosengartengebäude, zu luxuriös und zu wuchtig in seiner Massenwirkung angelegt sei".[30] Die Geschwister Reiß erklärten, sie würden auch mit einem kleineren Museum vorlieb nehmen, so dass Schmitz 1907 und 1910 zwei Entwurfsvarianten präsentierte (Abb. 15), die sich eng an Maßstab

Abb. 14
Der Friedrichsplatz
Um 1914
Am linken Bildrand ist die Kunsthalle mit dem zum Friedrichsplatz vorgelagerten Gelände zu sehen, das für das Reiß-Museum reserviert war.
Foto: StadtA MA - ISG

An den Zeitumständen scheiterte auch das Reiß-Museum, das an der Südseite des Friedrichsplatzes errichtet werden sollte.[28] Dort war eine Fläche für ein Museum reserviert worden, das die Geschwister Carl und Anna Reiß der Stadt Mannheim als Haus für Stadtgeschichte, Naturkunde und Völkerkunde stiften wollten (Abb. 14). Deshalb

und Baustil des vis-à-vis stehenden Konzert- und Festhauses orientierten.[31]

Ein vierter Entwurf entstand 1913 nach der Entscheidung, das Reiß-Museum nicht, wie zunächst vorgesehen, mit stadtgeschichtlichen oder natur- und völkerkundlichen Attraktionen zu bestücken, sondern mit Werken aus der expandierenden

Bruno Schmitz (1858-1916)

Abb. 15
Das Reiß-Museum als
architektonisches Pen-
dant des Rosengartens
Entwurf von 1910
Foto: StadtA MA - ISG

Sammlung der Kunsthalle. Nun sah Schmitz einen monumentalen Kuppelbau vor, der sich dem Billingbau freilich nicht unterordnete, sondern, im Gegenteil, die wenige Jahre ältere Kunsthalle zum Nebengebäude degradierte. Dabei orientierte er sich auch nicht mehr an dem mit Jugendstilelementen gepaarten „modernen Barock" des Rosengartens, sondern wählte eine Gestaltung im Stil des Neoklassizismus, wie er um 1910 gerade auch im Museumsbau Verbreitung fand. Als Vorbild für den Kuppelbau (Abb. 16) wirkte möglicherweise die Erweiterung der Hamburger Kunsthalle durch Fritz Schumacher. Dafür spricht, dass Mannheims Kunsthallendirektor Fritz Wichert enge Verbindungen zu der Hamburger Institution besaß. Er war es auch, der die Geschwister Reiß von der Notwendigkeit

Abb. 16
Das Reiß-Museum als
neoklassizistischer Kuppelbau, der die Kunsthalle erweitern sollte.
Diesen Entwurf schuf
Schmitz 1913, drei Jahre
vor seinem Tod.
Foto: StadtA MA - ISG

Ulrich Nieß und Andreas Schenk

überzeugt hatte, den Museumsneubau der Kunsthalle zuzuschlagen.

Der Kuppelbau kam bekanntlich nicht über das Stadium der Planung hinaus. 1914 starb Carl Reiß, ein Jahr später Anna Reiß, die vor ihrem Tod noch einmal eine Neubearbeitung des Entwurfs anregte und sich für einen Verzicht auf die Kuppel aussprach. Der Architekt konnte diesen Wunsch nicht mehr erfüllen. Am 27. April 1916 wurde er durch einen viel zu frühen Tod aus dem Leben gerissen. Wären ihm weitere Jahre vergönnt gewesen, hätte er seinem Oeuvre sicher noch eine Reihe bedeutender Bauten hinzugefügt. So aber vollendete sich seine Vita in einer zu Ende gehenden Epoche. Er erlebte nicht mehr, wie sich das Bauen in Deutschland nach dem Ersten Weltkrieg veränderte, wie in den zwanziger Jahren die Neue Sachlichkeit und die Bauhausmoderne die Architektur

eroberten oder wie sich in der NS-Zeit nicht nur ein heimattümelnder Traditionalismus, sondern auch ein pompöser Neoklassizismus Bahn brach. Wie hätte er sich wohl zu diesen Entwicklungen gestellt? Und welche Antworten hätte er als Architekt auf die Zerstörung deutscher Städte im Zweiten Weltkrieg gefunden? Mannheims Friedrichsplatz lag 1945 in Schutt und Asche. Danach trat manch ehrgeiziger Architekt und Stadtplaner für einen modernen Wiederaufbau ein.[32] Dass es dazu nicht kam, lag letztlich daran, dass der Friedrichsplatz längst die Herzen der Mannheimerinnen und Mannheimer erobert hatte. Auch dies ist das besondere Verdienst des Bruno Schmitz. Er schuf einen Ort, der sich über wechselnde Moden und Zeiten hinweg in seiner Funktion und Wirkung als städtischer Platz bis heute behauptet hat und sicher auch in Zukunft weiter behaupten wird.

1 Zitiert aus der Todesanzeige der Familie, StadtA MA - ISG, NL Schmitz, Bruno, Zug. 30/2015, Nr. 3. Das Stadtarchiv - ISG verdankt den Teilnachlass von Bruno Schmitz der Initiative von Frau Dagmar Berkenhoff aus Hemsbach. Ihrer Anregung ist auch der Festvortrag der beiden Autoren zum 100. Todestag von Bruno Schmitz am 14. April 2016 im gleichnamigen Saal des Rosengartens zu danken, auf dem dieser Aufsatz basiert. Den Hauptnachlass von Bruno Schmitz verwahrt das Stadtarchiv Düsseldorf, Bestand 4-21-0 (Nachlass Bruno Schmitz). Das von Olaf Starck 1996 erstellte Findbuch ist online abrufbar unter http://docplayer.org/7309337-Stadtarchiv-lan-deshaupt-stadt-duesseldorf.html (URL-Abfrage vom 31.10.2016). Nicht zugänglich war den Autoren die leider unveröffentlichte Dissertation von Christmut Präger: Das Werk des Architekten Bruno Schmitz (1858 - 1916). Unter besonderer Berücksichtigung des Frühwerks, Heidelberg 1990.

2 Der genaue Lebensweg der Sopranistin Hedwig Schmitz-Schweicker ist bislang unbekannt, weder ihr Geburts- noch ihr Todesdatum konnten ermittelt werden. Als Geburtsort wird Korfu angegeben. Besser dokumentiert sind die Schicksale der beiden Kinder Gabriele/Gabi (1892-1962) und Angelika/Gela (1893-1957). Erstere lebte unverheiratet in Ost-Berlin. Gela hingegen heiratete 1921, nach dem Scheitern ihre Ehe mit dem Schauspieler Forster, den bekannten Bildhauer Alexander Archipenko und machte sich selbst als Bildhauerin einen Namen. Zusammen mit Alexander Archipenko wanderte sie nach Amerika aus, wo sie 1957 kinderlos verstarb.

3 Die Ehe mit Lucia Wanda Genelli verlief unglücklich; die Scheidung erfolgte nach einer presseerregenden, harten juristischen Auseinandersetzung um Unterhaltszahlungen und -verpflichtungen zwischen Bruno Schmitz, seiner Exfrau und ihrem neuen Gatten und seinem einstmals engen Freund Otto Hammann, der als geheimer Legionsrat und Pressechef im Auswärtigen Amt ebenfalls eine öffentliche Person darstellte. Die nervenaufreibende Auseinandersetzung hat Bruno Schmitz, der eigene Druckwerke über das Liebesverhältnis seiner Gattin verbreitete, nicht nur juristisch verloren, sondern sie hat letztlich vor allem seiner Gesundheit geschadet. Vgl. StadtA MA - ISG, NL Schmitz, Bruno, Zug. 30/2015, Nr. 5.

4 StadtA MA - ISG, Stadtratsprotokoll 1916, Bd. 1. Eintrag unter dem Datum 4. Mai 1916, Nr. 2337.

5 Biographische Abrisse bieten u.a. Ekkehard Mai: Schmitz, Bruno, in: Neue Deutsche Biographie 23 (2007), S. 250-251; Hans Schliepmann: Bruno Schmitz (Sonderheft der Berliner Architekturwelt 13). Berlin 1913; August Dahm: Vergessene Düsseldorfer. Bruno Schmitz, in: Düsseldorfer Hefte 22 (1959), S. 587f.; Olaf Starck: Vorwort im Findbuch, wie Anm. 1.

6 Vgl. Roland Kanz und Jürgen Wiener (Hrsg.): Architekturführer Düsseldorf, Berlin 2001, Nr. 62 auf S. 47.

7 Das Nationaldenkmal in Indianapolis, in: Schweizerische Bauzeitung, 1888, S. 143f.

Bruno Schmitz (1858-1916)

8   Vgl. StadtA MA - ISG, NL Schmitz, Bruno, Zug. 30/2015, Nr. 6.

9   Zur Planungs- und Baugeschichte des Friedrichsplatzes, des Rosengartens und der Arkadenhäuser vgl. Christmut W. Präger: Viehweide, Wasserturm und Schmuckplatz. Bemerkungen zur Entstehungsgeschichte des Mannheimer Friedrichsplatzes und seiner Bauten, in: Jugendstil in Mannheim um 1900, hrsg. von der Badischen Kommunalen Landesbank, Girozentrale Mannheim, in Zusammenarbeit mit dem Stadtarchiv Mannheim und der Kunsthalle Mannheim, Mannheim 1986, S. 189-223. Vgl. auch die zusammenfassenden Darstellungen in Andreas Schenk: Mannheim und seine Bauten 1907-2007, hrsg. vom Stadtarchiv Mannheim - Institut für Stadtgeschichte und Mannheimer Architektur- und Bauarchiv e.V., Bd. 3, Bauten für Bildung, Kultus, Kunst und Kultur, 2002, S. 159-162, Bd. 5, Bauten für Wohnen, Soziales, Plätze und Grünanlagen, 2005, S. 36f., 147f. Wichtige Quellen im Stadtarchiv Mannheim - ISG bilden die Stadtratsprotokolle und Vorlagen zu den Sitzungen der Bürgerausschüsse sowie die Verwaltungsberichte der Stadt Mannheim aus der Zeit um 1900.

10   Vgl. Andreas Schenk: Oststadt, Oststadterweiterung und Villenkolonie Neuostheim, in: Ferdinand Werner: Mannheimer Villen, Bürgerliche Architektur und Wohnkultur in den Quadraten und in der Oststadt, Worms 2009, S. 104-126.

11   Zur Planungs- und Baugeschichte des Rosengartens vgl. neben den Verweisen in Anm. 9 auch die ausführliche Beschreibung von Wilhelm Söhner, in: Mannheim und seine Bauten, hrsg. vom Unterrheinischen Bezirk des Badischen Architekten- und Ingenieur-Vereins und vom Architekten- und Ingenieurverein Mannheim–Ludwigshafen, Mannheim 1906, S. 180-199 (Reprint 2014 durch das Mannheimer Architektur- und Bauarchiv und das Stadtarchiv Mannheim - ISG).

12   Das Protokoll des „Preisrichterkollegiums" vom 20.2.1896 in: StadtA MA - ISG, Vorlage zur Sitzung des Bürgerausschusses vom 17.7.1896.

13   Wilhelm Söhner, wie Anm. 11, S. 182.

14   Mannheim und seine Bauten, wie Anm. 11, S. 324. Wie Tillessen selbst angibt, ließ er sich bei den Villen für Carl Reuther, Friedrich Engelhorn und Rudolf Darmstädter vom Baustil des Rosengartens beeinflussen.

15   Siehe Schweizerische Bauzeitung Bd. X, 1887, S. 82, 88, 109, ebd. Bd. XIX, 1992, S. 81, 87ff., ebd. Bd. CXVII, 1916, S. 234. Zur Diskussion um den Einfluss des Palais du Trocadero in Paris (1878 von Gabriel Davioud und Jules Bourdais) auf den Züricher Entwurf vgl. ebd. Bd. X, 1887, S. 121.

16   Vgl. Die neue Tonhalle in Zürich. Erbaut von Fellner & Helmer, in: Schweizerische Bauzeitung Bd. XXVI, 1895, S. 159-160. Hierzu auch Schweizerische Bauzeitung Bd. XXVII, 1896, S. 38f. Außerdem Ebd. Bd. X, 1887, S. 121.

17   StadtA MA - ISG, Stadtratsprotokolle 1899, Nr. 136.

18   Nach Präger, wie Anm. 9, S. 196.

19   Sämtliche Sinnsprüche lagen dem Stadtrat zur Genehmigung vor. Vgl. StadtA MA - ISG, Stadtratsprotokolle 1902, Nr. 8866.

20   Entwurfszeichnungen, z.T. abgebildet in Präger, wie Anm. 9, bewahren die Plansammlung der Technischen Universität Darmstadt und das Stadtarchiv Düsseldorf (Nachlass Bruno Schmitz) auf.

21   Zitiert nach Präger, wie Anm. 9, S. 203.

22   StadtA MA - ISG, Stadtratsprotokolle 1899, Nr. 113.

23   So Schmitz laut StadtA MA - ISG, Vorlage zur Sitzung des Bürgerausschusses vom 3.4.1901.

24   Verwaltungs- und Rechenschaftsbericht der Großherzoglich Badischen Hauptstadt Mannheim für 1906, im Auftrag des Stadtrats bearbeitet durch das Statistische Amt, Mannheim 1907, S. 49.

25   Vgl. Andreas Schenk, Sandra Wagner: Eine neue Stadt muß her! Architektur- und Städtebau der 50er Jahre in Mannheim, Berlin 1999, S. 40f.

26   Vgl. Präger, wie Anm. 9, S. 207f.

27   Hierzu StadtA MA - ISG, Verwaltungs- und Rechenschaftsbericht der Großherzoglich Badischen Hauptstadt Mannheim für 1910, S. 288f.

28   Vgl. Präger, wie Anm. 9, S. 208-211. Außerdem Schenk 2002, wie Anm. 9, Bd. 3, S. 125f., 128f.

29   Er schuf sogar einen Entwurf, der dem Bürgerausschuss vorgelegt wurde. Wie dieser Entwurf aussah, ist nicht bekannt. In den Protokollen des Bürgerausschusses ist jedoch eine Beschreibung des Grundrisses überliefert. Vgl. StadtA MA - ISG, Sitzung des Bürgerausschusses vom 15.7.1905, S. 808-810; Schenk 2002, wie Anm. 9, Bd. 3, S. 128f.

30   StadtA MA - ISG, Verwaltungsbericht der Stadt Mannheim 1906, S. 103. Vgl. auch Schenk 2002, wie Anm. 9, S. 129.

31   Vgl. Schliepmann, wie Anm. 5, S. 80; Der Baumeister, 7. Jg., 1908, Tafel 65.

32   Im Zusammenhang mit dem Ideenwettbewerb von 1949 für den Wiederaufbau der Heidelberger Straße planten Albrecht Lange und Hans Mitzlaff eine vollständige Umgestaltung des Friedrichsplatzes. In den 1960er Jahren stand sogar der Wasserturm zur Disposition. Für die Arkadenhäuser wurden im Zuge der Wiederaufbauplanung moderne Kopfbauten vorgeschlagen. Vgl. Schenk/Wagner, wie Anm. 25, S. 14-16, 38-41.

Monika Ryll

Expressionistische Architektur in Mannheim zwischen den Weltkriegen

Als Reaktion auf die Schrecken des Ersten Weltkriegs war den Zeitgenossen nur allzu bewusst, dass es kein „Weiter so" mehr geben konnte. Das Althergebrachte hatte nun keinen Platz mehr. Man verband die Jahre nach 1918 mit der Hoffnung, Kunst und Kultur könne einen neuen Menschen mit neuen Lebens- und Wohnformen hervorbringen. Jene Zeit großer Umbrüche hat uns zahlreiche Bauwerke im Stil der Neuen Sachlichkeit und in der radikaleren Variante des Bauhauses hinterlassen. Eine dritte Strömung in der Architektur, die zumeist nur mit einigen wenigen Beispielen vertreten ist, die aber im Gegensatz zu den beiden genannten Stilen weiterhin das Handwerkliche bevorzugte, mit traditionellen Materialien wie Klinker, Backstein oder Naturstein arbeitete und dem gleichmachenden Internationalismus eine Absage erteilte, war der auch in Mannheim mit einigen interessanten Exemplaren vertretene Expressionismus.

Der Begriff wurde schon vor dem Ersten Weltkrieg 1911 von dem jüdischen Schriftsteller, Verleger und Galeristen Herwerth Walden (1878-1941) für alle fortschrittlichen künstlerischen Richtungen der Zeit geprägt. In der Bildenden Kunst sind besonders die Künstlervereinigungen Brücke (Dresden) und Blauer Reiter (München) frühe Vertreter dieses Stils, der primär in Deutschland seinen Ursprung und Höhepunkt hatte und der den seelischen und geistigen Ausdruck der Erscheinung suchte. Auch in der Architektur fand der Expressionismus nach 1918 vornehmlich in Deutschland ein Betätigungsfeld. Im losen Zusammenschluss von untereinander korrespondierenden Architekten der „Gläsernen Kette", zu der die Gebrüder Bruno (1880-1938) und Max Taut (1884-1967), die Gebrüder Wassili (1889-1972) und Hans Luckardt (1890-1954) oder Hans Scharoun (1893-1972) gehörten, fanden sich Gleichgesinnte mit ähnlicher Geisteshaltung zusammen. Gemeinsame Themen waren unter anderem Probleme des Industriezeitalters, Vermassung des Menschen und Vereinsamung des Individuums. Das künstlerische Streben nach Ausdruck beschwor die Einheit von Geist und Form.[1] Die neue Architektur im Sinne des Expressionismus orientierte sich nicht mehr an den klassischen Formen der Antike, legte aber auch nicht – wie das Bauhaus – den unmittelbaren Schwerpunkt auf ausgeklügelte Funktionen oder ingenieurtechnische Leistungen. Auch wenn der Expressionismus nur von kurzer Dauer war – die meisten Mannheimer Bauten entstanden in den wenigen Jahren zwischen 1926 und 1929! – brachte er doch ausgesprochen plastische Bauwerke mit einer Vorliebe für kristallinisch-geometrische Formen wie Dreieck, Zacken, Spitzbogen hervor, die in ihrer ästhetischen Wirkung und eigenwilligen Fassadengestaltung zu den schönsten im Straßenbild gehören. Besonders der Stern – oder ein Teil davon, nämlich der Zacken – war ein sehr beliebtes Motiv. Nicht zuletzt vertieften sich in der Weimarer Zeit die Erkenntnisse über das Universum und wurde auch die Reise zum Mond – zumindest filmisch – möglich. Das Ende des dann im Dritten Reich geächteten Stils brachte 1929 die Weltwirtschaftskrise, die aus der wirtschaftlichen Not heraus einer rationellen, industriell und seriell geprägten Bauausführung Vorschub leistete.

Bauherren des im Jahre 1926 konzipierten Doppelwohnhauses Spinozastraße 23-25 (Abb. 1) waren die Kaufleute Karl Grab (Nr. 23) sowie Fritz Brune (Nr. 25). Der erste war Geschäftsführer der Carl Grab & Co. GmbH in Ludwigshafen, die als Baustoffhandelsgesellschaft später in die Firma Raab Karcher überging. Der beauftragte Architekt Edmund Körner (1874-1940) aus Essen, ein Freund des späteren Senators e.h. Fritz Brune, schuf einen zweigeschossigen, in der Mitte dreigeschossigen kubischen Putzbau, der durch zwei aneinander stoßende spitzwinklige Erker, über Eck gestellte Fenster mit zackenförmigen Gesimsen und schräg abgekanteten Werksteinen im Eingangsbereich charakterisiert ist. Die Zugänge werden durch stilisierte Tierwesen (Eichhörnchen und Eule) betont. Nach Kriegszerstörung wurde das oberste Geschoss erst um 1985 wiederaufgebaut. Zu den Verlusten gehören auch zwei ca. zehn Zentimeter hohe, zehn Zentimeter über die Front herausragende und einen

Expressionistische Architektur in Mannheim zwischen den Weltkriegen

Abb. 1
Wohnhaus Spinozastraße
23-25
Foto: Norbert Gladrow
(FB 61), um 2010

Meter tiefe Ecksteine auf den Eckbrüstungen der Terrassen. Das Gebäude erhielt zunächst einen braunen Anstrich mit hellen Architekturteilen aus Kunststein. Nach Putzbeschädigungen wurde die Fassade schon zehn Jahre später heller gefasst. Heute ist das Wohnhaus in mehrere Eigentumswohnungen aufgeteilt.[2]

Das ehemalige Postamt in der Seckenheimer Straße 65-67/Weberstraße 2 (Abb. 2) entstand in den Jahren 1926/27 als Mannheimer Postamt Nr. 9 und war dem Bahnpostamt unterstellt. Die Bauabteilung der Reichspostdirektion Karlsruhe lieferte den Entwurf. Das Erdgeschoss wurde für den regulären Kundenverkehr eingerichtet, das erste und zwei-

Abb. 2
Ehemaliges Postamt
Seckenheimer Straße
65-67/Weberstraße 2
Foto: Norbert Gladrow
(FB 61), um 2010

Monika Ryll

te Obergeschoss als Selbstanschluss-Unteramt „Ost" genutzt. Im obersten Stockwerk lagen die Dienstwohnungen für den Postsekretär, den Telegrafenwerksmeister und den Postschaffner. Im Jahre 2005 gab die Deutsche Post AG die Filiale auf und verkaufte das Gebäude an die Softwarefirma PTA, die es durch das Berliner Architekturbüro Eyrich-Hertweck umbauen ließ.[3] Die viergeschossige Dreiflügelanlage wird von einem niedrigen Walmdach bedeckt. Die Gebäudekanten enden zackenförmig in der typischen Formensprache des Expressionismus und verleihen mit ihrer „Aufgipfelung" der Fassade einen expressiven Schwung. Zwei schräg gestellte, von Gesimsen verkröpfte Lisenen halten die Fensterfront optisch zusammen. Die Klinkersteine des Hauptzugangs wechseln in unterschied-

nerlei Vorschriften gemacht, wenngleich der Kinobau eine für die damalige Zeit völlig neue Bauaufgabe war. Lediglich das Nutzungsprogramm wurde mit 1.100 Sitzplätzen, vier Wohnungen und im Keller sieben Kegelbahnen festgelegt. Die Einweihung fand am 30. Dezember 1927 mit dem Murnaufilm „Sonnenaufgang" statt.[4] Der fünfgeschossige Klinkerbau mit Flachdach verhüllt eine Eisenbetonkonstruktion. Den gerundeten Mittelteil, hinter dem sich der Kinosaal befindet, flankieren flügelartig zwei im stumpfen Winkel abgeschrägte Seitenteile. Am konvexen Mittelteil weisen der Farbwechsel der Klinker und die unterschiedliche zackenförmige Vermauerung der Steine zuunterst des obersten Geschosses sowie die Lisenen, denen kleine Säulen („Dienste") vorgelegt sind, auf eine expressi-

Abb. 3
Capitol-Kino Waldhofstraße 2 a
Foto: Norbert Gladrow
(FB 61), um 2010

lichen Mauerwerksverbänden ab. Die tiefe Nische staffelt sich kulissenartig zu der vor einigen Jahren rekonstruierten Eingangstür. Der Schriftzug „Postamt" wie auch der Reichsadler – beide in expressionistischer Formensprache gestaltet – weisen auf die ursprüngliche Nutzung des Gebäudes hin.

Der Kinobetreiber Georg Müller ersetzte im Jahre 1927 den 1911 in der Mittelstraße erbauten Theatersaal Colosseum, das sogenannte Müllerle, durch das Capitol-Kino in der Waldhofstraße 2a (Abb. 3). Der Bauherr hatte seinem Architekten, dem auf Planung und Ausführung von Lichtspielhäusern spezialisierten Stuttgarter Paul Darius (1893-1962), kei-

onistische Architekturauffassung des Entwurfes hin. Die den Saal überspannende Kuppel wurde im damals recht neuen Torkretverfahren (Betonspritzverfahren) hergestellt. Die statische Berechnung hierfür und für den ganzen Bau fertigte Dipl.-Ing. A. Waltz aus Mannheim an, der sein Büro in M 2,15a hatte. 1996 schlossen die Tore des Kinos. Die Veranstaltungsstätte wurde zwei Jahre später unter neuer Leitung für Konzerte, Lesungen oder Seminare zwar wieder eröffnet, jedoch findet seitdem kein Kinobetrieb mehr statt.

Ein schlichtes, aber unverkennbar expressionistisches Wohnhaus steht in der Gärtnerstraße 85

Expressionistische Architektur in Mannheim zwischen den Weltkriegen

Abb. 4 (oben)
Wohnhaus Gärtner-
straße 85
Foto: Norbert Gladrow
(FB 61), 2016

Abb. 5 (rechts)
Wohnhaus Uhland-
straße 31
Foto: Norbert Gladrow
(FB 61), um 2010

(Abb. 4). Es wurde für den damals als Packer tätigen Bauherrn Ludwig Knapp im Jahre 1927 errichtet und ist ein wichtiges Beispiel für den Architek-
turgeschmack des Kleinbürgertums. Knapp stieg
später als Angestellter beruflich auf und bezog
mit seiner Familie die Wohnung im ersten Obergeschoss. Nach seinem Tod in den frühen 1950er
Jahren ging das Gebäude in das Eigentum seiner
Witwe Theresia über.[5] Der Bauherr wählte für die
viergeschossige Fassade den traditionellen im
„Zackenstil" beliebten rot-braun-schwarz chan-
gierenden Klinkerstein. Über dem Eingang taucht
als interessantes Giebelmotiv ein mehrfach gebro-
chener Zacken auf. Die Obergeschosse werden ver-
tikal durch Lisenen gegliedert, gebildet auf sehr
einfache Art und Weise durch Hervorhebung jeder
dritten Steinlage. Tür- und Fenstergewände aus
Kunststein haben abgestufte bzw. abgeschrägte
Profile. Die Fassade erfährt mit recht einfachen
expressionistischen Stilmitteln eine gestalterische Wirkung.

Auch der Maurer und Bauunternehmer Bernhard
Tremmel belegt mit seinem Wohnhaus Uhland-
straße 31 (Abb. 5) im Jahre 1927 seine Vorliebe für
expressive Formen. Das Gebäude war zugleich Fir-

mensitz, wie ein Schild aus Kunststein am Hauptzugang ausweist. Das Ehepaar Tremmel lebte ab
1928 im Erdgeschoss des Gebäudes. Noch weit bis
in die Nachkriegszeit führte der Sohn Bernhard
Tremmel jr. unter dieser Adresse das Unternehmen
fort.[6] Der künstlerische Duktus der viergeschossigen Klinkerfassade ist ein variantenreiches Spiel
von Mauerverbänden. Im Erdgeschoss steht jede
zweite Steinlage etwas vor. Das Gesims zwischen
Erdgeschoss und erstem Obergeschoss besteht
aus vier Klinkerlagen, die sich jeweils nach oben
weiter vorschieben. Die Außenwand der Obergeschosse wird durch vier Lisenen aus hochgela-
gerten Steinen strukturiert. Die eigentliche Wand
wechselt zwischen quer gestellten Bindern und
längs gerichteten Läufern, wobei die Bindersteine
hochrechteckig gestellt und leicht vorgezogen sind.
Die kanzelartigen halbrunden Balkonbrüstungen
weisen wiederum Binder auf, die querrechteckig
herausragen. Das Hauptgesims hingegen ist ein
aus Klinkersteinen gebildetes Mäanderband. Auch
die überdimensionierten Gauben sind aus Ziegel-
steinen gemauert, wobei das Gewände zum Fenster hin mehrfach kulissenartig abgestuft ist. Hinter der stark plastischen Baugesinnung steht offen-

Monika Ryll

bar der Wunsch des Bauherrn, in großer Geste eine „Werbebroschüre" für sein handwerkliches Können als Maurer und Bauunternehmer zu schaffen. Das Haus als Bauskulptur lieferte potentiellen Auftraggebern eine architektonische Visitenkarte und ist auch heute noch ein schönes Zeugnis für kunstvoll geschaffene Mauerwerksverbände aus Backstein oder Klinker.

Im selben Jahr 1927 plante der bekannte Mannheimer Architekt Ferdinand Mündel (1885-1964) für den Malermeister Adolf Schmitt ein fünfgeschossiges Mietshaus in der Mühldorfer Straße 8 (Abb. 6).[7] Mündel, Mitglied des Bundes Deutscher Architekten und des Deutschen Werkbunds, war in der Quadratestadt besonders mit der Ausführung großer städtischer Siedlungen hervorgetreten.[8] Sein „Atelier für Bau- und Raumkunst" lag in N 3,7-8. Schon ein Jahr nach Fertigstellung 1928 erwarb der Weinhändler Eduard Weikum, der gleichzeitig die Wohnung im Erdgeschoss bezog, das Gebäude in der Mühldorfer Straße 8.[9] Den Klinkerbau gliedern spitzwinklige Lisenen. An der mittleren Lisene ist aus Kunststein eine überlebensgroße stilisierte weibliche Figur des Bildhauers Franz Gelb (1890-1948) befestigt. Der Künstler, der sein Atelier in einem Schlossflügel hatte, erhielt im Rahmen eines städtischen Beschäftigungsprogramms in der Weimarer Zeit zahlreiche Aufträge.[10] Die Figur hängt sehr beengt an der Fassade. Sie wurde erst durch den Zweitbesitzer des Hauses, den Weinhändler Eduard Weikum in Auftrag gegeben.[11] Auch das repräsentative im Jahre 2008 nach historischem Foto rekonstruierte Einfahrtstor mit seinem dynamisch-geometrischem Sprossenverlauf greift die Dekorationsformen des Expressionismus auf.

Der Inhaber eines Baugeschäftes Wilhelm Köppchen beauftragte im Jahre 1927 den Mannheimer Architekten Richard Siebert mit dem Entwurf eines viergeschossigen Wohnhauses in der Leibnizstraße 3 (Abb. 7).[12] Siebert war Mitglied im Bund Deutscher Architekten und hatte sein Büro in O 4,15. Der Bauherr entschied sich für eine Putzfassade. Sockel und Portal sind zudem mit rustiziertem Kunststein verkleidet. Die Lisenen werden nur durch schmale leicht abgeschrägte Horizontalbänder angedeutet. Die stumpfwinkligen Erkerbrüstungen sind mit Sternen, die

Abb. 6 (oben)
Wohnhaus Mühldorfer Straße 8
Foto: Norbert Gladrow (FB 61), um 2010

Abb. 7 (links)
Wohnhaus Leibnizstraße 3
Foto: Norbert Gladrow (FB 61), um 2010

Expressionistische Architektur in Mannheim zwischen den Weltkriegen

Abb. 8 (oben)
Villa Am Oberen Luisenpark 8 a

Abb. 9 (unten)
Wohnanlage Untermühlaustraße
218-220/Waldhofstraße 215-219

Fotos: Norbert Gladrow (FB 61), um 2010

Holzpfosten der Erkerfenster mit kettenartigen Gliedern ornamentiert. Haustür und Tordurchfahrt weisen geometrisch geschwungene Wellenmotive auf, wobei die Doppelflügeltür erst bei der letzten Sanierung 1993/94 in Anlehnung an die Eingangstür rekonstruiert wurde. Damals wurden auch das zweite Dachgeschoss nach Plänen des Mannheimer Architekturbüros Kaupp zu Wohnzwecken ausgebaut sowie die Fassade in kräftigem Rot gestrichen.

Der Fabrikant und Gründer der Leistenfabrik Huth & Co. Christian Goebels ließ sich 1927 Am Oberen Luisenpark 8 a (Abb. 8) eine Villa erbauen, deren Architekt leider unbekannt ist. Die Holzfabrik lag nahe der Kammerschleuse in der Inselstraße 8. Goebels Sohn Heinrich (geb. 1901) amtierte ab 1934 als Präsident der Industrie- und Handelskammer Mannheim und wurde 1938 NSDAP-Kreiswirtschaftsberater.[13] Nach dem Tode des Bauherrn Christian Goebels zu Beginn der 1930er Jahre wurde dessen Witwe Eigentümerin des Villengrundstücks. 1950/51 beschlagnahmte eine amerikanische Dienststelle das Haus und nutzte es als OYA Girls Center (Orland Youth Association).[14] Der zweigeschossige grüne Putzbau mit Mansarddach weist an Sockel, Ecklisenen, Gesimsen und Fries eine reiche Verwendung des traditionellen Baustoffs Muschelkalk auf. Die Bekrönung des Portals sowie die Natursteinpfosten der Fenster zeigen Reliefs mit floralen Motiven. Die Fassade erhält durch die stumpfwinklige Laibung der Haustür – rahmenhaft betont durch Muschelkalkbänder – einen dynamischen Verlauf. Der Schlussstein über der Haustür breitet sich fächerartig mehrfach hinterlegt im expressionistischen Schwung aus. Die reiche Holzausstattung im Innern stammt aus der eigenen Fabrik des Bauherrn.

Auf dem spitzwinkligen Eckgrundstück Waldhofstraße 215-219/Untermühlaustraße 218-220 (Abb. 9) erbaute die Gemeinnützige Siedlungsgesellschaft für das Verkehrspersonal Darmstadt-Mainz (SIEGE) im Jahr 1927 eine Wohnanlage mit großer städtebaulicher Wirkung.[15] Der fünfgeschossige Kopfbau aus Klinker wird durch Türmchen mit Funkmast akzentuiert und erfährt an der Traufe durch „Aufgipfelung" der Gebäudeecken einen interessanten Schwung in die Höhe. Die Hauptfassade springt leicht konkav zurück, wäh-

Monika Ryll

rend der eingeschossige Rundbau sich konvex vorlagert. Der Spitzerker in der Mittelachse und seine Fortsetzung durch den über Eck gestellten Turm greifen das charakteristische Zackenmotiv auf und verleihen der Fassade eine expressive Vertikalität. Das oberste Stockwerk wird durch eine kunstvolle Bänderung der Klinkersteine und Betongurte hervorgehoben. Die Durchfahrten zum Innenhof der dreigeschossigen Flügelbauten sowie die Hauszugänge verleihen mit ihren abgerundeten Ecken der Fassade zusätzlich eine optische Spannung. Den eingeschossigen Anbau bezog 1929 das Mannheimer Postamt Nr. 5.[16] Der Turm diente somit der drahtlos per Funk betriebenen Telegrafie, einer Sende- und Empfangstechnik, die es seit ca. 1900 gab und für die die Reichspost zuständig war.

Die Kirche St. Peter in der Augartenstraße 94 (Abb. 10 und 11) wurde nach Fertigstellung im Oktober 1929 als „Deutschlands modernstes Gotteshaus"[17] gerühmt. Den Entwurf für den Eisenbetonbau hatte der Karlsruher Architekt Hermann Otto Künkel geliefert, den ersten Spatenstich am 10. August 1927 Prälat Joseph Bauer ausgeführt. Sowohl Äußeres als auch Inneres wiesen bis zur Kriegszerstörung eine konsequente expressionistische Durchgestaltung aller Details und Einzelformen aus. Der Stufengiebel über dem Hauptzugang, die stilisierten Spitzbogenfenster der Straßenseite und des Langhauses, die abgetreppten Strebepfeiler an den Außenwänden sowie die rautenförmigen Blendfenster im „Obergaden" leiten sich von einer expressionistisch-gotisierenden Formensprache ab. Das dem gotischen Netzgewölbe ähnliche Rauten-Lamellengewölbe im Langhaus war ein frühes Beispiel der von Friedrich Zollinger entwickelten, 1923 patentierten freitragenden Dachkonstruktion. Bei der St. Peterskirche erhob sich über dem Gewölbe ein normaler Holzdachstuhl auf Eisenbetonbindern. An der Rückwand breitete sich die Orgel wie ein Leporello gefaltet aus. Die Raumwirkung wurde durch dreieckige Öffnungen oberhalb der Wandpfeiler und giebelartige Blendfelder über den Eingangstüren optisch als umlaufende Zickzackbänderung betont. Die Architekturteile waren alle aus Kunststein mit Granit- bzw. Muschelkalkvorsatz. Nach dem Zweiten Weltkrieg wurde das Gotteshaus in stark vereinfachter Form wiederaufgebaut, so

Abb. 10 (oben)
St. Peter und Pfarrhaus Augartenstraße 94, Außenfassade

Abb. 11 (unten)
Kirche St. Peter,
Innenraum

Fotos aus: Die St. Peterskirche in Mannheim, Mannheim 1930

Expressionistische Architektur in Mannheim zwischen den Weltkriegen

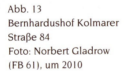

Abb. 12
Wohn- und Geschäfts-
haus Neuhofer Straße 19/
Dänischer Tisch 29
Foto: Norbert Gladrow
(FB 61), 2016

seiner Ehefrau 1927 das viergeschossige Eckgebäude Dänischer Tisch 29/Neuhofer Straße 19 (Abb.12).[18] Stolz hat der Bauherr an der Fassade am Dänischen Tisch in Höhe des ersten Stockwerks auf einer Kunststeinplatte die Erbauungsdaten überliefert. Der ungewöhnliche Straßenname geht auf einen alten Gewannnamen zurück. Das Ehepaar Schmitt bezog auch selbst eine Wohnung in dem Neubau. Das Erdgeschoss ist durch seine großen Schaufenster als Ladenfläche ausgewiesen. Die beiden roten Klinkerfassaden sind mit ihren Variationen von Mauerwerksverbänden eindrucksvolle Zeugnisse handwerklichen Könnens. Besonders reich entfalten sich die Erkervorbauten mit den bänderartigen Steinlagen, den hochgestellten leicht vorstehenden Einzelsteinen und den friesartigen Abschlüssen oberhalb des zweiten Geschosses, gebildet durch den Wechsel von über Eck und gerade gestellten Klinkersteinen. Im Eckbereich ziert die Traufe eine Art Zahnfries in Form des Deutschen Bandes.

Kurz vor Eingemeindung des damals noch selbständigen Ortes Friedrichsfeld ließ die katholische Kirchengemeinde in der Kolmarer Straße 84 den Bernhardushof errichten (Abb. 13). Die Grundsteinlegung erfolgte 1928, die Einweihung im Frühjahr 1929.[19] Mit großem Engagement hatten der damalige Pfarrer Franz Xaver Bürkle und der Vorsitzende des Jungmännervereins Albert Schnabel den Kauf

dass von der ursprünglichen Entwurfsidee nahezu nichts mehr erkennbar ist.

Auch in den Mannheimer Vororten finden sich einige erwähnenswerte Beispiele expressionistischer Architektur. Auf einem bis dahin unbebauten Grundstück in Rheinau errichtete der Bau- und Möbelschreiner Karl Schmitt zusammen mit

Abb. 13
Bernhardushof Kolmarer
Straße 84
Foto: Norbert Gladrow
(FB 61), um 2010

Monika Ryll

eines geeigneten Grundstücks und den Bau eines kirchlichen Vereinshauses in Angriff genommen, um Jugendlichen im Rahmen der christlichen Seelsorgearbeit geeignete Räumlichkeiten anbieten zu können. Auch die kurz zuvor gegründete Ortsgruppe des katholischen Sportverbandes DJK konnte hier ihre Turnübungen machen. Das Gebäude erhielt seinen Namen in Anlehnung an den Schutzpatron der Jugend, Bernhard von Baden. Der zweigeschossige, mit Klinker verkleidete Kernbau trägt ein Satteldach und erhielt 1959 sowie 1982 in südlicher Richtung eingeschossige Erweiterungstrakte mit Flachdach. Besonders die sechs spitzbogigen, im Gewände eingepassten Fenster des Erdgeschosses zeigen mit ihrer 2007 wiederhergestellten rautenförmigen Sprossenteilung im Oberlicht die gestalterische Orientierung an expressionistischen Formen. Die rustizierten Ecklisenen sind weitere Hinweise. Auch die konsolartigen, abgetreppten Ausläufer der Ortgänge am Übergang zur Traufe sind ein beliebtes Motiv, das optischen Schwung in die Fassade bringt. An der Rückseite konnte ein historisches Treppenhausfenster mit dem typischen Zackenmotiv erhalten werden. Das Erdgeschoss beherbergt heute eine Gaststätte, das Obergeschoss eine Wohnung.

1 Allgemein zum Thema vgl. Egon Hofmann: Über den Expressionismus als Zeiterscheinung, in: Die Kunst, Bd. 39, 1919, S. 419-428; Wolfgang Pehnt: Die Architektur des Expressionismus, Ostfildern 1998 (Erstauflage 1973); Niels Lehmann/Christoph Rauhut: Fragments of Metropolis Berlin. Berlins expressionistisches Erbe, München 2015.

2 Badische Heimat, 14. Jg. 1927, S. 133 Abb. 31, S. 136; Denkmalakte der Stadt Mannheim mit Schreiben von Fritz L. Brune an das Landesamt für Denkmalpflege Karlsruhe vom 02.09.1986; Andreas Schenk: Mannheim und seine Bauten 1907-2007, Bd. 5, Mannheim 2005, S. 24.

3 StadtA MA - ISG, Adressbücher; Denkmalakte der Stadt Mannheim; Andreas Schenk: Mannheim und seine Bauten 1907-2007, Bd. 2, Mannheim 2000, S. 32.

4 Paul Darius: Drei Lichtspieltheater: Heidelberg, Mannheim, Schramberg, in: Deutsche Bauzeitung Nr. 40/41 vom 18.5.1929; ders.: Das Kapitoltheater in Mannheim, in: Moderne Bauformen, 28. Jg. 1929, S. 133-136; Barbara Kilian: Mannheim, die filmfreudige Stadt, in: Architektur in Mannheim 1918-1939 (bearbeitet von Monika Ryll), Mannheim 1994, S. 145-147; Andreas Schenk: Mannheim und seine Bauten 1907-2007, Bd. 3, Mannheim 2002, S. 148-149.

5 StadtA MA - ISG, Adressbücher.

6 Ebd.

7 Andreas Schenk, wie Anm. 2, S. 40.

8 Monika Ryll: Bauhaus-Architektur. Einzug der Moderne in Mannheim, Mannheim 2013, S. 58-59.

9 StadtA MA - ISG, Adressbücher.

10 Zum Beispiel Zierbrunnen in der Erlenhofsiedlung, Fassadenfigur an der Albrecht-Dürer-Schule Käfertal, Kriegerdenkmal im Waldhof, sogenannter Gille-Galle im ehemaligen Stadion (zerstört), Reh in der Gartenstadt Waldhof.

11 Auskunft durch die Schwiegertochter Weikums an die Verfasserin am 28.06.1994.

12 Denkmalakte der Stadt Mannheim.

13 StadtA MA - ISG S 2/0233; Christiane Fritsche: Arisierung und Wiedergutmachung in Mannheim, Mannheim 2013, mit zahlreichen Hinweisen zu Heinrich Goebels. In seiner Doppelfunktion war er Schlüsselfigur bei der „Entjudung" der Mannheimer Wirtschaft. Seit 1933 Parteimitglied hatte er 1935 die väterliche Leistenfabrik mit dem Holzcomptoir der jüdischen Familie Essinger und Levistein erweitert.

14 StadtA MA - ISG, Adressbücher.

15 Schenk 2005, wie Anm. 2, S. 73.

16 StadtA MA - ISG Adressbücher.

17 Chronik der St. Peterskirche in Mannheim 1929-1946, Mannheim 1999, S. 14; siehe auch Helga Purm: Kirchen und Schulen während der Weimarer Republik, in: Architektur in Mannheim 1918-1939, wie Anm. 4, S. 100-102; Die St. Peterskirche in Mannheim, Mannheim 1930; Werner Wolf-Holzäpfel: Katholischer Kirchenbau in Mannheim von 1874 bis heute. Zur Geschichte des Sakralbaus in Nordbaden im 19. und 20. Jahrhundert, Mannheim 1999, S. 39-43; Schenk 2002, wie Anm. 4, S. 91-92.

18 StadtA MA - ISG Adressbücher.

19 Denkmalakte der Stadt Mannheim.

Prof. Peter Rothe zum 80. Geburtstag

Abb. 1
Prof. Peter Rothe bei
einer seiner geologischen
Exkursionen
Foto: Norbert Schiedt

Vielen Menschen in der Rhein-Neckar Region ist Prof. Rothe durch seine Vorlesungen an den Reiss-Engelhorn-Museen wohlbekannt. Er versteht es, interessierten Erwachsenen die Ergebnisse der modernen Geowissenschaften in verständlicher Form nicht nur nahezubringen, sondern sie sogar für Mineralogie, Geologie und Paläontologie zu begeistern (Abb. 1).

Vor 80 Jahren, am 2. August 1936, ist er in Berlin zur Welt gekommen und war drei Jahre alt, als der Zweite Weltkrieg ausbrach. Nach mehrfachen kriegsbedingten Wohnungswechseln lebte er ab 1949 im Taunus und legte 1955 in Königstein die Reifeprüfung ab. Er begann das Studium der Geologie an der Johann Wolfgang Goethe-Universität in Frankfurt. Schon damals zeigte sich, dass der Student Peter Rothe nicht nur Vorlesungen hören und Literatur lesen wollte. Er unterbrach sein Studium für Praktika in der damaligen Gewerkschaft Elwerath-Erdölwerke in Hannover, in den Brauneisenwerken in Merlau und im Eisenerzbergbau der Firma Harz-Lahn in Weilburg. Noch Jahrzehnte später erzählte Peter Rothe bei einer Exkursion nach Weilburg mit Begeisterung von seiner damaligen Tätigkeit. Ab 1963 unternahm er wissenschaftliche Expeditionen auf die Kanaren und nach Marokko.

Auf den Kanaren gewann er neue Erkenntnisse über den Vulkanismus und veröffentlichte sie 1965 in seiner Dissertation mit dem Titel: „Zum Alter des Vulkanismus auf den östlichen Kanaren". International bekannt aber wurde er durch seine Entdeckung miozäner Straußeneier auf Lanzarote. Denn diese Funde konnten nur mit der Annahme erklärt werden, dass vor etwa zehn Millionen Jahren eine Landbrücke zwischen Lanzarote und dem afrikanischen Festland bestanden hat. Diese Ergebnisse wurden schon 1964 publiziert und nicht nur von Wissenschaftlern, sondern auch von Politikern gelesen. Geht es dabei doch um die Frage: „Sind die Kanaren ein Stückchen von Afrika?" Ein Problem, das auch heute noch Geologen beschäftigt.

Als frisch promovierter Geologe wechselte Rothe an die Ruprecht-Karls-Universität nach Heidelberg. Dort hatte er die Chance, sich zu habilitieren. 1966 heiratete er die Altistin Ortrun Wenkel.

1972 habilitierte sich Peter Rothe mit einer Arbeit über die Tiefseesedimente aus der Umgebung der Kanarischen und Kapverdischen Inseln und erwarb die Lehrberechtigung für Geologie und Petrographie an der Universität Heidelberg. Die marine Geologie ließ ihn nicht mehr los. Er beteiligte sich als Sedimentologe am internationalen Tiefseebohrprogramm und fuhr mit der „Glomar Challenger" in den nordwestlichen Atlantik, um dort die Entstehung der „New England Seamount Chain" zu erforschen. 1975 wurde Rothe als Professor für Geologie an die Universität Mannheim berufen, um das gesamte Gebiet der Geowissenschaften in Forschung und Lehre zu vertreten. Das waren große Herausforderungen, denen er sich zu stellen wusste.

Die Lehrbücher über Mineralogie, Erdgeschichte, Regionalgeologie, Lagerstättenkunde und allgemeine Geologie, die er publizierte, und die Mitherausgeberschaft bei einem Lehrbuch über Paläontologie zeugen nicht nur von seiner Schaffenskraft, sondern auch von der Breite seines Wissens. Bis heute sind diese Bücher in vielen Auflagen erschienen und fehlen in keiner naturwissenschaftlichen Bibliothek. Insgesamt 134 Publikationen stammen aus seiner Feder, auch zu den Forschungsgebieten Sedimentpetrographie, insbesondere Karbonatgesteine und Tonminerale. Er forschte nicht nur auf den Kanaren, sondern auch in der Rhön, im Oberrheingraben und im Mainzer Becken. Zusammen mit dem Frankfurter Paläontologen Erlend Martini und lokalen Sammlern erforschte er die 35 Millionen Jahre alte fossile Lagerstätte Sieblos in der Rhön. Gleichzeitig betreute Prof. Rothe an seinem Lehrstuhl sehr viele Diplomarbeiten. Von 1982 bis 1985 hatte er auch das Amt des Prorektors der Universität Mannheim inne.

Seine schriftstellerische Begabung zeigt sich nicht nur in den erwähnten Lehrbüchern, sondern auch in seiner Tätigkeit als Schriftleiter des Oberrheinischen geologischen Vereins und als Herausgeber und Autor der Reihe „Sammlung geologischer Führer".

Im Jahre 2001 wurde Peter Rothe emeritiert, 2005 hat die Universität Mannheim seinen Lehrstuhl aufgelöst. In den Reiss-Engelhorn-Museen fand er eine neue Bleibe (Abb. 2). Seit dieser Zeit hält er Vorlesungen zu allgemein interessierenden geowissenschaftlichen Themen, zum Beispiel über die Entstehung und den Aufbau der Erde, den Kreislauf der Gesteine, die Bildung von Lagerstätten, die Evolution der Organismen und die Regionalgeologie von Deutschland. Für seine Senioren-Hörer führt er seit über 20 Jahren mehrtägige Exkursionen durch, um ihnen die geologischen Sachverhalte vor Ort in Aufschlüssen zu erklären.

Alle, die Prof. Rothe kennen und schätzen, seine Mitarbeiter, Kollegen, Hörer, Leser und Exkursionsteilnehmer, wünschen ihm auch für die nächsten Jahre Gesundheit, eine weiterhin ungebrochene Vitalität und viel Freude bei seinen wissenschaftlichen Arbeiten und bei der Lehre.

Günther Seybold

Abb. 2
Prof. Peter Rothe an seinem Schreibtisch in den Reiss-Engelhorn-Museen
Foto: Georg Vollmer

In Memoriam
Curt Engelhorn - Unternehmer und Mäzen

Curt Engelhorn, der noch im Mai mit hoher geistiger Präsenz seinen 90. Geburtstag gefeiert hat, ist von uns gegangen. Mit ihm verliert unsere Region, besonders auch die Universität Heidelberg und die Curt-Engelhorn-Stiftung für die Reiss-Engelhorn-Museen in Mannheim, eine ungewöhnliche Persönlichkeit und einen ungewöhnlichen Mäzen.

Curt Engelhorn war über Jahrzehnte ein erfolgreicher Unternehmer aus Leidenschaft, der den Ausbau eines traditionsreichen Unternehmens in Mannheim zu einem Weltkonzern mit über vier Milliarden Dollar Umsatz und 20.000 Mitarbeitern vorangetrieben hat. Im Jahr 1997 gab es ein Erdbeben in dieser Region, als er mit einem Donnerschlag Boehringer Mannheim und eine Firma aus Delaware für elf Milliarden Dollar an den Schweizer Roche-Konzern verkaufte. Bis zum Ende seines Lebens war er stolz darauf, durch diese kluge Entscheidung die Arbeitsplätze in unserer Region gesichert zu haben. Er hatte große Zweifel daran, dass dies im Rahmen eines traditionellen Familienunternehmens hätte erreicht werden können.

Trotz dieses Verkaufes blieb Curt Engelhorn mit der Region eng verbunden. Wenige Jahre später, im Jahr 2001, gründete er die Curt-Engelhorn-Stiftung für die Reiss-Engelhorn-Museen in Mannheim. Der Erstausstattung folgten in den Jahren bis 2015 weitere großzügige Zuwendungen in die Stiftung.

Curt Engelhorns unternehmerisches Lebenswerk war zugleich Ausdruck und typische Ursache der goldenen Jahrzehnte des 20. Jahrhunderts. Er hatte einerseits das Glück, sein Lebenswerk in dieser besonderen Wachstumsphase beginnen zu können, andererseits aber die unternehmerische Kraft, diese Bedingungen zu nutzen und durch Serien risikobehafteter Entscheidungen den Aufbau, die Internationalisierung, ja Globalisierung von Boehringer Mannheim voranzutreiben.

Persönlich faszinierte Curt Engelhorn durch die außerordentliche Bandbreite seiner Interessen. Er interessierte sich für Geschichte, Politik, Wirtschaft, Naturwissenschaften, Technik, aber auch Malerei und Musik. Er war Sammler und Liebhaber von Kunst, besonders der Klassischen Moderne. Dieser Sinn für Form und Schönheit zeigte sich auch in seiner Rolle als Bauherr und Architekt, eine Rolle, die von seiner Ehefrau Heidemarie Engelhorn leidenschaftlich geteilt wird.

Curt Engelhorn war ein deutsch-amerikanischer Weltenbummler mit Wurzeln in München, Garmisch, Mannheim und Heidelberg, mit Residenzen in den USA, England, der Schweiz und Frankreich, auch auf den Bermudas gehörte ihm eine kleine Insel. Reisen, Ortsveränderungen und Begegnungen mit immer neuen Menschen waren ein integraler Bestandteil seiner Existenz.

Curt Engelhorn hat mit seinen Gesprächspartnern oft und angeregt über Probleme der Weltgeschichte und Weltwirtschaft diskutiert. So konnte es geschehen, dass er sie spontan in ein Gespräch zum Beispiel über Probleme verwickelte, die der heimliche Unitarier Isaac Newton am Trinity College in Oxford gehabt hatte.

Sein Leben war von großen Möglichkeiten und Leistungen, aber auch von großen Spannungen und Herausforderungen gekennzeichnet. Sein komplexer und nicht einfacher Charakter war weit schwieriger zu erschließen, als es seine weltmännischen und freundlichen Umgangsformen erahnen ließen. Ein zukünftiger Biograph wird vielleicht seufzen: „Would the real Mr. Engelhorn, please, stand up!"

Die Universität Heidelberg kann sich glücklich preisen, dass die USA seine Existenz mitgeprägt hat. Nur so ist sein konsequenter Einsatz für den Aufbau der Amerikastudien an der Ruperto Carola zu verstehen. Curt Engelhorns Mutter, eine Künstlerin und Amerikanerin deutscher Herkunft, die in Deutschland zwei Weltkriege überlebt hatte, traf 1947, nach der Scheidung von Curt Engelhorns Vater, die folgenschwere Entscheidung, mit Curt Engelhorn und seiner Schwester in die USA zurückzukehren. In den Westzonen schien es vor

In Memoriam Curt Engelhorn - Unternehmer und Mäzen

der Währungsreform im Jahr 1948 für seine Mutter und ihre beiden Kinder keine Zukunft zu geben.

Curt Engelhorn studierte an der Texas University „chemical engineering", hielt sich irgendwie über Wasser und war froh, nach dem Studium bei einem pharmazeutischen Unternehmen in New Jersey eine Arbeit als „chemical engineer" gefunden zu haben, bevor er nach Deutschland in das Familienunternehmen zurückkehrte. Dann stellte er sich für Jahrzehnte auch den Herausforderungen des amerikanischen Marktes.

Dieses amerikanische Erbe hat seine Entscheidung mitbeeinflusst, die Amerikastudien an der Universität Heidelberg intensiv und kontinuierlich zu fördern: den Aufbau einer Bibliothek für Amerikanische Geschichte, des Curt-Engelhorn-Lehrstuhls für Amerikanische Geschichte am Historischen Seminar, schließlich den Aufbau des Heidelberg Center for American Studies (HCA) mit seinem außergewöhnlichen Domizil, dem Curt und Heidemarie Engelhorn Palais in der Hauptstraße 120. Mit entscheidender Hilfe der Familie Engelhorn wurde in den letzten Jahren in Heidelberg eines der führenden Amerikainstitute in Europa aufgebaut: international und multidisziplinär.

Schließlich entschieden die Engelhorns 2011, aus Anlass der 625-Jahr-Feier der Ruperto Carola, der Aula der Neuen Universität ein neues Gesicht und eine neue Orgel zu geben. Curt Engelhorn stellte sich damit bewusst in die Tradition des amerikanischen Botschafters Jacob Gould Schurman, der durch eine Spendenaktion an der Wall Street kurz vor Ausbruch der großen Weltwirtschaftskrise im Jahre 1928 von Förderern eine halbe Million Dollar erhielt, um Heidelberg eine „Neue Universität" zu geben, Heidelbergs „White House".

Curt Engelhorn hat die Universität Heidelberg seit Jahrzehnten unterstützt. Er ist seit 52 Jahren Ehrensenator der Universität Heidelberg, seine Ehefrau Heidemarie wurde 2008 zur Ehrensenatorin ernannt.

Neben seinem aktiven Wirken für die Curt-Engelhorn-Stiftung unterstützte Curt Engelhorn insbesondere den Aufbau eines heute international hoch angesehenen Forschungsinstitutes an den Reiss-Engelhorn-Museen, das sich den naturwissenschaftlichen Untersuchungen zur Materialanalyse, zur Altersbestimmung und Echtheitsuntersuchung von antiken Gegenständen und Materialien gewidmet hat. Dieses „Curt-Engelhorn-Zentrum Archäometrie" konnte in den Jahren seit der Gründung 2004 kontinuierlich ausgebaut werden.

Mit großer Umsicht war es Curt Engelhorn selbst, der in seinen beiden letzten Lebensjahren noch die Voraussetzungen dafür schuf, dass Heidemarie Engelhorn ihm in seinen Aufgaben in Heidelberg und Mannheim nachfolgen kann. Heidemarie Engelhorn ist entschlossen, das große mäzenatische Erbe ihres Mannes in Heidelberg und Mannheim zu bewahren und weiter zu gestalten.

Prof. Dr. Dr. h.c. Detlef Junker
Gründungsdirektor des Heidelberg Center for American Studies (HCA) der
Universität Heidelberg

Prof. Dr. Alfried Wieczorek
Generaldirektor der Reiss-Engelhorn-Museen und Vorstandsvorsitzender
der Curt-Engelhorn-Stiftung für die Reiss-Engelhorn-Museen

Stefan Ardeleanu und Jonas Osnabrügge

Werkstattbericht zum „Römersteineprojekt"

Eine neue Kooperation der Reiss-Engelhorn-Museen mit dem Mannheimer Altertumsverein und den Universitäten Tübingen und Heidelberg

Einleitung

Mit diesem Beitrag soll ein erster Überblick zu dem von der Fritz-Thyssen-Stiftung geförderten Gemeinschaftsprojekt der Reiss-Engelhorn-Museen mit dem Mannheimer Altertumsverein, dem Institut für Klassische Archäologie Tübingen und dem Seminar für Alte Geschichte und Epigraphik Heidelberg gegeben werden. Das Projekt „Die Römischen Steindenkmäler in den Reiss-Engelhorn-Museen Mannheim – Wissenschaftliche Dokumentation und Edition" wurde im März 2015 unter der Leitung von Johannes Lipps und Christian Witschel begonnen. Sein Ziel ist die detaillierte, nach modernen Wissenschaftsstandards durchgeführte Neuaufnahme und Edition aller römischen Steindenkmäler, die sich heute in den Reiss-Engelhorn-Museen befinden.

Das Unternehmen geht einher mit der im Februar 2016 neu eröffneten Dauerausstellung ausgewählter Objekte aus der römischen Kaiserzeit. Diese lädt in einem neuen Ambiente zum Kennenlernen der römischen Alltagskultur im kaiserzeitlichen Germanien ein. Bei den römischen Steindenkmälern, von denen viele in der neuen Ausstellung zu sehen sind, handelt es sich um ca. 200 Grab- und Weihdenkmäler sowie Meilensteine und Architekturglieder. Sie stammen einerseits aus den Grabungs- und Kaufaktivitäten verschiedener Mitglieder des Mannheimer Altertumsvereins und gelangten andererseits durch die Sammelleidenschaft des Kurfürsten Carl Theodor nach Mannheim. Sie wurden bislang in vier Sammlungskatalogen – meist nur mit rudimentären Angaben – aufgelistet. Die erste Darstellung stammt von Georg Franz Graeff aus dem Jahre 1837. Es folgten die Kataloge von Ferdinand Haug (1877) zum Antiquarium und von Karl Baumann (1890) zur Sammlung des Mannheimer Altertumsvereins. 1975 erschien die letzte übergreifende, aber schon sehr selektive Abhandlung dazu von Erich Gropengießer.[1] Das vorliegende Projekt wird zum ersten Mal die Gesamtbestände der römischen Steindenkmäler in den Reiss-Engelhorn-Museen in den gegenwärtigen Forschungsstand einbetten, bei dem insbesondere in den letzten drei Jahrzehnten deutliche Fortschritte zu verzeichnen sind. In diesem Beitrag sollen in einem ersten Teil der Dokumentationsverlauf geschildert und in einem zweiten einige ausgewählte Stücke präsentiert werden, zu denen neue Aussagen getroffen werden können.

Dokumentationsverlauf

Unsere gemeinsame Arbeit in den Depots und an den Ausstellungsstücken in den Reiss-Engelhorn-Museen begann im März 2015. Bereits nach wenigen Tagen wurde klar, dass neben den bekannten, heute ausgestellten Stücken noch zahlreiche weitere römische Steindenkmäler, von denen ein großer Teil als Kriegsverlust oder als in den Nachkriegswirren verschollen galt, weiterhin Teil der Sammlung sind. Nachdem das Mannheimer Schloss durch Luftangriffe im Zweiten Weltkrieg nahezu vollständig zerstört worden war, lag ein großer Teil der Römersteinsammlung jahrelang unter den Trümmern des Schlosses, in dessen Nordflügel die Sammlung geschlossen untergebracht gewesen war. Erst im Winter 1950/51 konnten die Objekte schließlich durch Mitarbeiter des Museums unter der Leitung des Restaurators Fritz Rupp und unter der Mitarbeit zahlreicher ehrenamtlicher Helfer geborgen werden. Hierbei zeigte sich bereits, dass ein erheblicher Teil der Sammlung den Krieg nicht unbeschadet überstanden hatte. Viele Stücke waren vollständig zerstört worden. Von einigen der Altäre und Grabsteine aus Sandstein war durch die Einwirkung der Hitze buchstäblich nur noch ein Haufen Sand übrig. Die photographische Dokumentation der damaligen Bergungsaktion (Abb. 1)ermöglichte jetzt zusammen mit den vom Museum zur Verfügung gestellten Bergungsberichten die Identifizierung zahlreicher Fragmente.

Dennoch konnten bereits damals viele Fragmente geborgen werden. Während die Monumente, die

Werkstattbericht zum „Römersteineprojekt"

Abb. 1
Mannheim, Schloss,
Zerstörungssituation
bei der Ausgrabung der
Steindenkmäler im Win-
ter 1950/1951
Foto: rem Archiv, Fritz
Rupp

Abb. 1
Mannheim, Schloss,
Zerstörungssituation
bei der Ausgrabung der
Steindenkmäler im Win-
ter 1950/1951
Foto: rem Archiv, Fritz
Rupp

haus auf C 5 wurden, gelangte der Rest in den Keller der Musikschule in E 4. Das, was sich nicht auf den ersten Blick zuweisen ließ, wurde ungeordnet in zahlreichen Holzkisten gesichert. Somit bestand der erste Teil des Römersteineprojekts darin, den Bestand zu sichten, zuzuweisen und neu zu dokumentieren. Dabei wurde offensichtlich, dass man von ca. 60 Denkmälern ausgehen kann, die trotz wiederholter Erwähnungen in der Forschungsliteratur der letzten 70 Jahre einer ausführlichen Studie am Objekt entzogen gewesen waren.

Hier war also die Gelegenheit einer neuerlichen Autopsie gegeben. Ergänzt wird dieser erfreuliche Umstand durch die Tatsache, dass einige Denkmäler zumindest photographisch vor und nach dem Krieg dokumentiert wurden und dass diese Aufnahmen vorbildlich in den Archiven der rem aufbewahrt liegen. Diese bislang unpublizierten Bilder konnten durch eine Archivsichtung mit unseren Katalognummern korreliert werden und erlauben wichtige Rückschlüsse vor allem zu solchen Monumenten, die heute nicht mehr bzw. nur stark beschädigt erhalten sind. Einige Bilder tragen zur Rekonstruktion des Denkmälerbestands

den Krieg besser überstanden hatten, ab 1957 wieder Teil der Ausstellung im Reiß-Museum im Zeug-

Abb. 2
Mannheim, Schloss,
ehemalige Aufstellungs-
situation der Steindenk-
mäler
Foto: rem Archiv

Saal der römischen Denksteine

Stefan Ardeleanu und Jonas Osnabrügge

vor dem Zweiten Weltkrieg und der ehemaligen Aufstellung im Mannheimer Schloss bei (Abb. 2).

Alle ca. 200 Objekte sind mittlerweile neu in über 5.000 Abbildungen fotografisch dokumentiert und in einem Katalog nach Monumentgattung strukturiert. Insbesondere die Auslichtung und Positionierung der Stücke im engen Keller der Musikschule in E 4 erwies sich für alle Bearbeiter als Herausforderung (Abb. 3 und 4), die nicht zuletzt körperlichen Einsatz verlangte. In insgesamt drei jeweils zweiwöchigen Kampagnen konnte die erste Dokumentation der Objekte abgeschlossen werden.[2] Eine Reihe von international anerkannten Spezialisten arbeitet mittlerweile am Publikationsmanuskript, das nach einzelnen Denkmalgruppen gegliedert sein wird.

Im Folgenden werden einige Fallbeispiele mitsamt den neu gewonnenen Erkenntnissen vorgestellt. Bei der Aufnahme wurde deutlich, dass einige Stücke der Sammlung bis dato noch gar keine bzw. nicht annähernd genügende wissenschaftliche Erschließung erfahren haben. Dies betrifft zum Beispiel eine frühkaiserzeitliche Grabstele bzw. den Teil eines großformatigen Ädikulagrabes mit der Darstellung eines Sitzenden – ein besonders bei der zivilen Bevölkerung im Mainzer Kreis beliebter Darstellungstypus. Der Fundkontext ist leider unbekannt, die Provenienz kann aber aufgrund stilistischer und konzeptueller Analogien wahrscheinlich auf den Mainzer Raum eingegrenzt werden (Abb. 5).

Das Problem fehlender Fundumstände ist besonders evident bei einer Reihe von Architekturfragmenten. Da sie auch in den älteren Katalogen von Graeff, Haug und Baumann fehlen, liegt hier die Vermutung nahe, dass wir es mit Stücken zu tun haben, die aus der Tätigkeit des Mannheimer Altertumsvereins – vor allem aus den Villengrabungen – zwischen und nach den Kriegen in die Sammlung gelangten. Bei den Architekturfragmenten, darunter einige in den germanischen Provinzen seltene Stücke, bot es sich an, maßstabsgetreue Zeichnungen zu erstellen, da nur so eine adäquate architekturgeschichtliche Einordnung erfolgen kann (Abb. 6). Selbst ohne Kenntnisse über die jeweiligen genauen Fundkontexte zeigte sich, dass der bereits für Ladenburg bekannte hohe Monumentalisierungsgrad der römischen

Abb. 3
Mannheim, Depot im Keller der Musikschule, Zuordnung und Dokumentation der Fragmente zum Viergötterstein aus Trier, Inv.-Nr. 72

Siedlungslandschaft auch für den übrigen Rhein-Neckar-Raum – und dies wohl selbst im ländlichen Bereich – angenommen werden kann.

Abb. 4
Mannheim, Depot im Keller der Musikschule, Dokumentation des Grabsteins aus Mainz, Inv.-Nr. 42

Fotos: rem, Jonas Osnabrügge

Werkstattbericht zum „Römersteineprojekt"

Abb. 5 (links)
Mannheim, Depot im Keller der Musikschule, Grabmal mit Darstellung eines Sitzenden, Fundort unbekannt, wahrscheinlich Mainz, Inv.-Nr. 53a

Abb. 6 (rechts)
Mannheim, Depot im Keller der Musikschule, Basis mit zwei Toren, Fundort unbekannt

Leugensäulen

Eine in vielerlei Hinsicht interessante und bedeutende Gruppe von Artefakten aus der Sammlung in Mannheim sind die Leugensäulen, die zusammen in einem römischen Keller in Ladenburg gefunden wurden. Dabei handelt es sich um

Abb. 7
Mannheim, Depot im Keller der Musikschule, Fragment einer Leugensäule aus Ladenburg, Inv.-Nr. 36

Fotos: rem, Carolin Breckle

Entfernungsmarker, ähnlich den Meilensteinen. Eine Leuge entsprach etwa 2.200 m. Die Zählung nach Leugen war in den gallisch-germanischen Provinzen seit dem späten 2. Jahrhundert verbreitet. Ursprünglich waren sie von der civitas Ulpia Sueborum Nicrensium, dem antiken Verwaltungsdistrikt des Rhein-Neckar-Raumes, aufgestellt worden. Dieser hatte seinen Sitz in Lopodunum/ Ladenburg. Die Säulen bezeugten sowohl die Distanz zwischen Aufstellungsort und Ladenburg als auch die Ehrerbietung der Gemeinde für den Kaiser, der an erster Stelle genannt war. Bemerkenswert dabei sind die Fundumstände, denn die gemeinsame Verbergung dieser Säulen zeigt, dass der Abzug der römischen Verwaltung vom rechten Rheinufer einerseits planmäßig vonstattenging, man aber andererseits damit rechnete, wieder zurückzukehren. Bis auf eine einzige Säule, die heute Teil der Ausstellung ist, galten alle anderen seit dem Krieg als verschollen. Daher war es eine willkommene Überraschung, dass unter den Bruchstücken im Keller der Musikschule ein Inschriftenfragment identifiziert werden konnte, das einst zu einer dieser Säulen gehört hat (Abb. 7). Erhalten ist nur jeweils der Anfang der Zeilen fünf bis acht. Dies genügte jedoch, es als – vermutlich durch die Hitze des Schlossbrandes – abgeplatztes

Stefan Ardeleanu und Jonas Osnabrügge

Fragment von der Leugensäule des Kaisers Decius zu erkennen, deren Text aus den alten Katalogen vollständig bekannt ist. Diese Säule war im Jahr 249 oder 250 n. Chr. errichtet worden. Zusammen mit der Leugensäule der Kaiser Valerianus und Gallienus, die in die Zeit von 253 bis 260 n. Chr. gehört, stellt sie eines der spätesten sicher datierbaren inschriftlichen Zeugnisse rechts des Rheines dar. Gleichzeitig dokumentiert sie das Funktionieren der römischen civitas-Verwaltung mitten in der vermeintlichen 'Reichskrise' des 3. Jahrhunderts n. Chr.

Weihdenkmäler

Weiterhin fanden sich im Keller der Musikschule zahlreiche Fragmente, die zu einer der bedeutendsten und bekanntesten Denkmalgruppen der Mannheimer Sammlungen gehörten. Dabei handelt es sich um eine Serie von Matronenaltären, die Ende des 18. Jahrhunderts in Rödingen bei Jülich entdeckt worden war. Das wichtigste Stück aus dieser Gruppe, der Altar für die gesahenischen Matronen, überlebte den Krieg glücklicherweise vergleichsweise unbeschadet und bildet heute eines der Schmuckstücke der Ausstellung. Die restlichen Matronenaltäre, zum großen Teil aus feinkörnigem Sandstein, hatten weniger Glück und wurden überwiegend zerstört. Dennoch gelang es, einige Fragmente der schönen, sorgfältig gearbeiteten Inschriften und der floralen Reliefdarstellungen auf den Nebenseiten zu identifizieren und wieder zusammenzufüh-

ren (Abb. 8 und 9). Dies glückte auch bei einigen Fragmenten von dem ebenfalls stark beschädigten Jülicher Grabstein der Flavia Materna aus ähnlich porösem Material und bei einigen weiteren Weihdenkmälern.

Unter die größere Gruppe der Votivsteine lassen sich weitere Einzelmonumente zu Ehren verschiedener Gottheiten sowie die besonders in den Germaniae und Galliae verbreiteten sogenannten Iuppitergigantensäulen subsumieren. Bei den Einzelweihsteinen sticht insbesondere Mercurius als verehrte Gottheit hervor, was seiner allgemei-

Abb. 8
Mannheim, Depot im Keller der Musikschule, Rekonstruktion eines Matronenaltars aus Rödingen, Inv.-Nr. 32
Foto: rem, Carolin Breckle

Abb. 9
Mannheim, Depot im Keller der Musikschule, Zusammenführung von Fragmenten eines Matronenaltars aus Rödingen, Inv.-Nr. 32
Foto: rem, Stefan Ardeleanu

Werkstattbericht zum „Römersteineprojekt"

Abb. 10
Mannheim, neue Ausstellung der römischen Abteilung im Museum Weltkulturen D 5, Viergötterstein aus Godramstein, Inv.-Nr. 83
Foto: rem, Carolin Breckle

nen Beliebtheit in den Nordwestprovinzen entspricht. Die Iuppitergigantenmonumente setzten sich aus verschiedenen Bauteilen zusammen: Sockel mit zumeist vier Götterdarstellungen, Zwischensockel, Schuppensäulen sowie bekrönende Iuppitergiganten-Kampfgruppen oder thronende Iuppitergestalten (Abb. 10). Die Reiss-Engelhorn-Museen besitzen dabei eine der umfassendsten und bedeutendsten Zusammenstellungen dieses Denkmaltyps in ganz Deutschland. Eine Gruppe aus Godramstein wird für den Sammelband erstmals unter Heranziehung lokaler Archivmaterialien fundkontextual behandelt. Die auf dem Territorium der civitas Ulpia Sueborum Nicrensium gefundenen Stücke lassen sich zudem stilistisch mit Neufunden aus Ladenburg und Heidelberg vergleichen. Ein in vielerlei Hinsicht einzigartiges Objekt stellt ein Mithrasrelief in sehr unkonventioneller Darstellungsweise dar, das entgegen der üblichen Annahme wahrscheinlich nicht aus Mannheim selbst stammt.

Grabmäler

Die Reiss-Engelhorn-Museen beherbergen eine erstaunlich hohe und äußerst vielfältige Anzahl von Grabbauten. Nicht nur kleinformatige und bis ins Monumentale gesteigerte Grabstelen, sondern auch Blöcke von größeren Grabbauten, die über Vergleiche erstmals typologisch bestimmt werden konnten sowie Sarkophage, Grabaltäre, christliche Epitaphe und Aschenkisten bezeugen die Bandbreite des in Mannheim vorhandenen Spektrums an Grabmälern. Die Grabmarker lassen sich ikonographisch, epigraphisch und strukturell bestens in die bekannten Sepulkraltypologien der Nordwestprovinzen eingliedern. Bei einigen dieser Denkmäler haben sich Stuckspuren in den Relief- und Giebelfeldern sowie Farbreste der ehemaligen Ausmalung der Inschriften erhalten. Sie wurden erstmals systematisch dokumentiert und erlauben den Schluss, dass der Großteil der Monumente ein äußerst farbenfrohes Erscheinungsbild gezeigt haben muss.

Eine besondere Gruppe innerhalb der Grabmäler stellen die militärischen Grabstelen dar, die während einer Gelehrtenreise der Mannheimer Academici 1765/66 aus den Mainzer Nekropolen für die Sammlung erworben wurden. Unter den Stücken

Stefan Ardeleanu und Jonas Osnabrügge

im Museum, die mit Ausnahme dreier Grabstelen alle ausgestellt sind, befinden sich unter anderem die ältesten Reitergrabstelen in der Rheinzone. Die Stelen geben wichtige Hinweise zur römischen Militärgeschichte in Mogontiacum/Mainz und zur chronologisch-stilkritischen Einordnung ganzer Grabmaldossiers am wichtigsten Militärstandort Obergermaniens in der frühen Kaiserzeit. Darüber hinaus lassen sich in der Arbeitsweise der lokalen Werkstätten wiederholt Verbindungen zu den Grabmarkern der zivilen Oberschicht fassen und die dekorative-epigraphische Weiterentwicklung der Grabstelen im 2. Jahrhundert n. Chr. exemplarisch an mehreren Stücken in Mannheim nachvollziehen. Neufunde aus dem linksrheinischen Raum weisen erstaunliche Übereinstimmungen zu den Mainzer Stelen auf, und es könnte sein, dass die bereits seit langem als Vorbilder erkannten Grabmonumente Oberitaliens über eine westliche Route in die Germania Superior vermittelt wurden.

Im Zuge der Neuaufnahme ergab sich eine Beobachtung, die für die Militärgeschichte des germanischen Raumes nicht unbedeutend ist. Teil der Sammlung ist die Grabstele eines Legionärs, die 1731 in Mainz gefunden wurde (Abb. 11). Der Verstorbene ist der Legionär Marcus Braetius aus Turin. Wie bei Militärangehörigen üblich, wird in der Grabinschrift[3] die Legionszugehörigkeit genannt. Bislang wurde dort die Zahl 13 (XIII) gelesen, was bedeuten würde, dass er Teil der 13. Legion (legio XIII gemina) war, als er in Mainz verstarb. Wenn dies zuträfe, so wäre diese Inschrift ein Indiz für die angenommene Stationierung dieser Legion in Mainz im frühen 1. Jahrhundert n. Chr. Die Hinweise hierfür sind jedoch eher spärlich. Den Annalen des Historikers Tacitus ist zwar zu entnehmen, dass die 13. Legion in dieser Zeit Teil des obergermanischen Heeresverbandes war[4], jedoch ist nicht bekannt, wo sich das Winterlager der Legion befand. Häufig wird dafür Mainz vorgeschlagen, wofür der ebenfalls in Mainz gefundene Grabstein eines Angehörigen dieser Legion, des speculator Publius Urvinius, herangezogen wird. Die speculatores gehörten ursprünglich zu den mit Aufklärung und Spionage betrauten Spezialkräften des römischen Heeres. Darüber hinaus dienten sie im Stab der Provinzstatthalter, für die sie als Boten agierten und mit der Urteilsvollstreckung betraut waren. Theoretisch

Abb. 11
Mannheim, neue Ausstellung der römischen Abteilung im Museum Weltkulturen D 5, Soldatengrabstele aus Mainz, Inv.-Nr. 44
Foto: rem, Carolin Breckle

stünde einer Anwesenheit der 13. Legion in Mainz von ihrer Heranführung nach der Varuskatastrophe bis zu ihrer Stationierung im Lager Vindonissa (Windisch) ab dem Jahr 16 n. Chr. nichts im Wege. Allerdings ist dies kein starkes Argument, denn Mainz war zugleich das Hauptquartier des Kommandanten des obergermanischen Heeres, die Anwesenheit eines speculator dort ist jedenfalls zu erwarten.

Die Autopsie des Steines ergab jedoch, dass hier XIIII und nicht XIII in den Stein gemeißelt steht, der Legionär war also Angehöriger der 14. Legion. Allerdings ist das vierte 'I', mit deutlich sichtbaren Serifen, in das Profil des Inschriftenrahmens ein-

Werkstattbericht zum „Römersteineprojekt"

gehauen, so dass es nicht leicht zu erkennen ist. Unabhängig davon fügt sich die Grabstele gut in das Dekorationsschema der anderen bekannten Stelen der 14. Legion aus Mainz. Die Herkunft des Legionärs aus Oberitalien passt zu den bekannten Rekrutierungsgebieten dieser Legion.

Die Reiss-Engelhorn-Museen besitzen ferner eine Reihe von komplexeren Grabmonumenten mit langen Grabinschriften und von Chiffren durchzogenen ikonographischen Darstellungen, deren Verständnis eine gewisse visuelle Schulung und Bildung der Betrachter voraussetzte. Hier konnten durch die Autopsie an den Stücken neue Thesen erarbeitet bzw. lang gültige Deutungen modifiziert werden, wie etwa bei einer Reliefplatte, die möglicherweise aus Seckenheim stammt und lange als Mahlszene interpretiert worden war (Abb. 12). Diese Deutung kann mittlerweile sicher widerlegt werden, da sie in keinem Detail den üblichen, ab dem späten 1.

Jahrhundert n. Chr. in der Rheinzone einsetzenden Schemata des sogenannten Totenmahls entspricht. Vielmehr kann von einer Unterweltsszene mit Charon in seinem Boot ausgegangen werden. Die erstmals erkannten Versatzspuren an den Unter- und Oberkanten des Blocks lassen seine Anbringung an einem monumentalen Mausoleum – wahrscheinlich in großer Höhe – vermuten. Dieses wird wohl eine der zahlreichen Villen im Mannheimer Umfeld markiert haben. Überhaupt zeigte die Autopsie in den Depots des Museums, dass wir – entgegen des bisherigen Forschungsstandes – mit einer recht stattlichen Anzahl an größeren Grabmälern rechnen müssen, die das Territorium der civitas Ulpia Sueborum Nicrensium säumten (Abb. 13). Diese Erkenntnis ist vor dem Hintergrund der schlechten sepulkralen Überlieferungslage für den Hauptort Lopodunum/Ladenburg von besonderer Bedeutung. Die Fragmente von größeren Grabmälern

Stefan Ardeleanu und Jonas Osnabrügge

des 2. und 3. Jahrhunderts n. Chr. aus dieser Zone (Neckarau, Maudach, Hermsheim) lassen sich wiederum typologisch, konzeptuell und stilistisch recht gut mit ihren Pendants aus der westlich anschließenden Pfalz – in der Antike die civitas Vangionum

und die civitas Nemetum – und dem Moselgebiet vergleichen. Hier scheint in der mittleren Kaiserzeit der Transfer bestimmter Grab- und Dekorationsformen von den nordwestlich gelegenen Gebieten ausgegangen zu sein. Der Rhein-Neckar-Kreis stellte dabei anscheinend eine Art Zwischenstation für die Vermittlung der Grabmäler bis in die rätischen und norischen Provinzen dar. Bei den Grabstelen

und den kleinformatigeren Aschenkisten aus dem Rhein-Neckar-Raum lassen sich hingegen regional stark begrenzte Details erkennen, die eindeutig die regionalen Vorlieben der Auftraggeber und die Arbeitsweisen der lokalen steinverarbeitenden Werkstätten belegen.

Sicherlich zu den Highlights der Sammlung gehört der Block eines Grabmals aus Neuburg an der Donau. Die lange Inschrift auf der Vorderseite[5] zeigt, dass es sich hier um das Grabmal für den dreijährigen Tiberius Cassius Constantinus sowie für weitere Mitglieder seiner Familie handelt (Abb. 14). Errichtet wurde es vom Vater des Verstorbenen, Tiberius Claudius Constantinus. Die Seiten werden von Reliefs geschmückt, die links eine Schankszene zeigen und rechts eine stehende Person, die sich allerdings nur schwer deuten lässt (Abb. 15). Der Block gehörte zu einer für den rätischen Raum typischen Serie von schlanken, aber hohen Pfeilergrabmälern, die aus einzelnen Bauelementen zusammengesetzt worden sind. Die gemeinsame Analyse der Grabinschrift und der Reliefdarstellungen führte dabei zu neuen Erkenntnissen über dieses Monument, denn die Art, wie Bild und Text hier zusammenwirken, ist exemplarisch; dies zeigt den Wert des interdisziplinären Projektansatzes. Die ausgeschmückte Sprache der Inschrift fügt sich gut in den zeitlichen Rahmen, der sich aus der archäo-

Abb. 13
Mannheim, Depot im Keller der Musikschule, Reliefblock von einem Grabbau mit Gefäßdarstellung aus Mannheim-Neckarau, Inv.-Nr. 58

Abb. 14
Mannheim, neue Ausstellung der römischen Abteilung im Museum Weltkulturen D 5, Block mit Inschrift eines Grabbaus aus Neuburg, Nr. 84

Fotos: rem, Carolin Breckle

Werkstattbericht zum „Römersteineprojekt"

Abb. 15
Mannheim, neue Ausstellung der römischen Abteilung im Museum Weltkulturen D 5,
Block eines Grabbaus aus Neuburg, linkes Seitenrelief mit Schankszene, Nr. 84
Foto: rem, Carolin Breckle

mehr noch: Die Erwähnung von insgesamt sechs Sklaven und Freigelassenen war zugleich ein Mittel zur Selbstdarstellung des Vaters, in dem man wahrscheinlich einen Weinhändler sehen darf, der erfolgreich im Handel entlang der Donau tätig war. Diese minutiöse Aufzählung des gesamten Hausstands führte dem Betrachter den besonderen Wohlstand des Auftraggebers vor Augen. In Verbindung mit der Schankszene auf der linken Seite sollte ausgedrückt werden, dass sich der Hausherr für jede im Betrieb anfallende Tätigkeit einen eigenen Bediensteten leisten kann. Hierfür steht unter anderem der Schankdiener, der mit Trichtern Wein für die Kunden abfüllt, was eine standesgemäße Bedienung mit hochwertigem und unverdünntem Wein suggerieren sollte. Zugleich demonstrieren die vorrätig verfügbaren Weinfässer sowie die an den Wänden hängenden Schankgeräte und Gefäße, dass alles vorhanden war, was einen guten Betrieb auszeichnete. In der Inschrift erwähnt der Vater ferner, dass er sich die Errichtung eines solchen Grabmals für sich selbst und die Übernahme des Geschäfts durch seinen Sohn erhofft hätte – „a quo sibi faciendum optaverat".

Als letztes soll hier noch ein weiterer erfreulicher Wiederfund präsentiert werden. Es handelt sich um die über zwei Meter breite Front eines Sarkophags für eine Aurelia Maria. Darauf halten zwei antithetisch zueinander gerichtete Eroten die Inschriftentafel[6] (Abb. 16). Der Sarkophag wurde bei Neuss gefunden und gelangte 1768 in die Sammlung. Wie die Archivbilder zeigen, war er im Mannheimer Schloss an der Wand des Saales mit den Denkmälern aus der Rheinprovinz aufgestellt gewesen. Durch den Bombenangriff stürzte er vornüber vom Sockel und zerbrach dabei in zahlreiche Fragmente (Abb. 17). In mühevoller Kleinarbeit gelang es, über 70 Fragmente, die über den ganzen Keller der Musikschule verteilt gewesen waren, zu identifizieren, zuzuweisen und die Sarkophagfront so größtenteils wieder zusammenzusetzen (Abb. 18). Ironischerweise waren es nicht die antike Inschrift oder die Reliefs, die den entscheidenden Hinweis für die Identifikation des Stückes gaben, sondern die auf dem Walmdachdeckel des Sarkophags angebrachte moderne Inschrift, die an den Fund des Monuments erinnert.

Eine adäquate Restaurierung des Stücks würde die Mannheimer Sammlung um ein enorm wich-

logischen Betrachtung ergibt. Solche Monumente entstanden in den Nordwestprovinzen vor allem in der zweiten Hälfte des 2. und zu Beginn des 3. Jahrhunderts n. Chr. Das Erscheinen eines Erwachsenen im Seitenrelief, wenn man doch eigentlich ein Grabmonument für ein dreijähriges Kind vor sich hat, mag vielleicht zuerst verwundern. Doch wenn man die Inschrift genau betrachtet, wird deutlich, welchem Zweck sie dient. Denn hier erscheint nicht nur der junge Tiberius Cassius. Errichtet wurde das Monument unter anderem, um dort später einmal die Mutter des Kindes sowie die Freigelassenen und Sklaven des Vaters unterzubringen. Es diente damit auch der Erinnerung an die erweiterte Familie. Und

Stefan Ardeleanu und Jonas Osnabrügge

Abb. 16
Mannheim, vorkriegs-
zeitliche Aufnahme eines
Sarkophags aus Neuss,
Inv.-Nr. 73
Foto: E. Espérandieu,
Recueil général des bas-
reliefs, statues et bustes
de la Gaule romaine 9.
Gaule germanique: 3.
partie et supplément,
Paris 1925, Nr. 6576

Abb. 17
Mannheim, Schloss,
Versturzsituation des
Sarkophags aus Neuss,
Inv.-Nr. 73
Foto: rem Archiv

tiges Grabmonument bereichern. Dieser Sarkophag besitzt nämlich in den Nordwestprovinzen
durchaus Seltenheitswert. So sind aus dieser Zone
insgesamt nur zwei Dutzend Beispiele solcher Ero-
tensarkophage erhalten. Die Mitglieder der Mannheimer Akademie kannten diesen Umstand, sodass
sie auch einen Vertreter dieser Grabmalform der
Mannheimer Sammlung angegliedert haben. Das
Exemplar ist ein gutes Beispiel für die Ausprägung
dieses Denkmaltyps seit Ende des 2. und Beginn des
3. Jahrhunderts n. Chr., bei der man sich auf die sim-
ple Dekoration mit den Eroten beschränkte. Diese
flankierten und präsentierten das zentrale Element,

die überdimensionale Inschrift. Zurückzuführen
ist dieses Schema auf kleinasiatische Vorbilder, die
durch Angehörige des Militärs über Oberitalien bis
an den Rhein gelangten. So ist hier ebenfalls ein Mili-
tärangehöriger, Priscinius Florus, Veteran einer unbekannten Einheit, für die Ausführung verantwortlich.

Resümierend lässt sich bereits jetzt sagen, dass
die Neuaufnahme der Mannheimer Denkmäler
und der in Entstehung befindliche Publikations-
band einen wichtigen Beitrag zur Erforschung der
Steindenkmäler in den germanischen Provinzen
und ihren Nachbarprovinzen leisten werden. Er
wird exemplarisch zeigen, dass einige Museen in

Werkstattbericht zum „Römersteineprojekt"

Abb. 18
Mannheim, Depot im
Keller der Musikschule,
zusammengefügte Frag-
mente eines Sarkophages
aus Neuss, Inv.-Nr. 73
Foto: rem Archiv

Süddeutschland noch deutliche Rückstände bei der wissenschaftlichen Bearbeitung ihrer römischen Steindenkmäler nach modernen Standards aufweisen. Und er wird demonstrieren, welch großer Erkenntnisgewinn bei künftigen analogen Projekten in anderen Museumsdepots zu erwarten ist. Alle Beteiligten sind sich sicher, dass die in dieser Form durchgeführte Dokumentation älterer Museumsbestände, der von Beginn an intensive interdisziplinäre Austausch und die enge Kooperation von an der Universität tätigen Wissenschaftlern und Museumsmitarbeitern einen wichtigen Beitrag zur Erforschung der germanischen Provinzen des römischen Reiches darstellen.

1   G. F. Graeff: Das Großherzogliche Antiquarium in Mannheim I. Beschreibung der 87 meistens römischen Denksteine, Mannheim 1837; F. Haug: Die römischen Denksteine des Großherzoglichen Antiquariums in Mannheim. Wissenschaftliche Beigabe zu den Programmen des Gymnasiums Mannheim für die Schuljahre 1875/77, Mannheim 1877; K. Baumann, Römische Denksteine und Inschriften der Vereinigten Altertums-Sammlungen in Mannheim. Wissenschaftliche Beigabe zum Programm des Gymnasiums zu Mannheim für das Schuljahr 1888/89, Mannheim 1890; E. Gropengiesser: Römische Steindenkmäler, Bildhefte des Städtischen Reiß-Museums Mannheim. Archäologische Sammlungen Nr. 1, Mannheim 1975.

2   Hierbei konnte auf die tatkräftige Unterstützung der Photographinnen des Museums, Carolin Breckle und Lina Kaluza, gezählt werden. Ihnen, Patrizia Pfaff und Claudia Braun, die uns stets unkomplizierten Zugang zu den zahlreichen Depots des Museums verschafften, sowie den Kooperationspartnern Michael Tellenbach, Wilfried Rosendahl und Hermann Wiegand möchten wir an dieser Stelle herzlich danken.

3   CIL XIII 6887. Der Text der Inschrift lautet: M(arcus) Braetius / M(arci) Stel(latina) Taur(inis) / mil(es) leg(ionis) XIII / Gem(inae) an(norum) XXXV / stip(endiorum) XIII h(ic) s(itus) e(st) / ex testam(ento).

4   Tac. ann. I, 37.

5   CIL III 5890. Der Text der Inschrift lautet: D(is) M(anibus) / Tib(erio) Cassio Constantino iunio/ris miserrrimo qui vixit annos III m(enses) / IIII d(ies) XXII fecit Tib(erius) Cl(audius) Constantinus / pater filio dulcissimo a quo sibi faci/endum optaverat et Cassiae Verae / matri eius et Caludis Ianuario / Victori et Marcellino libertis / fidelissimis vivis fecit item Fideli q/uondam et Gaio et Modesto suis ra/rissimis // perpetuae securitati.

6   CIL XIII 8559. Der Text der Inschrift lautet: Aurel(iae) Mariae Aur(elia) Afr[a] / filia et Aurel(i)a Quirina Belina / Pacata neptes curante / Priscinio Floro veterano / hered(es) f(aciendum) c(uraverunt).

Iris Edenheiser und Renyue He

Cixis Chrysanthemen
Zwei Seidenbilder vom chinesischen Kaiserhof und ihre kolonialzeitliche Provenienz[1]

Einleitung: Kunst und Macht

In den Künsten bewandert zu sein, gilt in vielen historischen wie auch zeitgenössischen Kulturen als ein wichtiges Attribut der Macht. So auch am chinesischen Kaiserhof: Nicht wenige Kaiser waren Meister der Kalligraphie und Malerei, den am höchsten angesehenen Künsten in China.[2] Wer beide beherrschte, den umgab der Ruf der künstlerischen Verfeinerung. In diese Tradition stellte sich auch die Kaiserinwitwe Cixi (1835-1908), eine der mächtigsten Frauen ihrer Zeit: Beständig Gefahr laufend, in ihrer Legitimität als Herrscherin infrage gestellt zu werden, waren beide Künste Teil ihrer Strategie, sich in eine bewährte Praxis männlicher, symbolischer Machtdemonstration einzuschreiben.[3]

Zudem hatte die offizielle Vergabe von Gemälden und Kalligraphien von des Kaisers Hand an Wohlgelittene und Verdiente eine lange Tradition am chinesischen Hof, die Cixi ebenfalls fortführte.[4] Heute sind deshalb mehr als 700 Gemälde und einige wenige Kalligraphien von Cixi bekannt[5]; ein Großteil davon befindet sich im Palastmuseum in Peking.[6] Die Weltkulturen-Sammlung der rem beherbergt zwei dieser Bilder, ausgewiesen mit den Inventarnummern II As 10042 (Abb. 1) und II As 10043 (Abb. 2): Es handelt sich dabei um Aquarelle auf Seide, die Chrysanthemen zeigen. Sie sind lose in die Sammlung eingegangen und verfügen nicht über die übliche Montierung auf gemustertem

Abb. 1 (links)
Chrysanthemen
Werkstatt der Kaiserinwitwe Cixi
Aquarell auf Seide
1899
Inventarnr. II As 10042

Abb. 2 (rechts)
Chrysanthemen
Werkstatt der Kaiserinwitwe Cixi
Aquarell auf Seide
1899
Inventarnr. II As 10043

Fotos: rem, Carolin Breckle

Cixis Chrysanthemen

Seidenbrokat als Hängerolle. Bildaufbau und Bildelemente weisen sie als typische Cixi-Produktionen aus: In der Mitte des oberen Bilddrittels prangt zentral das große Siegel von Cixi, Blumen bilden das Hauptmotiv im mittleren und unteren Bereich des Bildes, und jeweils insgesamt fünf weitere Siegel sowie kalligraphische Beschriftungen auf den Bildern geben ebenfalls den Hof als Produktionsstätte und Cixi als Produzentin an.

Kaiserinwitwe Cixi und der historische Entstehungskontext der Bilder

Cixi wurde unter dem Namen Yehenara als Tochter des niederen Manchu-Beamten Huizheng (1805-1853) geboren und mit 16 Jahren als eine niederrangige Konkubine für den amtierenden Kaiser Xianfeng (Regierungszeit 1851-1861) ausgewählt. Es gelang ihr, sich innerhalb der nächsten Jahre aus diesem niedrigen Status zu dem ehrenvollen Titel „guifei" (Konkubine zweiten Ranges) zu erheben.[7] Nach dem Tod des Kaisers war ihr gemeinsamer Sohn der einzige Thronfolger, der somit mit sechs Jahren seinen Vater als Kaiser Tongzhi (Regierungszeit 1862-1874) beerbte. Yehenara erhielt daraufhin den Titel „Kaiserinwitwe" mit dem Ehrennamen Cixi. Gemeinsam mit der Kaiserinwitwe Ci'an (1837-1881), der Hauptgemahlin von Kaiser Xianfeng, fungierte sie als Co-Regentin des kindlichen Kaisers. Da Ci'an an Politik nicht interessiert war, war es de facto jedoch Cixi, die alle Entscheidungen traf und trotz schwerer Krisen, wie zum Beispiel der Flucht nach Xi'an im Zuge der Yihetuan-Bewegung („Boxer-Aufstand", 1900/01), bis zu ihrem Tod die Kontrolle über das Kaiserreich behielt.[8]

Die beiden Bilder entstanden im turbulenten Jahr 1899 während der Regierungszeit des Kaisers Guangxu (1871-1908, Regierungszeit: 1875-1908), der von seiner Tante Cixi nach dem Tod von Kaiser Tongzhi und entgegen den Erbfolgeregelungen der Qing-Dynastie bereits mit drei Jahren als Herrscher installiert worden war. Die faktische Machtausübung lag jedoch weiterhin in den Händen Cixis. Guangxus Versuch, mit dem Inkraftsetzen der sogenannten Hundert-Tage-Reformen im Jahr 1898, die auf technologischer, politischer, sozialer, administrativer und Bildungs-Ebene eine umfassende Modernisierung Chinas einleiten sollten, autonome Entscheidungen zu treffen, wurde von Cixi unter-

bunden, die weitreichenden Reformen wurden gestoppt und der Kaiser unter Hausarrest gesetzt.

Zwischen 1898/99 kamen zudem ausländische Militärkräfte ins Land und der Hofstaat sah sich gezwungen, die Verbotene Stadt vorübergehend zu verlassen.[9]

Die Gemälde sind dementsprechend in einer Zeit großer politischer Unruhen entstanden, in der es Cixi jedoch gelang, ihre Macht gegen alle Widerstände zu konsolidieren, wenn sie damit auch langfristig gesehen das über 2.000 Jahre alte System des chinesischen Kaisertums nachhaltig schwächte und letztendlich seinen Untergang besiegelte.

Die Motive: Die Symbolik von Chrysanthemen in der chinesischen Kunst

Beide Seidenbilder zeigen Chrysanthemen als einziges Motiv (Abb. 3). Die Blumen- und Vogelmalerei gehört zu den klassischen Themen der chinesischen Malerei, die seit der Tang-Zeit bekannt ist und sich als eigenständige Gattung im 10. Jahrhundert herausgebildet hat.[10]

Pflanzen wie auch Tiere werden in der chinesischen Kunst oft zu Symbolen bestimmter menschlicher Eigenschaften oder zu Glückwünschen, die sich in ihnen präzise ausdrücken sollen. Dabei wird gern mit der Homophonie als einer Eigenart der chinesischen Sprache gespielt, also dem sprachlichen Gleichklang von Wörtern mit unterschiedlicher Bedeutung (zum Beispiel „fu" für „Fledermaus", aber auch „Wohlergehen"). Oft verweisen die Motive auf vorbildliche Tugenden, die Menschen von edlem Charakter haben sollten. Vor allem die Literati – die gebildete Beamtenschicht – pflegten dieses Genre und sahen im Ausdruck der tugendhaften Persönlichkeit das höchste Ziel der Malerei.[11] Die Chrysantheme ist dabei ein bevorzugtes Thema chinesischer Poesie und Malerei. Sie ist ein populäres Motiv sowohl in Literati-Zirkeln als auch in der Volkskultur und gehört in der symbolischen Klassifikation zu den „vier Edlen" (花中四君子 hua zhong si junzi) – klassische Pflanzenmotive in der traditionellen chinesischen Malerei, zu denen außerdem noch die Pflaumenblüte, die Orchidee und der Bambus zählen. Sie alle stehen unter anderem stellvertretend für die Vornehmheit und die Tugend der Literati. Und so können die Chrysanthemen auch in

Iris Edenheiser und Renyue He

Cixis Bildern Bezug auf die Literati nehmen – und die Kaiserinwitwe einmal mehr mit hoher intellektueller und künstlerischer Aktivität in Verbindung

setzen.[12] Zudem wird der neunte Monat nach dem chinesischen traditionellen Mondkalender auch „Chrysanthemenmonat" (juyue) genannt.[13] Die Chrysantheme ist damit eng verbunden mit dem Mondfest sowie der Schönheit und Melancholie des Herbstes. In der Literati-Kunst steht sie für Widerstandsfähigkeit, Vornehmheit und Jovialität.[14] Letztere Eigenschaft würde gut zum Anliegen der Vergabe von Gunst in Form eines Bildgeschenkes passen. In der Volkskultur ist die Chrysantheme ein Symbol für Langlebigkeit. Die Motive auf Cixis Bildern sind oftmals mit glückverheißenden Konnotationen aufgeladen, die sich aus den Charakteristiken des repräsentierten Objekts ergeben – im betrachteten Falle wäre dies der Segen eines langen Lebens.[15] Chrysanthemen können mitunter aber auch auf den Wunsch nach Zurückgezogenheit verweisen. Und so findet sich in den Bildern keinerlei Referenz auf die unruhigen Zeiten, während derer sie entstanden sind – es scheint fast, als hätte Cixi jedes realistische Element vermeiden wollen.

Die Siegel und Aufschriften

Die Malerei ist in China von Beginn an eng mit der Schriftkunst verbunden.[16] Die Literatenmaler entwickelten im 14. Jahrhundert das bis heute typische Gesamtkunstwerk aus Malerei, Kalligraphie und Dichtkunst, wie es uns auch in Cixis Bildern entgegentritt: Die Aussage des Bildes wird mittels Aufschriften, die häufig in Gedichtform erscheinen, zusätzlich herausgearbeitet und verstärkt.[17] Dominiert werden beide Bildrollen durch das Siegel von Kaiserin Cixi (Abb. 4), das am oberen Rand mittig in prominenter Größe platziert ist: Das Siegel besteht aus den Zeichen 慈禧皇太后之宝 (Cixi Taihou zhi bao) und bedeutet übersetzt „Eine Kostbarkeit der Kaiserinwitwe Cixi". Es findet sich auf all ihren Gemälden. Größe und Positionierung des Siegels verweisen auf Cixis kaiserlichen Machtanspruch, denn üblicherweise war es nur dem Kaiser selbst vorbehalten, das eigene Siegel in dieser Größe und Zentralität abzubilden.

Die Aufschrift (Abb. 5) am rechten, oberen Bildrand (光绪戊戌孟冬下浣御笔 [GuangxuWuxumeng dong xiahuan yu bi] bedeutet „Guangxu-Regierungszeit im Jahr Wuxu, Erster Wintermonat[18], gemalt mit kaiserlichem Pinsel". Damit können wir zum einen das Bild fast exakt datieren: Das Jahr Wuxu ist das 24. Jahr der Regierungszeit Guangxus (1875-1908). Die chinesischen Zeichen für den Ersten Wintermonat sind wesentlich präziser als die deutsche Übersetzung: Das Bild ist demnach zwischen dem ersten und zehnten Februar 1899 gemalt worden. Der Zusatz „mit kaiserlichem Pin-

Abb. 3
Detail aus II As 10043:
Ausschnitt Chrysanthemen

Abb. 4
Detail aus II As 10042:
Siegel „Eine Kostbarkeit der Kaiserinwitwe Cixi"

Fotos: rem, Carolin Breckle

Cixis Chrysanthemen

Abb. 5
Detail aus II As 10042: Aufschrift „Guangxu-Regierungszeit im Jahr Wuxu, Erster Wintermonat, gemalt mit kaiserlichem Pinsel" und Cixis Werkstattsiegel „Studio der Großen Eleganz"
Foto: rem, Carolin Breckle

sel" verweist zum Anderen ein weiteres Mal auf die Kaiserin als die Urheberin des Bildes. Üblicherweise durfte nur der Kaiser selbst diesen Zusatz benutzen.

Das sich rechts neben der Aufschrift befindende Siegel ist ebenfalls auf beiden Bildern gleich (大雅 斋 [da ya zhai]) und benennt „Das Studio der Großen Eleganz". Es handelt sich dabei um die persönliche Marke, das Werkstattsiegel von Cixi, das sich auch auf anderen künstlerischen Ausdrucksformen, zum Beispiel auf Porzellan, wiederfindet. „Das Studio der Großen Eleganz" bezeichnet dabei auch gleichzeitig das Atelier, in dem Cixi das Malen praktizierte.[19]

Unter der rechten Aufschrift befinden sich auf den Bildern jeweils zwei weitere kleine zusätzliche Siegel von Cixi, die sich auf beiden Bildern voneinander unterscheiden und Wünsche (Glück, Wohlstand) sowie positive Eigenschaften (duftend, tolerant, erleuchtet) angeben.

Am linken Bildrand befindet sich ebenfalls bei beiden Bildern eine Aufschrift, die jeweils oben von einem größeren, unten von einem kleineren Siegel eingerahmt ist. Die großen Siegel unterscheiden sich voneinander, verweisen aber ähnlich wie die kleinen Siegel von Cixi auf positive und wünschenswerte Eigenschaften, zum Beispiel erfolgreich sein.

Die kleinen Siegel unter den Gedichten sind auf beiden Seidenbildern identisch: Es handelt sich dabei um das Siegel der Hanlin und zeigt die Stellung der beiden Beamten an, welche die Gedichte verfassten. Hanlin war der offizielle Titel für Personen, welche die Hanlin-Akademie, die höchste Bildungseinrichtung des kaiserlichen China, absolviert hatten und für die Bildung der kaiserlichen Familie zuständig waren. Viele hochrangige Beamte stammten aus den Reihen der Hanlin-Absolventen. Beide Aufschriften sind Lobgedichte, die von zwei Beamten mit sowohl literarischen als auch kalligraphischen Fähigkeiten angefertigt wurden.[20] Die Aufschrift (Abb. 6) auf Bild II As 10042 (五色云中吐晚香，深秋瑞景此春光。 东篱心对南山秀，众 寿齐称碧玉觞。（臣）徐琪敬 题 [wu se yun zhong tu wan xiang, shenqiu rui jing ci chunguang. Dong li xin dui Nanshan xiu, zhong shou qi cheng biyu shang])[21] bezieht sich mittels verschiedener Symbole und Metaphern wie dem östlichen Zaun, den Nanshan-Südbergen oder den grünen Jadebechern abermals zum einen auf die Literati, zum anderen wieder auf den Wunsch nach Langlebigkeit. Die letzte Zeile weist das Gedicht als von dem Beamten Xu Qi verfasst aus.

Die Aufschrift (Abb. 7) auf Bild II As 10043 (澹澹 风光近早霜 一畦 颜色位中央，此花便是延龄券, 气 蕴清和节蕴香。（臣）张亨嘉敬题 [dandan fengguang jin zaoshuang, yi qi yanse wei zhongyang. Ci hua bianshi yan ling quan, qi yun qing he jie yun xiang])[22] bezieht sich ebenfalls auf das Motiv des Bildes, die Chrysantheme, und ihre Bedeutung als Symbol der Langlebigkeit. Dieses Gedicht wurde von Zhang Hengjia verfasst. In beiden Gedichten wünschen die Literati – die beiden Autoren – der Malerin – Kaiserinwitwe Cixi – ein langes Leben. Es war durchaus üblich, dass Beamte des Hofes solche Gedichte auf kaiserliche Malerei aufbrachten: Über Xu Qi liegen uns nur wenige Informationen vor. Er erscheint 1880 in der Liste der Abgänger der Beamtenschule und arbeitete zur Zeit der Entstehung des Bildes als einer von vielen Sekretären des Kaisers in der Schreibwerkstatt des Hofes. Seine Posi-

Iris Edenheiser und Renyue He

tion innerhalb der höfischen Beamtenhierarchie ist als eher niedrig einzuschätzen.[23]

Wesentlich interessanter ist die zweite Persönlichkeit, welche die Verse auf II As 10043 dichtete. Es handelt sich dabei um Zhang Hengjia (1847-1911), der ein hoher Beamter am kaiserlichen Hof war und zu den engen Beratern von Kaiser Guangxu zählte, dessen Reformen zur Modernisierung Chinas er stark unterstützte. Er wurde später vom Kaiser beauftragt, die Yihuetan-Bewegung, im ‚Westen' als „Boxeraufstand" bezeichnet, zu untersuchen, der übernatürliche Kräfte zugeschrieben wurden. Er riet Cixi, diese Bewegung insbesondere in ihren gewaltvollen Angriffen gegen ausländische Botschaften nicht zu unterstützen. 1904 wurde er Leiter der kaiserlichen Universität in Peking, der ersten Universität nach westlichem Vorbild in China, und stärkte äußere akademische Einflüsse, indem er Studenten nach Übersee schickte und ausländische Lehrer einstellte. Das uns vorliegende Bild nun wurde mitten in der Zeit der kaiserlichen Reformen gemalt, an denen sich Zhang als offizieller 南书房行走 (Nanshufang xingzou, „Person, die das Büro, das Studierzimmer des Kaisers, betreten darf" – und damit eine Art Sekretär des Kaisers) beteiligte.[24] Es ist deshalb bemerkenswert, dass Zhang in dieser Zeit ein Lobgedicht für ein Bild der Kaiserinwitwe Cixi, der ersten und mächtigsten Gegnerin der Reformen, verfasste. Dies verweist darauf, dass Zhang es offenbar verstand, am Hofe die verschiedenen Interessen für seine Zwecke zu nutzen. Er wurde nach seinem Tod auch in nach-revolutionärer Zeit positiv rezipiert.

Cixi als Künstlerin

Cixis eigene Arbeiten weisen Unzulänglichkeiten und Unbeholfenheit auf.[25] Anders als frühere Kaiser, die heute als große Künstler erinnert werden, erreichte Cixi nie deren Grad an künstlerischer Meisterschaft. Insofern sind auch die in den rem vorhandenen Bilder vor allem wegen ihrer Provenienz vom Hofe und der Verbindung zu einer der mächtigsten politischen Figuren der damaligen Zeit interessant, weniger wegen ihrer hohen ästhetischen Qualität. Cixis Bilder entsprechen der altmodischen höfischen Maltradition Ende des 19., Anfang des 20. Jahrhunderts, die nicht mit den lebendigeren Kunstzentren im Süden des Landes

Abb. 6 (links)
Detail aus II As 10042: Aufschrift „Guangxu-Regierungszeit im Jahr Wuxu, Erster Wintermonat, gemalt mit kaiserlichem Pinsel" und Cixis Werkstattsiegel „Studio der Großen Eleganz"

Abb. 7 (rechts)
Detail aus II As 10043: Gedicht von Zhang Hengjia

Fotos: rem, Carolin Breckle

Cixis Chrysanthemen

mithalten konnte. Wie damals am Hofe üblich, so tritt uns auch in Cixis Bildern eine gewisse Steife und Korrektheit entgegen. Nichtsdestotrotz verfügen die Bilder über eine stabile Komposition sowie eine gewisse elegante Farbgebung und feine Pinselführung.

Insgesamt sind die Arbeiten unter Cixis Namen von ganz unterschiedlichem künstlerischen Rang, da sie in Gänze oder teilweise von unterschiedlichen MalerInnen ausgeführt wurden.[26] Der Hof beschäftigte eine ganze Reihe von „ghostpaintern". Die Bilder, die das Siegel von Cixi tragen, müssen deshalb nicht notwendigerweise auch von ihr allein hergestellt worden sein.[27] Nur eine geringe Anzahl der heute bekannten Bilder kann als tatsächlich ausschließlich von Cixis Hand gemalt angesehen werden; die meisten davon wurden in enger Zusammenarbeit mit ihren Zeichenlehrerinnen angefertigt – oder entstanden gänzlich auf Cixis Anweisung hin durch die männlichen oder weiblichen HofmalerInnen.[28] Es gab eine große Anzahl von Künstlern und Kunsthandwerkern, die Objekte und Kunstwerke zur Dokumentation wichtiger Ereignisse, für den täglichen Gebrauch oder zum ästhetischen Vergnügen herstellte und auch als „ghostpainter" für Cixi fungierte. Cixi stellte jedoch erstmalig dafür auch Künstlerinnen an: Die Kaiserinwitwe wollte ihre Fähigkeiten im Malen und Kalligraphieren verfeinern, konnte aber aufgrund ihrer herausgehobenen Position und den Regeln der Sittlichkeit entsprechend keinen Unterricht bei den männlichen Hofmalern nehmen, weshalb sie landesweit nach geeigneten Kandidatinnen suchen ließ. Heute sind vier Frauen namentlich bekannt[29], die als Zeichenlehrerinnen und gleichzeitig auch als intellektuelle Begleiterinnen für Cixi fungierten. Außerdem arbeiteten sie auch als eigenständige Künstlerinnen.[30] Die HofkünstlerInnen erhielten, abhängig von Rang und Könnerschaft, ein monatliches Gehalt, das sie jedoch auch mit freischaffender Tätigkeit aufbessern konnten. Wer von Cixi besonders gut gelitten war, konnte darüber hinaus mit Ehrentiteln, Geldzuwendungen und weiteren Gefälligkeiten rechnen.[31] Im Gegenzug jedoch musste sich die Kunstproduktion am Hofe gänzlich den Vorlieben und Abneigungen der Kaiserinwitwe unterwerfen: Cixi nahm hier großen Einfluss, was aus heutiger Sicht der Entwicklung der Kunst am Hof nicht zuträglich war.[32] Die Kunsthistorikerin Ka Bo Tsang kommt bezüglich Cixis künstlerischer Kennerschaft zu folgender Einschätzung: „Unglücklicherweise fehlten Cixi in künstlerischen Belangen die Wahrnehmungskraft, das kreative Talent und die technischen Fähigkeiten; und ihre Ignoranz und Arroganz verhinderten die Entwicklung einer fundierten Kennerschaft. Es ist deshalb nicht überraschend, dass unter ihrer uninspirierten Anleitung keine großartigen Kunstwerke geschaffen wurden."[33]

Die Provenienz der Bilder: Aus dem Kontext der Yihuetan-Bewegung/„Boxer-Aufstand"

Kaiserin Cixi verschenkte Objekte und Kunstwerke aus Porzellan oder Seide, Schnupftabakfläschchen und eben auch ihre Gemälde als offizielle Belohnungen an verdiente Beamte und Günstlinge. Diese Geschenke wurden von den Empfängern dann entweder im eigenen Haus präsentiert oder in speziellen Schatzkisten in privaten Lagerräumen aufbewahrt. Aus heutiger Sicht ist nicht mehr nachvollziehbar, wer die Empfänger der beiden hier vorgestellten Bilder waren.

Aus der Aktenlage im Archiv der Weltkulturen der rem lässt sich nachvollziehen, dass beide Bilder 1998 für die Völkerkundliche Sammlung des Reiß-Museums von dem Antiquar Otto Biehn („Contraste") aus Heidelberg gemeinsam mit zwei „Boxer"-Gewehren erworben wurden. Laut einer handschriftlichen Notiz von Biehn auf der Rechnung wurden diese Bilder während der Yihetuan-Bewegung/„Boxer-Aufstand" von Dr. G. Wuensch erworben, dem zweiten Ehemann von Gisella Lanz, geborene Giulini.[34] Es befinden sich weitere Objekte in den Weltkulturen-Sammlungen der rem, für die Biehn dieselbe Provenienz angab und zudem anmerkte, dass er diese Objekte bei der „Auflösung" der Lanz-Villa um 1975 erworben hatte.[35] Es ist deshalb davon auszugehen, dass auch die beiden Seidenbilder von Cixi Teil dieser „Auflösung" waren. Wuensch war als Oberfeldwebel im Ersten Seebataillon während des „Boxer-Aufstandes" im Einsatz; in den Aktenbeständen des Berliner Ethnologischen Museums findet sich der Hinweis, dass er im Juni 1901 in China ein Offiziersporträt erworben habe.[36]

Iris Edenheiser und Renyue He

Der „Boxer-Aufstand", wie die sich selbst als Yihuetan bezeichnende Befreiungsbewegung von den alliierten Mächten genannt wurde, war eine Bewegung im Nordosten Chinas, die sich zunächst in ländlichen Gebieten formierte und sich in gewalttätigen Attacken gegen chinesische und ausländische ChristInnen, besonders MissionarInnen, äußerte, um sich dann generell gegen ausländische Einflussfaktoren und AkteurInnen zu wenden. Die zeitweise Unterstützung durch den chinesischen Hof unter Einfluss von Cixi führte letztlich zum Krieg zwischen China und den alliierten Mächten, bestehend aus Großbritannien, Frankreich, USA, Japan, Österreich-Ungarn, Deutsches Reich, Russland und Italien, der 1901 von den Alliierten gewonnen wurde. Dem ging eine Besetzung Pekings durch Truppen aller acht Nationen voraus, die von massiven Plünderungen der Pa-läste, Läden und privaten Häuser begleitet wurde. Zeitgenössische Kommentatoren sprachen von einem „Karneval der Plünderungen".[37] In der europäischen und nordamerikanischen Presse wurde sehr kritisch über das „barbarische"[38] Verhalten seitens der sich als VertreterInnen überlegener Zivilisationen verstehenden Alliierten berichtet.[39] Nach heutiger Quellenlage beteiligten sich alle Nationen und alle Truppenteile an den Plünderungen. Auf den Straßen Pekings entstanden Straßenbasare und Spontanauktionen, auf denen geplünderte Waren von Soldaten getauscht oder verkauft wurden. Nach kurzer Zeit beteiligten sich auch chinesische Händler an diesen Aktionen.[40] Für die hier besprochenen Seidenbilder der Kaiserinwitwe Cixi ist naheliegenderweise anzunehmen, dass Wuensch die Bilder in diesem Kontext übernahm. Ob er sie sich selbst aus einem Palast oder einem privaten Haus aneignete, bei einer der Auktionen erwarb, von einem chinesischen Händler kaufte – oder noch auf ganz andere Weise in ihren Besitz kam, lässt sich heute jedoch nicht mehr mit Sicherheit nachvollziehen.

1 Die Autorinnen danken sehr herzlich Jeanette Werning für kritische und hilfreiche Kommentare und weiterführende Hinweise zu Thema und Artikel.

2 Holzwarth 1994, S. 165.

3 Vgl. auch Wang 2012, S. 123.

4 Tsang 2006, S. 40.

5 Tsang 2006, S. 45.

6 Tsang 2006, Fn. 37, S. 57.

7 Tsang 2006, S. 35.

8 Tsang 2006, S. 35f.

9 Vgl. besonders auch hinsichtlich Cixis Rezeption im Westen Wang, 2012, S. 134f.

10 Holzwarth 1994, S. 168.

11 Holzwarth 1994, S. 168.

12 Vgl. auch Wang 2012, S. 123.

13 Eberhard 1983, S. 52; Williams 1979, S. 69.

14 Williams 1979, S. 69.

15 Eberhard 1983, S. 53; Tsang 2006, S. 46.

16 Holzwarth 1994, S. 165.

17 Holzwarth 1994, S. 168.

18 Dies bezieht sich auf den Mondkalender und verweist damit auf den 10. Monat des Mondkalenderjahres.

19 Shi 2006, S. 100.

20 Tsang 2006, S. 45.

21 (The flower) is fragrant in the five-color cloud, / This spring light in the auspicious landscape of late autumn.

Werkstattbericht zum „Römersteineprojekt"

The heart of east fence is facing the beautiful southern mountain, / Wish longevity together with green jade cups.

Written by (official) Xu Qi with respect. (englische Übersetzung Renyue He).

22 In the heaving scenery when early frost is about to appear, / A piece of color is located in the center.

This flower is a prolong-life ticket, / Its temperament is refreshing and the moral character is fragrant.

Written by (official) Zhang Hengjia with respect. (englische Übersetzung Renyue He).

23 Qian, S. 3198.

24 The Draft History of Qing, keine Seitenangabe.

25 Tsang 2006, S. 46.

26 Tsang 2006, S. 46.

27 Shi 2006, S. 102.

28 Tsang 2006, S. 45.

29 Das schließt nicht aus, dass es noch weitere Hofmalerinnen gegeben haben kann, die jedoch in den bisher erschlossenen Quellen keine Erwähnung fanden.

30 Tsang 2006, S. 40.

31 Tsang 2006, S. 38.

32 Tsang 2006, S. 53.

33 Englisches Original: „Unfortunately, in artistic matters Cixi lacked perceptive power, creative talent and technical skill, and her ignorance and arrogance kept her from developing a sound connoisseurship. It is not surprising therefore, that no great works of art were generated under her uninspired direction." (Tsang 2006, S. 53; deutsche Übersetzung Iris Edenheiser).

34 Aktennotiz von Henning Bischof, 29.05.2001, sowie Rechnung von Otto Biehn, 10.02.1998, im Verzeichnis „Ankäufe" des Archivs Weltkulturen, rem.

35 Aktennotiz von Henning Bischof, 19.05.1997, im Verzeichnis „Objektdokumentation Asien".

36 Vgl. Bügener 2015, S. 22.

37 Hevia 2007, S. 94.

38 Hevia 2007, S. 102.

39 Hevia 2007, S. 102ff.

40 Hevia 2007, S. 96f.

Literatur

Bügener, Annette 2015. Die Heldengalerie des Qianlong-Kaisers. Ein Beitrag zur chinesischen Porträtmalerei im 18. Jahrhundert. Frankfurt/M.

Eberhard, Wolfram 1983. Lexikon chinesischer Symbole. Düsseldorf, Köln

Hevia, James L. 2007. Looting and Its Discontents: Moral Discourse and the Plunder of Beijing, 1900-1901, in: Robert Bickers und R.G. Tiedemann (Hrsg.): The Boxers, China, and the World. Lanham u.a., S. 93-113

Holzwarth, Gerald 1994. Grundlagen der chinesischen Malerei, in: Arne Eggebrecht u.a. (Hrsg.): China, eine Wiege der Weltkultur. 5000 Jahre Erfindungen und Entdeckungen. Mainz

Shi, Li 2006: The painter group in the late Qing dynasty court, in: Arts Observation. Sept., S. 100-102 (Original: 李　湜 晚清宫中画家群：如意馆画士与宫掖画家,《美术观察》2006年9月)

Qian, Shifu 1980. The chronological table of officials in the Qing dynasty. Peking (Original: 钱实甫，清代 职官年表)

Tsang, Ka Bo 2006. In Her Majesty's Service: Women Painters in China at the Court of the Empress Dowager Cixi, in: Deborah Cherry und Janice Helland (Hrsg.): Local/Global. Women Artists in the Nineteenth Century. Hants, Burlington, S. 35-57

Wang, Cheng-hua 2012. "Going public": Portraits of the Empress Dowager Cixi, Circa 1904, in: Nan Nü 14, S. 119-176

Williams, C. A. S. 1979. Outlines of Chinese Symbolism and Art Motives. Taipeh 1979

k.A. k.J. Zhang Hengjia, in: The Draft History of Qing, Session of notable persons, Nr. 228. Internetquelle: http://ctext.org/wiki.pl?if=gb&chapter=363117&remap=gb (letzter Zugriff: 4. Oktober 2016)

BAROCK
Nur schöner Schein?

Über fast fünf Jahre hinweg geplant, lange Zeit erwartet und seit September im Zeughaus zu sehen: „Barock – Nur schöner Schein?" (11. September 2016 bis 19. Februar 2017), eine Ausstellung der rem gGmbH für die Reiss-Engelhorn-Museen in Kooperation mit dem Kunsthistorischen Museum Wien

Die Chronologie dieser vom ausgehenden 16. Jahrhundert bis etwa 1770 reichenden Epoche ist im Detail nicht einfach zu erfassen, deshalb wurde in der Präsentation weitgehend darauf verzichtet. Der Zugang zum Phänomen ‚Barock' wird eher durch Begriffe eröffnet, die diverse Aspekte präsentieren. Dadurch entsteht ein facettenreiches und vielschichtiges Bild des Barock, das wenig mit den gängigen und klischeehaften Vorstellungen übereinstimmt. Die Themen „Raum",„Körper",„Wissen",„Ordnung",„Glaube" und „Zeit" führen eine Vielfalt an politischen, wissenschaftlichen und gesellschaftlichen Entwicklungen vor Augen, die in ihrer Gesamtheit belegen, dass ‚Barock' nicht eindeutig zu definieren ist. Denn nicht selten steht einer ‚Zeitströmung' eine weitere, gegensätzliche gegenüber. Inhaltliche Bezüge zwischen den Einzelthemen vertiefen das Bewusstsein für Zusammenhänge. Gestaltungsanleihen aus dem Barockzeitalter in der modernen Kunst stehen historischen Objekten gegenüber, was die Wirksamkeit barocker Ideen bis in unsere heutige Zeit bezeugt.

„Raum" widmet sich der Erkundung und zunehmenden Wertschätzung ferner Welten und zeigt die gesteigerte Mobilität dank der Neuerungen in Schiffsbau und Navigationswesen: Auf dem Land- und Seeweg werden zu unterschiedlichen Zwecken – unter anderem Gründung von Handelskolonien und Import von exotischen Waren – weite Strecken überwunden. Die Europäer beginnen einen die Kontinente übergreifenden Kulturaustausch. Reiseberichte wecken das Interesse an fernen Kulturen und phantasievolle, teils fiktive Erzählungen berichten von fremden Menschen und Ländern. Das faszinierend Exotische hält Einzug in europäisches Porzellan (Abb. 1), in Malerei und Literatur.

„Körper" macht deutlich, dass es das eine barocke Körperideal – den „Rubenskörper" – nicht gibt, sondern dass unterschiedliche Schönheitsideale die Epoche prägen (Abb. 2). Die Neugier für teils monströse Anomalien hängt eng mit dem Aufblühen der medizinischen Wissenschaft zusammen. Reinigung des Körpers und Erhalt der Gesundheit werden zu wichtigen Themen. Körper werden Idealvorstellungen angepasst und in Szene gesetzt. Das Zeitalter des Barock kennt verheerende Hungersnöte ebenso wie rauschhaften Überfluss: Raffinierte Speisen auf überreich gedeckten Tafeln an den Höfen stehen einer spärlichen Küche bei ärmeren Menschen gegenüber.

„Wissen" zeigt die technischen Innovationen, die bahnbrechende Entdeckungen und ein Aufblühen der Wissenschaft ermöglichen. Mit Fernrohren werden Sterne und Weltraum erforscht, durch die Mikroskopie wird die „Welt im Kleinen" sichtbar. Fortschritte in der Anatomie ermöglichen das Studium des Körpers und seiner Funktionen (Abb. 3). Auch die Vergangenheit wird zunehmend zum Forschungsgegenstand. Noch sind die Grenzen zwischen dem neuen Wissenserwerb durch Erkundung und dem durch bloße Übernahme der Überlieferung fließend. Neue Erkenntnisse und neue Wege der Wissenschaft finden ihren Niederschlag auch in den Künsten.

Strukturierung verbindet die Themen „Wissen" und „Ordnung". Sie findet sich in allen Lebenswelten, in Staat und Gesellschaft. Bei Hofe herrscht ein bis ins Kleinste geregeltes Zeremoniell als Ausdruck des absolutistischen Machtanspruchs. Der geordnete Aufbau prägt Gartenanlagen (Abb. 4) ebenso wie Stadtgründungen. Eine neue Ratgeberliteratur soll Hilfe geben, die persönlichen Lebensumstände und den Alltag zu strukturieren. Dem Prinzip der Ordnung steht aber immer auch Unordnung gegenüber.

Abb. 1
Die Figur hinter dem Gewürzbehälter verkörpert den Erdteil Asien.
Frankenthaler Porzellanmanufaktur, um 1765
rem
Foto: rem, Jean Christen

Abb. 2
Die Pendule des Pariser Uhrmachers Amant schmückt eine Schlafende mit antiken Proportionen.
Paris, um 1750-1760
Messing, Glas, Email, Gold
rem
Foto: rem, Lina Kaluza

Abb. 3
Der Christus anatomicus
vereint Frömmigkeit mit
anatomischem Wissen.
18. Jahrhundert
Ingolstadt, Deutsches
Medizinhistorisches
Museum
Foto: Deutsches Medi-
zinhistorisches Museum
Ingolstadt, Michael
Kowalski

Abb. 4
Pierre Aveline zeigt in
„Vue et perspective du
Jardin de Madame La
Dauphine a Versailles"
die strenge Ordnung
barocker Gärten.
Paris, 1689
Kupferstich auf Papier
rem
Foto: rem, Maria Schu-
mann

Das Chaos soll daher in kleinen Schritten in die Ordnung überführt werden. „Glaube" und „Zeit" sind eng miteinander verknüpft. Die Glaubensspaltung prägt Europa im 17. und 18. Jahrhundert: Die Konfessionen bekämpfen sich erbittert, nur an wenigen Orten ist auf Dauer ein friedliches Nebeneinander möglich. „Glaubensflüchtlinge" sind allgegenwärtig. Neue Riten und liturgische Schwerpunkte unterscheiden die Konfessionen. Es entstehen neue katholische Orden, und neue Heilige rücken als Antwort auf protestantische Glaubensinhalte in den Vordergrund. Malerei, Architektur und Musik werden dabei zu propagandistischen Mitteln. Nicht immer gibt es einen Dualismus zwischen dem schlichten, wortorientierten Protestantismus und dem prächtigen, gegenreformatorischen Katholizismus.

„Zeit" ist geprägt von den Themen Krieg, Not und Elend und der damit verbundenen intensiven Beschäftigung mit der Flüchtigkeit des irdischen Daseins: Die Zeit „rinnt dahin". Aktuelles Zeitgeschehen wird durch Zeitungen und Flugblätter schnell und weit verbreitet. Der wissenschaftliche Fortschritt ermöglicht eine immer exaktere Zeitmessung mit neu entwickelten Messgeräten. Doch bleibt „Zeit" in gewisser Weise auch Anschauungssache: Der neue und genauere ‚katholische' Gregorianische Kalender findet bei den Protestanten keinen Anklang. Die beiden Konfessionen leben daher mehrere Kalendertage voneinander getrennt.

Viele der Exponate entstammen den Beständen der rem, so auch ein Werk von Rubens, entstanden unter Mitwirkung von Jan Boeckhorst. Die weitaus größte Zahl der aussagekräftigen Gemälde wurde als Leihgaben vom Kunsthistorischen Museum Wien zur Verfügung gestellt. Namen wie Rembrandt, Teniers, Steen, van Ostade oder von Sandrart stehen

dabei für Meilensteine der Kunstgeschichte. Doch auch zahlreiche andere nationale und internationale Institutionen unterstützten mit ihren Leihgaben das Ausstellungskonzept, nämlich die Vielfalt hinter dem Begriff „Barock" darzustellen.

Die Vernissage fand am 9. September 2016 im Museum Weltkulturen in D 5 statt. Vor den zahlreichen Eröffnungsgästen sprachen Dr. Peter Kurz, Oberbürgermeister der Stadt Mannheim, Dr. Stefan Weppelmann, Direktor der Gemäldegalerie des Kunsthistorischen Museums Wien, Dr. Hans-Jürgen Buderer, Vorsitzender des Fördererkreises für die Reiss-Engelhorn-Museen, und Dr. Uta Coburger, Kuratorin der Ausstellung. Die musikalischen Beiträge, barocke klassische Kompositionen aufgreifend, stammten vom Trio „Dreibach". Dr. Christoph Lind, Direktor rem, Kunst- und Kulturgeschichte, erklärte als Vertreter der Direktion der Reiss-Engelhorn-Museen die Ausstellung für eröffnet.

Sie fand ein außergewöhnlich positives regionales und überregionales Medienecho. In intensiver, langjähriger Kooperation hatten der Wissenschaftliche Beirat und Dr. Uta Coburger die Ausstellung gemeinsam konzipiert, kuratiert und realisiert. Sie hatten Konzept und Essays für das wissenschaftliche Begleitbuch unter Mitwirkung eines großen Kreises von Experten zur Barockepoche erstellt. Im Wissenschaftlichen Beirat waren Prof. Dr. Dagmar Eichberger, Universität Heidelberg, Dr. Meinrad von Engelberg, Technische Universität Darmstadt, Prof. Dr. Michael Hesse, Universität Heidelberg, Prof. Dr. Andreas Holzem, Universität Tübingen, Prof. Dr. Silke Leopold, Universität Heidelberg, Prof. Dr. Thomas Maissen, Deutsches Historisches Institut Paris, Prof. Dr. Elisabeth Oy-Marra, Universität Mainz und Prof. Dr. Sandra Richter, Universität Stuttgart. Ihnen allen gilt unser Dank. Auch dem Mitinitiator, langjährigen Projektleiter und jetzigen Vorsitzenden des Fördererkreises für die rem, Dr. Hans-Jürgen Buderer, sei für seine tatkräftige Unterstützung des Projekts gedankt.

Der Rotary Club Mannheim-Friedrichsburg, das Generalkonsulat des Königreichs der Niederlande und nicht zuletzt der Fördererkreis für die Reiss-Engelhorn-Museen sowie weitere Freunde und Förderer, die ungenannt bleiben wollen, haben das Projekt finanziell unterstützt. Gedankt sei nicht zuletzt allen Mitwirkenden, ob aus dem Kollegenkreis der rem oder als Mitarbeiter von Firmen aus der Ausstellungsbranche, deren bewährte Dienste für diese Ausstellung gerne in Anspruch genommen wurden.

Christoph Lind

Anlässlich des 100. Geburtstags des Fotografen Peter Gowland (Abb. 1) präsentiert „ZEPHYR – Raum für Fotografie" in den Mannheimer Reiss-Engelhorn-Museen vom 9. Oktober 2016 bis zum 1. Mai 2017 (verlängert) die Ausstellung „Peter Gowland's Girls*". Es ist die weltweit erste, umfassende Ausstellung mit Arbeiten des Amerikaners, den die New York Times bereits 1954 als „Pin-Up Photographer No. 1" betitelte. Zu sehen sind Fotografien, die Gowland von den 1940er bis in die 1970er Jahre in

seinem Wohnhaus mit integriertem Studio, am und im Pool sowie an den Stränden von Los Angeles bis Malibu aufnahm. Darunter sind nicht nur Aufnahmen von Modellen, Schauspielerinnen und Starlets – auch männliche Berühmtheiten wie Alfred Hitchcock, Henry Miller oder Rock Hudson wurden von Gowland fotografiert. Der heute beinahe in Vergessenheit geratene Fotograf war mit seinen Pinup- und Glamourfotografien im Stile von Modeaufnahmen wegweisend für seine Zeit und prägte den Mythos von Kalifornien als einem ewig sonnigen Nachkriegs-Paradies der Moderne.

Bereits mit 13 Jahren bekam er von seiner Mutter eine Kodak Vest Pocket Kamera geschenkt. Er war

faszinert von den technischen Möglichkeiten und dem Equipment in der „dream factory" Hollywood, in der er nach der Schulzeit an den Filmsets als „Stand-In", also als Lichtdouble, sein Geld verdiente, und eignete sich autodidaktisch das Fotografieren an. Er sollte mit Coverbildern auf rund 1.000 Zeitschriften und unzähligen Veröffentlichungen in diversen Magazinen einer der erfolgreichsten Pinup- und Glamourfotografen überhaupt werden.

Die Arbeiten Peter Gowlands zeichnet eine hohe technische Qualität aus, dazu kommt eine präzise Lichtführung bei gleichzeitiger Leichtigkeit der Darstellung. Selbst die Fotografien, die im Studio entstanden, besitzen eine Natürlichkeit und Frische, wie man sie selten findet. Dank der Kunstfertigkeit Gowlands wirken die Bilder nicht gestellt. Nie sehen wir Mühe oder Anstrengung in den Posen seiner Modelle; er vermochte ihnen für den Moment der Aufnahme ein Lächeln abzugewinnen, das nie aufgesetzt oder falsch erscheint (Abb. 2 bis 7).

In der Ausstellung erfahren wir nebenbei auch viel über die Arbeitsweise von Gowland und seiner Frau Alice, der eine tragende Rolle bei der Bildung der Marke „Peter Gowland" zuzusprechen ist. So mischte sich Alice schon sehr früh gestaltend in die Aufnahmen ein und trug durch ihre Anwesenheit zu einer gelösten Atmosphäre am Set bei.

Aus dem Nachlass Peter Gowlands, der zehntausende großartiger Prints und Dias umfasst, haben der Ausstellungskurator Thomas Schirmböck und sein Team 239 Aufnahmen ausgewählt, die in neun Sektionen präsentiert werden. Vom „Studio" Gowlands über klassische „Pin-up & Glamour"-Fotos und Aufnahmen von „Stars & Starlets" geht es weiter zur Abteilung „Fashion, Style & Modern Life". Die Sektionen „Beach, Pool, Fun" sowie eine Auswahl an „Beach Fashion" leiten zu den „Nudes" und dem Bereich „Intimacy" über. Den Abschluss bildet „Early Years", darunter sind auch Aufnahmen, die in den Jahren 1945/46 in Süddeutschland entstanden.

Beeinflusst von der Illusionskunst Hollywoods verstand Gowland es, eine Balance zwischen Verführung auf der einen Seite und Verhüllen des

Abb. 1
Alice und Peter Gowland
Foto: Peter Gowland

Abb. 2
Linda Vargas
C-Print, 60x50 cm
1958/2016

Entscheidenden auf der anderen Seite, zwischen Lust und Eleganz, Inszenierung und Natürlichkeit zu finden. Er brachte so die natürliche Schönheit der Frauen zur Geltung, die dem Betrachter in ganz unterschiedlichen Rollen gegenübertreten: als sportliche oder berufstätige Frauen, unnahbare Damen oder Existentialistinnen, als Mädchen von nebenan, Freundin oder Geliebte. Die Frauen blicken uns mit einem Augenzwinkern oder einem intensiven, eindringlichen Blick an und suchen die Kommunikation mit dem Betrachter. Nie stellt Gowland die Frauen, die für ihn posieren, zur Schau, sondern er begegnet ihnen stets mit Respekt. Selbst bei Aktaufnahmen bekleidet er sie zumindest mit raffiniert gesetzten Schatten.

Peter Gowland ragt aus der Vielzahl der Fotografen heraus, die sich des Themas Pin-up- und Glamourfotografie von den 1940er bis in die 1970er Jahre angenommen haben. Seine Bilder liefern eine perfekte Projektionsfläche für unsere Phantasie und vermitteln uns Leichtigkeit und unkomplizierte Lebenslust.   Dorothea Kartmann

Abb. 3 (oben)
Dane Arden
Silbergelatine-Print,
10x8", 1956
Arden, bürgerlich Elsa
Sørensen (1934-2013)
war 1955 Miss Dänemark
und vermutlich das erste
Playmate, das nicht aus
den USA kam: Playboy
Playmate of the Month
September 1956, fotografiert von Peter Gowland.

Abb. 4 (rechts)
Barbara Osterman,
C-Print, 50x40 cm,
1955/2016
Osterman (1930-2006)
wurde, 1951 in Hollywood
von Gowland entdeckt,
zu einem der beliebtesten Cover Girls der
1950er und 1953 vor Marilyn Monroe zur Miss Navy

gewählt. Während und
nach ihrer Modell Karriere
arbeitete sie als Designerin und Kostümbildnerin
für Otto Preminger, die
20th Century Fox oder die
RKO Studios.

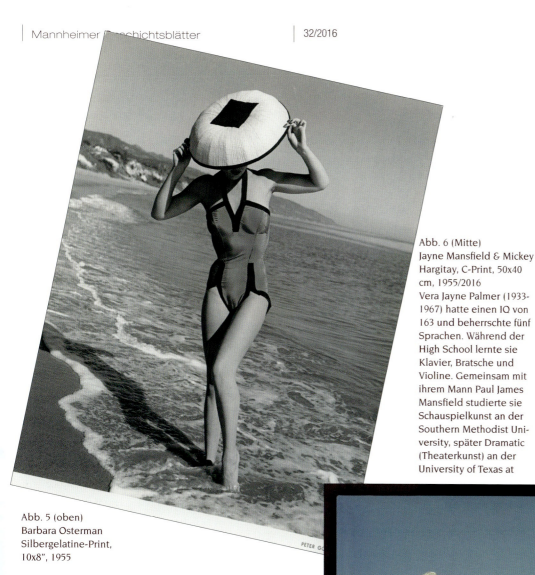

Abb. 6 (Mitte)
Jayne Mansfield & Mickey Hargitay, C-Print, 50x40 cm, 1955/2016
Vera Jayne Palmer (1933-1967) hatte einen IQ von 163 und beherrschte fünf Sprachen. Während der High School lernte sie Klavier, Bratsche und Violine. Gemeinsam mit ihrem Mann Paul James Mansfield studierte sie Schauspielkunst an der Southern Methodist University, später Dramatic (Theaterkunst) an der University of Texas at Austin. Gleichzeitig arbeitete sie als Aktmodell in Kunstklassen, als Rezeptionistin eines Tanzstudios und verkaufte Bücher. 1954 zog sie nach Los Angeles und studierte Theaterschauspiel an der University of California; in dem Jahr beginnt Gowland, sie zu fotografieren. Ihre großen Brüste waren am Anfang ihrer Karriere eher problematisch und verhinderten, dass sie Arbeitsaufträge und Filmrollen bekam. Im Februar 1955 wird sie Playboy Playmate of the Month, was ihre Karriere ankurbelte. Ihre erfolgreichsten Spielfilme sind „The Girl Can t Help It" (1956), „Sirene in Blond" (1957) und „The Sheriff of Fractured Jaw" (1958). Am 29. Juni 1967 starb sie bei einem Autounfall.

Abb. 5 (oben)
Barbara Osterman
Silbergelatine-Print,
10x8", 1955

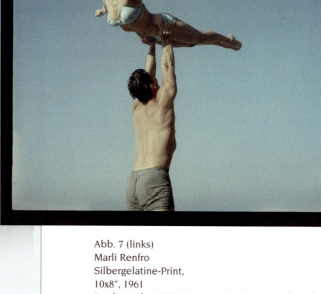

Abb. 7 (links)
Marli Renfro
Silbergelatine-Print,
10x8", 1961
Renfro (geb. 1938 in Los Angeles), ein „Freigeist mit einer lebenslangen Verbindung zum Nudismus", war für viele Herrenmagazine tätig: Ace, Adam, Beau, Dude, Escapade, Follies, Gala and Modern Man. Sie arbeitete als Showgirl in Las Vegas und erschien auf dem Cover des Playboy. In der Duschszene aus „Psycho" (1960), war sie das Bodydouble für Janet Leigh.

Alle Fotografien: Peter Gowland

Impressum

Herausgeber

Hermann Wiegand

Alfried Wieczorek

Ulrich Nieß

Günter Eitenmüller

Inhaltliche Konzeption

Claudia Braun

Wilhelm Kreutz

Ulrich Nieß

Hermann Wiegand

Wissenschaftliche Redaktion

Wilhelm Kreutz

Christoph Popp

Luisa Reiblich

Hanspeter Rings

Lektorat

Luisa Reiblich

Jutta Hitzfeld

Graphische Gestaltung

Luisa Reiblich

Autoren

Dr. Reiner Albert

Dr. des. Stefan Ardeleanu

Dr. Iris Edenheiser

Dekan i. R. Günter Eitenmüller

Mechthild Fischer

Dr. Monika Groening

Renyue He

Prof. Dr. Dr. h.c. Detlef Junker

Dorothea Kartmann

Dr. Christoph Lind

Prof. Dr. Ulrich Nieß

Benedikt Noe M.A.

Horst Olbrich

Jonas Osnabrügge

Dr. Hanspeter Rings

Dr. Monika Ryll

Lic. theol. Günther Saltin

Dr. Andreas Schenk

Dr. Dietmar Schmeiser

Dr. Günther Seybold

Prof. Dr. Alfried Wieczorek

Produktion

verlag regionalkultur, Heidelberg – Ubstadt-Weiher – Basel

Abbildungen

© Reiss-Engelhorn-Museen Mannheim (Fotografen Jean Christen, Carolin Breckle, Maria Schumann, Lina Kaluza oder rem-Archiv) und Stadtarchiv Mannheim - Institut für Stadtgeschichte, wenn nicht ausdrücklich andere Rechteinhaber oder Fotografen benannt sind.

Abbildung auf der Vorderseite: Ein Entwurf von Bruno Schmitz: Das Reiß-Museum als neoklassizistischer Kuppelbau, der die Kunsthalle erweitern sollte.
Siehe S. 118

Abbildung auf der Rückseite: Der Architekt Bruno Schmitz im Jahr 1913
Foto: StadtA MA - ISG

Für Publikationsanfragen wenden Sie sich bitte an das Redaktionsteam in den rem: Dr. Claudia Braun
Luisa Reiblich
Reiss-Engelhorn-Museen
D 5, Museum Weltkulturen
68159 Mannheim

Für unverlangt eingehende Manuskripte wird weder Haftung noch eine Publikationsgarantie übernommen.

ISSN 0948-2784
ISBN 978-3-95505-016-0